Μαθαίνοντας πώς να μαθαίνω

από το σχολείο ευέλικτης ζώνης
στο ευέλικτο σχολείο

Β' ΕΚΔΟΣΗ

FYLATOS PUBLISHING

ΕΙΣΑΙ ΣΥΓΓΡΑΦΕΑΣ; ΓΙΝΕ ΕΚΔΟΤΗΣ!

ΣΤΙΣ **ΕΚΔΟΣΕΙΣ ΦΥΛΑΤΟΣ**

Copyright για ελληνική έκδοση
© Εκδόσεις Φυλάτος, © Fylatos Publishing, Θεσσαλονίκη 2013

Συγγραφέας: Άννα Δ. Παππά
Εκπαιδευτικός Πρωτοβάθμιας Εκπαίδευσης

© Εκδόσεις Φυλάτος, © Fylatos Publishing
e-mail. contact@fylatos.com
web: www.fylatos.com
Σχεδιασμός Εξωφύλλου: © Εκδόσεις Φυλάτος
Σελιδοποίηση-Σχεδιασμός: © Εκδόσεις Φυλάτος
ISBN: 978-960-88824-6-1

Μαθαίνοντας πώς να μαθαίνω

από το σχολείο ευέλικτης ζώνης
στο ευέλικτο σχολείο

ΠΡΟΛΟΓΟΣ: Σταύρος Ι. Μπαλογιάννης
              Καθηγητής Νευρολογίας
              Αριστοτελείου Παν/μίου Θεσ/νίκης

Φιλολογική Επιμέλεια :   Χρίστος Γ. Σαμαρτζίδης
                          Φιλόλογος Λυκειάρχης

ΕΚΔΟΣΕΙΣ ΦΥΛΑΤΟΣ
ΘΕΣΣΑΛΟΝΙΚΗ 2013

"Μια παιδική ηλικία γεμάτη καταπίεση θα καταλήγει πάντα σε μια ενήλικη ζωή γεμάτη πλέγματα και αρνητικές εκδηλώσεις".

Maria Montessori
Il segreto dell' infanzia

"Η σύγχρονη κοινωνία, αν και κατάφερε να δημιουργήσει ένα χωρίς προηγούμενο επίπεδο τυπικής εκπαίδευσης, παρήγαγε ταυτόχρονα νέες μορφές αμάθειας. Ολοένα και πιο δύσκολα οι άνθρωποι χειρίζονται τη γλώσσα τους με άνεση και ακρίβεια, ολοένα και λιγότερο θυμούνται τα βασικά γεγονότα της ιστορίας της χώρας τους, ολοένα και πιο δύσκολα κάνουν λογικές αφαιρέσεις ή κατανοούν γραπτά κείμενα εκτός από τα υποτυπώδη".

Christopher Lasch,
Le Complexe de Narcisse, Παρίσι 1981

ΠΕΡΙΕΧΟΜΕΝΑ

ΜΕΡΟΣ ΔΕΥΤΕΡΟ

Από την ευέλικτη τάξη στο ευέλικτο σχολείο

ΜΕΡΟΣ ΤΡΙΤΟ

Από τη θεωρία στην πράξη

ΠΡΟΛΟΓΟΣ

Είναι γεγονός ότι η εκπαίδευσις στηρίζεται εις την κινητοποίησιν των βαθύτερων διαφερόντων, του ενθουσιασμού, της αγάπης προς μάθησιν και της βαθείας επιθυμίας διευρύνσεως των οριζόντων της σκέψεως του εκπαιδευομένου.

Ο τρόπος με τον οποίον προσφέρεται το μαθησιακό υλικό είναι ορθό να έχει ισχυράν συναισθηματικήν επένδυσιν, δια της οποίας θα κινητοποιούνται τα θετικά συναισθήματα και θα καθίσταται εφικτή η ψυχολογική μέθεξις του εκπαιδευομένου, τόσον εις την αποδοχήν των προσφερομένων γνώσεων, όσον και εις την περαιτέρω επεξεργασίαν και προέκτασιν αυτών.

Η προσωπικότης του διδασκάλου, ως φορέως και μεταδότου των γνώσεων διαδραματίζει κεφαλαιώδη ρόλο εις την όλην εκπαιδευτικήν εξεργασίαν. Η αμεσότης της επικοινωνίας του με τον εκπαιδευόμενο και η δυνατότης μεταλαμπαδεύσεως του ενθουσιασμού του και της αγάπης του δια την γνώσιν, την οποίαν βιωματικώς απεδέχθη ο ίδιος αποτελεί καθοριστικόν συντελεστήν δια την συνειδητήν ένταξιν του μαθητού εις την όλην εκπαιδευτικήν διεργασίαν.

Η εκπαίδευσις διαπνέεται πάντοτε από έναν υψηλόν ψυχο-λογικόν χαρακτήρα, άγει εις υψηλοτέρας σφαίρας την σκέψιν και την ψυχήν του μαθητού και εκ παραλλήλου τον πληρεί με βαθείαν χαράν και αισθήματα υπευθυνότητας, βαθυτέρας ψυχικής κινητοποιήσεως, κοινωνικότητας και παρακτικότητας, τα οποία οδηγούν εις υψηλάς θεωρητικάς και φιλοσοφικάς προεκτάσεις.

Εις την τέχνην του διδάκειν η χρησιμοποίησις εποπτικών μέσων και πολλών παραστατικών εικόνων, εισάγει λειτουργικά τον μαθητή εντός του πεδίου των γνώσεων και τον καθιστά μέτοχον όχι μόνον της αποδοχής αλλά και της κατανοήσεως αναλλοίωτων αξιών, αι οποία εγκρύπτονται εντός εκάστου γνωσιολογικού αντικειμένου.

Η παιδεία καθίσταται μέθεξις και ανάβασις, πορεία προς την γνώσιν και την αρετήν και μέσον πληρεστέρας καλλιεργείας της ανθρωπίνης ψυχής.

Μετά την ολοκλήρωσιν των σπουδών το όφελος της ψυχικής καλλιεργείας και διευρύνσεως των υπαρξιακών οριζόντων του μαθητού, μαζί με τα υψηλά πρότυπα των διδασκάλων του, θα αποτελέσουν το ωραιότερον υπόβαθρον δια την ανάπτυξιν ενός αρμονικού διαλόγου μεταξύ αυτού και της κοινωνίας.

Το ωραιότατο βιβλίο της κ. Παππά εκφράζει με πολύ γλαφυρό τρόπο το όλον περίγραμμα των αξιών, αι οποίαι διέπουν την διεργασίαν της εκπαιδεύσεως. Με πολλήν διεισδυτικότητα εισέρχεται εις την ψυχολογίαν της εκπαιδεύσεως και την αρμονίαν, η οποία πρέπει να διέπει την προσωπικότητα του διδασκάλου και τη δυνατότητα να ακτινοβολεί τας αξίας υπό τας οποίας εμφοράται.

ΣΤΑΥΡΟΣ Ι. ΜΠΑΛΟΓΙΑΝΝΗΣ
Καθηγητής Νευρολογίας
Αριστοτελείου Παν/μίου Θεσ/νίκης

ΕΙΔΙΚΟΙ ΠΡΟΛΟΓΟΙ

Η συνεχής προσαρμογή στα νέα δεδομένα και η αναβάθμιση της ποιότητας της εκπαίδευσης πρέπει να είναι αναμφισβήτητα οι κυριότεροι στόχοι για κάθε εκπαιδευτικό σύστημα. Η Ευέλικτη Ζώνη της υποχρεωτικής εκπαίδευσης, (Δημοτικό και Γυμνάσιο), αποβλέπει στην αναβάθμιση του κοινωνικού και πολιτιστικού ρόλου του σχολείου, συμβάλλοντας έτσι στην ενίσχυση του σχολικού παιδαγωγικού περιβάλλοντος.

Η καινοτομία αυτή βασίζεται στην αναμόρφωση του σχολικού χρόνου και στην καλλιέργεια πρωτοβουλιακής, συνεργατικής και διαθεματικής προσέγγισης της μάθησης αλλά και ανάπτυξης της κριτικής σκέψης, της συλλογικής προσπάθειας και της βιωματικής δράσης του μαθητή μέσα από ανάλογες δραστηριότητες και σχέδια εργασίας (project).

Μέσα σ' αυτή τη ζώνη αναπτύσσονται οι αναγκαίες γνώσεις και πληροφορίες που δεν είναι εύκολο να προβληθούν στο επίπεδο της τυπικής διδασκαλίας, που έτσι κι αλλιώς δεν μπορεί να αντέξει το σχολικό πρόγραμμα, και χρησιμοποιείται ως μέσο καλύτερης προσέγγισης μιας άλλης, γενικά αποδεκτής και προσδοκώμενης αντίληψης για το σχολείο, το οποίο πρέπει να είναι χώρος χαράς και ζωής και όχι μόνο διδασκαλίας και παθητικής αποδοχής αποσπασματικών γνώσεων. Το σχολείο πρέπει να είναι ευχάριστο και ενδιαφέρον, αναπτύσσοντας ένα κατάλληλο παιδαγωγικό περιβάλλον που να ανταγωνίζεται το Είναι αυτονόητο ότι η μεγάλη ρευστότητα της εποχής μας απαιτεί συνεχείς προσαρμοστικές κινήσεις και πολιτικές αξιοποίησης του ανθρώπινου δυναμικού μέσα από την κατάλληλη μαθησιακή διαδικασία και τη διασφάλιση της παροχής ίσων ευκαιριών.

Η προσέγγιση τέτοιων στόχων απαιτεί και την καλλιέργεια της ικανότητας του "μαθαίνω πώς να μαθαίνω" ώστε να τεθούν οι βάσεις από την υποχρεωτική εκπαίδευση για την δια βίου μάθηση.

Εδώ βρίσκεται η επιτυχία της Κας Άννας Παππά.

Εφαρμόζοντας την ευέλικτη ζώνη στη διδασκαλία της τάξης της πέτυχε να μάθει τους μαθητές της πώς να μαθαίνουν, καλλιέργησε την κριτική σκέψη και την δημιουργικότητα των παιδιών, που ουσιαστικοποιεί τη μάθηση και συμβάλλει στην ανάπτυξη της αυτονομίας του παιδιού. Έκανε συνήθεια τη συνεργασία και τη συλλογική προσπάθεια. Σύνδεσε τη σχολική γνώση με τα ενδιαφέροντα των παιδιών και τις πραγματικές καταστάσεις ζωής, ενεργοποιώντας τα κίνητρα των μαθητών, προσδίδοντας νόημα στη σχολική γνώση και άνοιξε δίαυλους επικοινωνίας με την οικογένεια και την τοπική κοινωνία.

ΝΙΚΟΛΑΟΣ ΝΤΑΣΙΟΣ
Διευθυντής
18ου Δημοτικού Σχολείου Θεσ/νίκης

G

Όταν κατέχεις το προνόμιο να είσαι δάσκαλος έχεις δύο πράγματα να επιλέξεις, είτε να τηρήσεις την παράδοση που βρίσκεις από τους προηγούμενους, είτε να έρθεις σε ρήξη με το παρελθόν και να δημιουργήσεις μια νέα πραγματικότητα. Ο ρόλος του δασκάλου πέρασε από πολλές διακυμάνσεις και ανάλογα με το κοινωνικό πλαίσιο της κάθε χώρας είχε την ευκαιρία να διαμορφωθεί στα μάτια του κοινωνικού συνόλου. Τις τελευταίες δεκαετίες έχουμε συνηθίσει να επικαλούμαστε το κοινωνικό σύνολο για να δώσουμε κύρος σε ό,τι κάνουμε· ο δάσκαλος δεν χρειάζεται κάτι τέτοιο, γιατί η δουλειά του φαίνεται μέσα από τα ίδια τα παιδιά. Όταν αυτός νιώσει την ανάγκη να πρωτοπορήσει, τότε ψάχνει να βρει τρόπους να βρεθεί μπροστά από την εποχή του.

Ένας τέτοιος τύπος δασκάλου είναι και η κυρία Άννα Παππά, που μέσα σε ένα παραδοσιακό σχολείο δίνει τη δική της μάχη για την ανανέωση της γνώσης. Είναι πολύ δύσκολο να ξεπεράσει κανείς τα παραδοσιακά πρότυπα και να φέρει κοντά στην παιδική ψυχή την έννοια της γνώσης· να εισάγει το μαθητή στην αναζήτηση της αλήθειας και να τον μεταμορφώσει σε ένα σκεπτόμενο άνθρωπο.

Τόσο η κτιριακή υποδομή, όσο και τα αναλυτικά προγράμματα δεν κατάφεραν να φέρουν έναν αέρα ανανέωσης στη δομή του εκπαιδευτικού συστήματος, ίσως γιατί κανένας δεν σκέφτηκε ότι κάθε φιλότιμη προσπάθεια μπορεί να ξεκινάει από μια λανθασμένη αφετηρία και να χάνεται στην πορεία. Όσες καινοτομίες και αν έφεραν η μεταρρύθμιση του 1976, καθώς και η αλλαγή των σχολικών βιβλίων το 1982, η αντίληψη παρέμεινε η ίδια. Η κυρίαρχη νοοτροπία που κατατρώει τα σπλάχνα της εκπαίδευσης είναι η κατάκτηση περισσότερων γνώσεων που θα οδηγούσαν στην πρόσβαση των παιδιών στο πανεπιστήμιο.

Εκείνο που καταφέραμε - τα τελευταία τριάντα χρόνια - ήταν να ανοίξουμε την πόρτα της τριτοβάθμιας εκπαίδευσης, αλλά να κλείσουμε την πόρτα της γνώσης στα παιδιά μας. Εκεί ακριβώς βρίσκεται η καινοτομία της κυρίας Παππά. Προσπαθεί με κάθε τρόπο να μετατρέψει το μαθητή σε πρωταγωνιστή της εκπαιδευτικής διαδικασίας, τον υποχρεώνει να γίνει ερευνητής πάνω σε πολλαπλά επίπεδα και του μαθαίνει να εργάζεται συλλογικά. Αυτή η συλλογικότητα και η αυτενέργεια των μαθητών είναι το μεγάλο της όπλο, που της επιτρέπει να μορφώνει ανθρώπους, να πλάθει χαρακτήρες και να ξεπερνά τα όρια της εκπαιδευτικής διαδικασίας.

Η έννοια της ομαδικότητας και της έρευνας πέρασαν μέσα στο πνεύμα της καθημερινής δουλειάς και έφεραν την επιτυχία εκεί που σε άλλες περιπτώσεις οδήγησαν σε λιγότερο ικανοποιητικά αποτελέσματα. Η φιλοσοφία της ευέλικτης ζώνης περνά καθημερινά μέσα από την εκπαιδευτική διαδικασία, ξεπερνώντας τις προσδοκίες του Παιδαγωγικού Ινστιτούτου, σε σημείο που μας απέδειξε ότι η ευέλικτη ζώνη τοποθετήθηκε σε εντελώς λανθασμένη βάση και πρέπει να γίνει στοιχείο καθημερινής πάλης μέσα στην αίθουσα διδασκαλίας. Κατάφερε να βάλει σε σειρά μια ομάδα παιδιών και τους έμαθε να σέβεται ο ένας την προσωπικότητα του άλλου - και κάτι περισσότερο - να συνεργάζεται ο καθένας με το υπόλοιπο σύνολο.

Η πραγματική καινοτομία που έφερε η μέθοδός της ήταν ότι ενδιαφέρεται να πλάσει "πολίτες" του σήμερα και όχι "υπηκόους" του αύριο. Προσπάθησε να συγκεράσει τις παραδοσιακές αξίες με τις σύγχρονες αντιλήψεις και αρνήθηκε να υποταχθεί στη μιζέρια μιας προαποφασισμένης πορείας, όπου άλλα ζητούν τα βιβλία και το ωρολόγιο πρόγραμμα και άλλα επιτρέπουν η κατανομή του ωραρίου και υλικοτεχνική υποδομή. Εδώ θα πρέπει να ομολογήσω, πως η ευέλικτη φιλοσοφία και η πολυεπίπεδη αντιμετώπιση της γνώσης δεν μπορούν να κατακτηθούν μέσα από κάποιες συμβουλές του Παιδαγωγικού Ινστιτούτου και ορισμένες εγκυκλίους της πολιτείας.

Θα έπρεπε πιθανότατα να αλλάξει η νοοτροπία και η δομή του εκπαιδευτικού συστήματος, για να μπορέσουν να φανούν κάποια εντυπωσιακά αποτέλεσμα. Αυτό δεν μπορεί να γίνει χωρίς την απαραίτητη υλικοτεχνική υποδομή - που λείπει από πολλά σχολεία - τόσο στην πόλη όσο και στην περιφέρεια. Το παράδειγμα της συναδέλφου μας απέδειξε ότι θα μπορούσαμε να κάνουμε μερικά πειραματικά βήματα και στη συνέχεια να υποχρεώσουμε την πολιτεία να βοηθήσει στην πλήρη εφαρμογή.

Η εκπαιδευτική ανανέωση περνά μέσα από τις κοινωνικές ανάγκες και μας βοηθά να αναθεωρήσουμε τις δικές μας προτεραιότητες, καλύπτοντας τις απαιτήσεις του σήμερα και προβλέποντας πολύ περισσότερο τις ανάγκες του αύριο. Το ρητορικό ερώτημα, που γίνεται καθημερινός προβληματισμός είναι τι πολίτες θέλουμε να βγάλουμε; Και η απάντηση βέβαια βρίσκεται σε ένα άλλο ερώτημα, αν θέλουμε πραγματικά ελεύθερους πολίτες ή επιτυχημένους υπηκόους.

Σήμερα, στον 21ο αιώνα, συμβαίνουν τόσες πολλές αλλαγές που είναι δύσκολο να τις καταλάβουμε· έτσι η εκπαίδευση που θα σηκώσει ένα μεγάλο βάρος, θα πρέπει να ξεκαθαρίσει την ταυτότητα των αυριανών πολιτών, δημιουργώντας πρότυπα και απορρίπτοντας τα μοντέλα. Όταν οι εκπαιδευτικοί της πρώτης γραμμής καταφέρουν να ξεπεράσουν τις διάφορες συμβατικότητες και καταφέρουν να πιστέψουν στην ανανέωση της νεολαίας, τότε θα ξεκαθαρίσει και το θολό κοινωνικό τοπίο. Η λογική που κυριαρχεί στην τάξη της κυρίας Παππά πατάει πάνω σε δύο βασικούς παράγοντες:

ΑΞΙΟΠΟΙΗΣΗ ΤΗΣ ΠΛΗΡΟΦΟΡΙΑΣ ⟶ ΔΙΑΜΟΡΦΩΣΗ ΓΝΩΜΗΣ

Ίσως πάνω σ' αυτή τη σχέση να βρίσκεται ο χρυσός κανόνας για την ανανέωση του εκπαιδευτικού συστήματος και την αναζήτηση μιας σύγχρονης παιδείας με ολοκληρωμένες απόψεις και συγκεκριμένους στόχους. Είναι γεγονός, ότι η γνώση δεν σταματά, ούτε η πληροφόρηση μπαίνει σε συγκεκριμένα στεγανά, αυτό μας οδηγεί στο συμπέρασμα ότι μόνο μια ολοκληρωμένη προσωπικότητα που ξέρει να αξιολογεί τα δεδομένα μπορεί να επιβιώσει και να είναι χρήσιμη στην κοινωνία και αυτός είναι ο στόχος αυτής της τάξης και η επιτυχία της δασκάλας της.

Τέλος, θέλω να τονίσω πως ήταν εξαιρετική τιμή για μένα να διατυπώσω αυτές τις λίγες σκέψεις, όπως ήταν και ιδιαίτερη χαρά μου να υπηρετώ μαζί της μέσα στο ίδιο σχολικό χώρο, γιατί μπόρεσα να ανακαλύψω πως υπάρχει κάποια διέξοδος για ένα καλύτερο εκπαιδευτικό αύριο.

Ph.D. ΔΗΜΗΤΡΙΟΣ Α. ΔΡΟΓΙΔΗΣ
Διδάκτορας Ιστορίας Paris 1 Sorbonne
τ. Υπότροφος UNESCO

G

.........Έπρεπε πάντως η εμπειρία κα η προσπάθεια τόσων χρόνων να καταγραφεί.

Χάρηκα όταν έμαθα για την συγγραφή του βιβλίου που κρατάτε στα χέρια σας. Υπήρχαν πολλά που έπρεπε να καταγραφούν από την κα Άννα (την κυρία μας). Τέτοιες σχέσεις δασκάλου-μαθητών-γονιών, μας βοηθούν να βγάλουμε πολλά και χρήσιμα συμπεράσματα για την παιδεία μας.

Γνωρίζοντας τη μεγάλη σημασία του παιχνιδιού και της κοινωνικής συναναστροφής στη ζωή των μικρών μαθητών έκανε, ό,τι μπορούσε για να υπάρχει ελεύθερος χρόνος για παιχνίδι. Χωρίς να κάνει διακρίσεις μεταξύ των μαθητών της και με συνεχή φροντίδα στην έκφραση της λέξης "ομάδα"- κάτι πολύ σημαντικό στην εποχή μας-, το να έχεις μικρούς μαθητές μόνιμα προσανατολισμένους στο "εμείς" είναι από τις μεγαλύτερες επιτυχίες ενός δασκάλου. Έμαθαν τα παιδιά να σέβονται το διαφορετικό, με συνέπεια και η κοινωνική τους συμπεριφορά να είναι ανάλογη. Πιστεύω ότι το παιδί μου μεταξύ των άλλων, ήταν τυχερό γιατί έμαθε να προσεγγίζει πολύπλευρα, θέματα γλώσσας, ιστορίας, θρησκείας με αποτέλεσμα να χαράσσονται στο μυαλό του ανεξίτηλα οι γνώσεις και οι προβληματισμοί.

Χάρηκα επίσης, όταν κατάλαβα ότι πίστευε, ότι στην εκπαιδευτική διαδικασία συμμέτοχοι πρέπει να είναι και οι γονείς, για να είναι ακόμη πιο ουσιαστική η σχέση του δασκάλου με όλους τους μαθητές της τάξης. Ήταν πρωτόγνωρο και πρωτάκουστο για μένα, όταν στην Γ΄ δημοτικού κληθήκαμε σαν γονείς να δουλέψουμε και να παίξουμε μαζί με τα παιδιά μας μέσα στην αίθουσα διδασκαλίας!!!! Ενθουσιάστηκα όταν μου είπε το παιδί μου ότι η τάξη μας ξενάγησε στους Αρχαιολογικούς χώρους της πόλης μας, μια μικρότερη τάξη!!!!

Προβληματίστηκα πολλές φορές πόσο ουσιαστικότερη και δημιουργικότερη θα ήταν, αν όλη αυτή η προσπάθεια γίνονταν με μια εκπαίδευση μόνιμα προσανατολισμένη σ' αυτό το "εμείς" και σ' αυτό το "πολύπλευρο".

Είναι φανερό σήμερα πως το μοντέλο του εκπαιδευτικού της έδρας είναι ξεπερασμένο έως ακατάλληλο. Ο δάσκαλος που βλέπει μπροστά και χαρακτηρίζεται από μένα πετυχημένος, πρέπει να συμμετέχει σε μια τάξη όπου οι μαθητές δεν είναι παθητικοί δέκτες, αλλά ενεργές μονάδες, μέσα στο μικρό κύτταρο της σημερινής τάξης και της αυριανής κοινωνίας.

..........Έπρεπε πάντως η αγάπη και το νοιάξιμο τόσων χρόνων να καταγραφεί.

ΑΝΑΣΤΑΣΙΑΔΟΥ-ΣΤΥΛΙΑΝΟΥ ΧΡΥΣΑ

Στους γονείς μου και στους μαθητές μου,
που υπήρξαν οι καλύτεροί μου δάσκαλοι.

Εισαγωγή

Το *παραδοσιακό σχολείο το γνωρίζουμε καλά όλοι μας.* Ήταν το σχολείο που μάθαμε τα πρώτα μας γράμματα, ήταν για μας η άλλη ζωή, η έξω από το σπίτι. Αλήθεια, ποιος δε θυμάται το δάσκαλό του στην έδρα, ψηλότερα απ' όλους δίπλα στον πίνακα; Ποιος ξέχασε τον χάρακα, τις συμβουλές του, τις διαταγές του; Πόσο πίσω μας στον χρόνο είναι άραγε οι σκονισμένοι χάρτες, η κιμωλία και ο σπόγγος, η παράδοση, οι ασκήσεις, η εξέταση; "Ησυχία, μην κουνιέστε" και ο δάσκαλος να μιλάει και να γράφει ασταμάτητα και εμείς τα μαθητούδια να ακούμε και να αντιγράφουμε από τον πίνακα, χωρίς δικαίωμα ούτε να κουνηθούμε. Τα τρεμάμενα και τρυφερά χέρια μας σταυρωμένα στο θρανίο για ώρες πολλές, για μέρες πολλές, για χρόνια. Πόσο λυτρωτικό ήταν το κουδούνι που σήμαινε το διάλειμμα, και πόσο μαγευτική ήταν η ώρα της ωδικής και των καλλιτεχνικών, μα πόσο γρήγορα περνούσε!

Όμως τι άλλαξε από το σχολείο εκείνο ως το σημερινό; Άμα τοποθετήσουμε το σημερινό σχολείο σαν διαφάνεια πάνω στο παλαιότερο, τι θα καλυφθεί, τι καινούριο θα διαφανεί; Τίποτε το καινούριο, η ίδια εικόνα, μουντή, άχαρη και χωρίς χρώματα. Τι κι αν τώρα ο δάσκαλος δεν είναι μόνος. Τι κι αν μια ολόκληρη στρατιά ειδικών της μουσικής, των ξένων γλωσσών, της σωματικής αγωγής, της πληροφορικής και της θεατρικής αγωγής, διαδέχεται ο ένας τον άλλον στην έδρα; Υπάρχει κάποια μορφή επικοινωνίας, συνεργασίας, κάποιο κοινό σημείο μεταξύ όλων αυτών; Στο σχολείο του παρόντος δεν υπάρχει κανένα. Το κοινό σημείο στην τάξη είναι ο δύστυχος μαθητής, που πρέπει να κάθεται απέναντι, χαμηλότερα, ήσυχος, ακίνητος και να προσέχει, να προσέχει. Η ίδια διαφάνεια. Το σχολείο του παρόντος δεν προηγείται της εποχής του, ούτε συμβαδίζει με αυτή. Έμεινε πολύ πίσω.

Οι ειδήμονες των Επιστημών της Εκπαίδευσης έφεραν την μία μεταρρύθμιση μετά την άλλη, αλλά κράτησαν στην αίθουσα διδασκαλίας το ίδιο σκηνικό, την ίδια ατμόσφαιρα. Έμεινε ν' αναδεύεται η ίδια σκόνη, η ίδια κλεισούρα. Το σχολείο δεν άνοιξε, δεν μπήκε φρέσκος αέρας, δεν έγινε καμιά αξιόλογη αλλαγή. Το χειρότερο είναι, πως κατά τη διάρκεια της σχολικής ζωής τους πολλοί από εμάς υπέστησαν περισσότερες από μία μεταρρυθμίσεις, μερικές μάλιστα αντικρουόμενες. Μεταρρυθμίσεις ετεροβαρείς, με επίκεντρο τον εκπαιδευτικό, με απόντα το μαθητή, ο οποίος αυτός μαθητής καλείται να σηκώσει όλο και περισσότερα βάρη κάθε φορά, να προσπαθήσει όλο και πιο πολύ, όλο και πιο σκληρά, μεταφέροντας ολομόναχος το φορτίο της εκάστοτε μεταρρύθμισης. Και όλα αυτά για το "μέλλον" του. Μα ποιο είναι αυτό το μέλλον, τέλος πάντων, που αξίζει τόσες θυσίες, ώστε να χαθεί ολόκληρη η παιδική ζωή, να χαθεί η καλύτερη περίοδος της ανθρώπινης ζωής; Η Επιστήμη της Εκπαίδευσης, μεταξύ των άλλων, δημιούργησε και την εξής παραδοξότητα: Παιδιά που καλούνται να είναι ενήλικες σε μικρογραφία, "άμα τη γεννήσει των", αν όχι σοφοί γέροντες υπό κλίμακα. Αυτό ήταν αναπόφευκτο να συμβεί, γιατί οι ενήλικες γενικά, ακόμα και οι δάσκαλοι, δεν κατόρθωσαν μέχρι τώρα να κατανοήσουν και να εκτιμήσουν τους νόμους, που διέπουν την παιδική ψυχή και επέβαλαν στα παιδιά τις δικές τους ιδέες. Έβλεπαν και βλέπουν το παιδί σαν άδειο κρανίο χωρίς περιεχόμενο, που πρέπει να το γεμίσουν με τη δική τους σοφία, παραβλέποντας από σκοπιμότητα ή από άγνοια πώς λειτουργεί ο παιδικός εγκέφαλος.

Ο σημερινός μαθητής είναι ο σκληρότερα εργαζόμενος Έλληνας. Ποιες είναι οι επιδόσεις αυτού του ατελείωτου μόχθου (με συμπάσχουσα και την υπόλοιπη οικογένειά του), διαβάστε: Οι Ελληνόπαιδες κατέχουν ανάμεσα στους μαθητές 41 κρατών, μελών του Οργανισμού για τη Συνεργασία και την Οικονομική Ανάπτυξη (ΟΟΣΑ), στην έρευνα που διεξάγεται κάθε τρία χρόνια, γνωστή ως Διεθνές Πρόγραμμα για την Αξιολόγηση Μαθητών (PISA), την 32η θέση στα μαθηματικά, στην ανάγνωση και κατανόηση κειμένου, την 30, στις φυσικές επιστήμες την 30η και στην επίλυση προβλημάτων την 32η θέση. Κάτω από Ιταλία και Πορτογαλλία, ενώ η κατάταξη ολοκληρώνεται με Τουρκία, Μεξικό, Ουρουγουάη και Ταϊλάνδη.

Τι κάνουν λοιπόν όλα αυτά τα σχολεία και όλα τα ... φροντιστήρια; Γιατί να συμβαίνουν αυτά;

Απλά, όλα αυτά συμβαίνουν γιατί οι Έλληνες μαθητές, μέσα από το σχολείο έμαθαν να λειτουργούν με δεδομένες στρατηγικές, με δογματικά μοντέλα ή με προτάσεις, που βασίζονται στην απομνημόνευση κυρίως και ελάχιστα στην επεξεργασία. Έτσι είναι σε θέση να μπορούν να ανακαλούν κανόνες και να χρησιμοποιούν την κοινή επιστημονική γνώση για να συνάγουν ή να αξιολογήσουν συμπεράσματα, να λύσουν προβλήματα με μικρό αριθμό βημάτων επεξεργασίας, αλλά μέχρις εκεί και τίποτε παραπέρα...

Κατάντησαν, λοιπόν, οι σχολικές μονάδες αντί για κοιτίδες γνώσης, κοινωνικοποίησης και μόρφωσης, να μετατραπούν σε χώρους δημοσιοϋπαλληλικής διεκπεραίωσης. Όλα αυτά μέσα σ' ένα σκηνικό, κατά κανόνα, ακατάλληλων κτιρίων και με βασικές ελλείψεις στον εξοπλισμό τους.

Βλέποντας αυτά τα αποτελέσματα οι ειδικοί, αποφάσισαν να εισαγάγουν μια ακόμη καινοτομία, σε όσα σχολεία πρώτα συμφωνήσουν, την "Ευέλικτη Ζώνη". Τέλος λοιπόν στο κακό παραδοσιακό σχολείο. Τώρα το σχολείο και εφόσον... συμφωνήσει, κάθε Τετάρτη και τις τρεις τελευταίες διδακτικές ώρες θα είναι ευέλικτο. Μάλιστα, κάθε Τετάρτη... Όλες τις υπόλοιπες ώρες και ημέρες το σχολείο θα είναι παραδοσιακό και πάλι. Διακόπτης on-off.

Το βιβλίο αυτό, αντιστρέφοντας την κατάσταση, προτείνει ένα σχολείο δημοκρατικό, δημιουργικό, ευέλικτο όλες τις ώρες, όλες τις ημέρες, όλα τα χρόνια.

Ο τρόπος που λειτουργεί η τάξη επί μέρους και το σχολείο αυτό στο σύνολο είναι το θέμα που θα μας απασχολήσει στη συνέχεια. Έτσι λοιπόν, στις σελίδες που ακολουθούν καταβάλλεται προσπάθεια να απεικονιστεί και να ταυτοποιηθεί ένα σχολείο με κουλτούρα, ικανό να παράγει μαθητές με αληθινή γνώση, διδάσκοντάς τους απλά και μόνο, πώς να μαθαίνουν. Θα περιγραφεί ένα σχολείο ικανό να δίνει εφόδια και πέρα από τις απαραίτητες "χρήσιμες" γνώσεις που απαιτεί η σύγχρονη ζωή, η επιτυχής εργασία, το γεμάτο στόμα με το άδειο μυαλό.

Γιατί ο άνθρωπος δεν είναι μηχανή προγραμματισμένη να εκτελεί κάτι συγκεκριμένο και προκαθορισμένο, χωρίς σκέψη, χωρίς κρίση, χωρίς συναίσθημα και κυρίως χωρίς δημόσια αρετή.

Ο άνθρωπος-μηχανή βολεύει το σύστημα, γιατί πουλάει αυτό που διαθέτει σε ένα είδος συναλλαγής, που οι επιπλέον αξίες δεν κοστολογούνται.

Όμως ένα πνεύμα καλλιεργημένο, πολύπλευρο και πολυμερές, δε θα αφήσει ποτέ τη σκόνη της μιζέριας να κατακαθίσει επάνω του. Όσο πιο πλατιά είναι η παιδεία, τόσο πιο κοφτερή είναι η κρίση, αυτό το αιώνιο φορτίο ικανοτήτων προς διατήρηση. Όσο πιο βαθιά είναι η γνώση, τόσο πιο καλές είναι οι αποφάσεις. Όσο πιο ανοιχτά είναι τα μάτια, τόσο πλατύτερος είναι ο ορίζοντας. Αυτός ο πλατύς ορίζοντας είναι ο τελικός προορισμός του Ευέλικτου Δημιουργικού Σχολείου, με τις ευρυγώνιες γνώσεις του, που κτίζονται πάνω στο έδαφος μιας πλήρους και αληθινής παιδικής ζωής.

Άννα Δ. Παππά

ΜΕΡΟΣ ΠΡΩΤΟ

Σχολείο: Τράπεζα πληροφοριών ή πηγή γνώσης;

ΚΕΦΑΛΑΙΟ ΠΡΩΤΟ

ΤΟ ΣΧΟΛΕΙΟ ΧΘΕΣ ΚΑΙ ΣΗΜΕΡΑ

Από τη συγκρότηση των πρώτων κοινωνικών ομάδων, που δημιούργησαν τους πρώτους πυρήνες των πολιτισμών στη γη μας, άρχισαν και οι πρώτες σκέψεις πάνω στο θέμα παιδεία. Με την εξέλιξη, οι σκέψεις αυτές πέρασαν σταδιακά σε διάφορες μορφές και ακολούθησαν διάφορες φόρμες. Από τότε λοιπόν καθορίστηκαν οι βάσεις όλου του οικοδομήματος πάνω στο οποίο ο κάθε δάσκαλος και παιδαγωγός έβαζε το δικό του λιθαράκι. Η ρευστότητα συστημάτων είναι πλέον αυταπόδεικτη. Εκείνο το "τα πάντα ρεί" του προγόνου μας Ηράκλειτου, αποδεικνύεται καθημερινά, καθώς η ατέρμονη ανάπτυξη των τεχνικών και επιστημονικών μέσων θέτει νέα όρια στην εκπαιδευτική διαδικασία.

Η κατάργηση των γεωγραφικών συνόρων σε όλους τους τομείς της ανθρώπινης δράσης, η κυριαρχία των ΜΜΕ, η εργασιακή αστάθεια, οι κλυδωνισμοί της ειρήνης, της ελευθερίας και της κοινωνικής δικαιοσύνης αποτελούν μόνο μερικά από τα χαρακτηριστικά της νέας πραγματικότητας και σε αυτά τα επαναπροσδιορισμένα πλαίσια καλείται να κινηθεί ο χώρος της παιδείας.

Ο κόσμος σήμερα, λοιπόν, εξελίσσεται ταχύτατα και εφόσον στον τομέα της παιδείας μείνουμε σ' ένα προηγούμενο σχήμα, αναγκαστικά θα δημιουργήσουμε έλλειψη προσαρμογής. Παιδεία σημαίνει κατά μία σημασία και πρόβλεψη. Το μέλλον επιζητά ανύψωση του μέσου μορφωτικού επιπέδου και οι διεθνείς εξελίξεις στην εκπαίδευση επικαλούνται την παγκοσμιοποίηση ως επιχείρημα για τις μεταβολές. Οι γραμμές συγκλίνουν με καινούριες και παλιές μεθόδους, θεωρίες και συστήματα, στην ανάγκη για μάθηση. Μέσα από τις πολυποίκιλες αναζητήσεις των καιρών μας για μια καλύτερη παιδεία, ανταποκρινόμενη πληρέστερα στη σημερινή οικονομική, κοινωνική και πολιτισμική πραγματικότητα, σε συνθήκες ανταγωνιστικού ατομικισμού και υπέρμετρης κατανάλωσης, η εκπαίδευση προσαρμόζεται ανάλογα.

Αν θέλουμε να δώσουμε ορισμό για την παιδεία, θα μπορούσαμε να πούμε ότι είναι η συστηματική απόκτηση γνώσης για τον άνθρωπο και τον πολιτισμό του. Το περιεχόμενο της παιδείας δεν εξαντλείται ασφαλώς μόνο στην απόκτηση γνώσεων, οι οποίες επενεργούν στη διεύρυνση του γνωσιολογικού χάρτη και του ψυχικού κόσμου του ανθρώπου, στην αξιοποίηση των φυσικών δεξιοτήτων και στην προσαρμογή του στο περιβάλλον, φυσικό και κοινωνικό. Παράλληλα, καλύπτει και την καλλιέργεια του πνεύματος και την ορθή διαμόρφωση της προσωπικότητας του ανθρώπου.

Είναι γεγονός, ότι ως τις πρώτες δεκαετίες του 20ου αιώνα η αποστολή σχολείου και εκπαιδευτικού μπορούσε να θεωρηθεί σαφής και όχι τόσο σύνθετη, όπως στη σημερινή εποχή.

Ο στόχος του σχολείου ήταν η προετοιμασία της νέας γενιάς μέσω της μετάδοσης ενός οριοθετημένου και μη αμφισβητούμενου πλέγματος γνώσεων και αξιών, για μια κοινωνία με περιορισμένη κινητικότητα. Η παθητική στάση του μαθητή τον μετέτρεπε σε παθητικό δέκτη ξένων επιθυμιών και πορισμάτων, ενώ ο εκπαιδευτικός είχε το ρόλο του μεσολαβητή, ο οποίος μεταβίβαζε τα αγαθά των γνώσεων στον μαθητή.

Ο νέος άνθρωπος οδηγήθηκε στην αποξένωση, μέσα από ένα σύστημα που εμπόδιζε τον εκπαιδευτικό να ανοιχτεί σε νέες ιδέες, ακολουθώντας την "πεπατημένη", που εκφραζόταν με την μέθοδο της διάλεξης, της παράδοσης, της λογοκοπίας. Ταυτόχρονα, οι δραστηριότητες ολοκληρώνονταν μέσα σε κλίμα απομόνωσης και ατομικής προσπάθειας, στα πλαίσια ενός πλήρους ανταγωνιστικού πνεύματος προβολής και καταξίωσης. Το αποτέλεσμα ήταν οι μαθητές να αντιμετωπίζουν το σχολείο χωρίς κανένα συναισθηματικό δεσμό, χωρίς καμιά διάθεση συνεργασίας, πράγμα που καθιστούσε το θέμα της παιδείας ακόμη πιο δύσκολο.

Μετά το δεύτερο παγκόσμιο πόλεμο αλλάζουν σημαντικά τα παραπάνω και άνεμος ελευθερίας πνέει και στο χώρο της παιδείας, η οποία γίνεται παιδοκεντρική και πολιτισμοκεντρική. Μια εκπαίδευση βασισμένη στη Βιωματική - Επικοινωνιακή διδασκαλία.

Σήμερα, οι διεθνείς εξελίξεις στην εκπαίδευση επικαλούνται την παγκοσμιοποίηση ως νομιμοποιητικό επιχείρημα για τις αλλαγές που επιχειρούνται. Το χαρακτηριστικό είναι η εγκατάλειψη της γενικής παιδείας και η επαγγελματοποίηση της εκπαίδευσης. Η λογική της επικερδούς επιχείρησης, το "φυσικό παιχνίδι" της αγοράς, εμποτίζει σταδιακά την εκπαίδευση και κινδυνεύουμε να κρίνουμε την εκπαίδευση, όπως μια "καλή επιχείρηση" που παράγει άτομα που θα εργάζονται χωρίς προσκόμματα και νεκρούς χρόνους, υποταγμένα στην κυριαρχία της εμπορευματικής οικουμενικότητας.

Η γνώση γίνεται εμπόρευμα και οι μαθητές με διάφορα τεχνάσματα προτρέπονται να αγοράσουν γνώση, που έχει άμεσο πρακτικό και οικονομικό αντίκρυσμα, με αποτέλεσμα η παιδεία να μετατρέπεται σε οικονομοκεντρική και να προσπαθεί για την αναγκαία προσαρμογή των νέων στο σύγχρονο κόσμο. Η Λευκή Βίβλος "Διδασκαλία και Μάθηση προς την Κοινωνία της γνώσης", καθώς και η έκθεση της ΟΥΝΕΣΚΟ, "Εκπαίδευση, ο θησαυρός που κρύβει μέσα της", ενώ φαίνεται να υπερασπίζονται μια εκπαίδευση που θα προετοιμάζει τους νέους ανθρώπους πάνω σε δημοκρατικό πλαίσιο και ενάντια σε κάθε είδους κοινωνικό αποκλεισμό, στην πραγματικότητα υπερασπίζονται την απόκτηση μιας "εργαλειακής" γνώσης, η οποία θα έχει σαν αποτέλεσμα να αυξήσει την "παραγωγικότητα του ατόμου" και φυσικά να υπηρετήσει την εθνική και παγκόσμια ανάπτυξη. Η οικονομία και οι σκληροί νόμοι της είναι αυτή που έχει σήμερα, αλλά και στο μέλλον, τον πρώτο ρόλο στην κοινωνία. Μέσα στο πλαίσιο αυτό η εκπαίδευση πρέπει να είναι το μέσον στη διαδρομή του ατόμου προς τις μεγάλες πολυεθνικές του εμπορίου και της βιομηχανίας.

Η εκπαίδευση μπορεί και πρέπει να έχει το δεύτερο ρόλο, μόνο που αυτός δε θα είναι παρελθοντικός, αντιθέτως θα διαμορφώνει τα προγράμματα και θα αναπροσδιορίζει το περιεχόμενό τους. Ο προγραμματισμός και ο αναπροσδιορισμός όμως δε θα πρέπει να γίνεται με νόμους της οικονομικής επιστήμης, αλλά με νόμους της παιδαγωγικής επιστήμης. Με προγράμματα διαμορφωμένα με την ουσιαστική συμβολή των εκπαιδευτικών, που αργότερα θα κληθούν να τα υλοποιήσουν.

Το σύγχρονο σχολείο πέτυχε κάποια ποσοστά τυπικού αλφαβητισμού, υποστηρίζει στο βιβλίο του "Ο νέος αναλφαβητισμός", ο Christopher Lasch, αλλά κατάφερε να παράγει ταυτόχρονα νέες μορφές αναλφαβητισμού.

Ο ίδιος ο συγγραφέας στο βιβλίο του " Καταφύγιο σε έναν Άκαρδο κόσμο", αναφέρει ότι: *"η ιστορία της σύγχρονης κοινωνίας είναι η ιστορία της επιβολής κοινωνικού ελέγχου σε δραστηριότητες που κάποτε ασκούσαν τα άτομα και οικογένειές τους. Στο πρώτο στάδιο της βιομηχανικής επανάστασης η παραγωγή από το νοικοκυριό μπήκε στο εργοστάσιο και ήταν κάτω από την επίβλεψη του εργοστασιάρχη. Στη συνέχεια το εργοστάσιο, οι ιδιοκτήτες του δηλαδή, προχώρησε στην ιδιοποίηση των δεξιοτήτων και της τεχνικής γνώσης των εργατών. Λίγο μετά, μέσω της ΄΄επιστημονικής διεύθυνσης,΄΄ γνωστότερης ως management, έθεσαν αυτές τις δεξιότητες υπό τον έλεγχό τους. Τελικά διεύρυναν τον έλεγχό τους και πάνω στην ιδιωτική ζωή των εργατών, ως γιατροί, ψυχίατροι, δάσκαλοι, ως ειδικοί στον επαγγελματικό προσανατολισμό των παιδιών, ενώ άλλοι ειδικοί άρχισαν να εποπτεύουν την ανατροφή των παιδιών, που προηγουμένως αποτελούσε έργο της οικογένειας. "*

Από τη στιγμή εκείνη τα παιδιά μπήκαν στο περιθώριο, όπου παραμένουν ακόμη και ας ισχυρίζονται μερικοί ότι είναι στο επίκεντρο, θα συμπλήρωνα εγώ.

Το σχολείο σήμερα μέσα σ' αυτό το κοινωνικό περιβάλλον, ως μια μορφή κοινωνικού ελέγχου, προσφέρει "εργαλειακές γνώσεις" τόσες, όσες είναι απολύτως απαραίτητες για την επιτυχή εργασία, που μπορεί να γεμίζει τα στομάχια με καταναλωτικές αηδίες, όμως ταυτόχρονα αφήνει ένα τεράστιο κενό στη ψυχή. Δυστυχώς το σχολείο αυτό δεν παρέχει γνώσεις που πραγματώνονται αυθόρμητα, δεν παρέχει δηλαδή αυτό που είναι και το πιο σπουδαίο.

Είναι μεγάλο λάθος, όταν ορίζουμε την παιδεία μόνο ως απόκτηση χρήσιμων γνώσεων. Την αντιλαμβανόμαστε έτσι, περισσότερο στατικά κι όχι ως μια δύναμη που μπορεί να αλλάξει τη ζωή μας. Αντιθέτως, θα πρέπει να μετατοπίσουμε τον άξονα του ενδιαφέροντός μας, έτσι ώστε λέγοντας παιδεία, να μην εννοούμε τη ξερή και στείρα πολυγνωσία, που μετατρέπει το μαθητή σε απλό "συσσωρευτή" γνώσεων. Έτσι μπορούμε ν' αποκαλέσουμε την εκπαίδευση. Η αληθινή παιδεία όμως περικλείει την εκπαίδευση γιατί είναι ευρύτερη και γιατί επεκτείνεται σε πεδία υψηλά, ανθρωπιστικά, πνευματικά. Ένας άνθρωπος με αληθινή παιδεία δε θα σκεπαστεί ποτέ από την ομίχλη της καθημερινότητας.

Το σχολείο του σήμερα συνδέοντας τη μόρφωση με τη γνώση και τη γνώση με την παραγωγική διαδικασία μετατρέπεται σε απλό εκκολαπτήριο αυριανών τεχνοκρατών ή καταναλωτών. Στόχος του σχολείου, αντιθέτως, θα πρέπει να είναι η ποιότητα της γνώσης και η κριτική σκέψη, έτσι ώστε το άτομο να μπορεί να καλλιεργεί και να αναπτύσσει τις πνευματικές και ψυχικές του δυνάμεις, από την ημέρα που γεννιέται ως το τέλος του βίου του. Στόχος είναι να μη χαθεί η άμιλλα μεταξύ των νέων, που εμπεριέχει και την έννοια του ήθους και ούτε αυτή να αντικατασταθεί από τη σκληρή ανταγωνιστικότητα, η οποία δεν έχει μεν ήθος, έχει όμως κανόνες. Επίσης να μην αντικατασταθεί η άμιλλα, ακόμη χειρότερα, από άλλες καταστάσεις που δεν διέπονται ούτε από ήθος, αλλά ούτε και από κανόνες.

Κινδυνεύουμε, όπως τονίζει ο καθηγητής Χ. Τσολάκης, *να γίνει αποκλειστικός σκοπός της Εκπαίδευσης η "παραγωγή" και αναπαραγωγή ανθρώπων που θα υπηρετούν τα "αγοραία" βιομηχανικά και τεχνολογικά δρώμενα. Αλλά γνωρίζουμε, συνεχίζει, ότι αυτός ο εξαρτημένος άνθρωπος, ο άνθρωπος "υπηρέτης" του λεγόμενου "Κατεστημένου" είναι ξένος προς κάθε έννοια παιδείας και αγωγής.*

Η "μεταμόρφωση" του νέου ανθρώπου μέσα από το εκπαιδευτικό σύστημα της εποχής μας διέπεται από τη λογική να εκγυμνάζεται ο μαθητής σύμφωνα με τους κανόνες της αγοράς. Ο G. Debord στο "Σχόλιο πάνω στην κοινωνία του θεάματος", αναφέρει: *Ήα χαθεί η δυνατότητα οι εκπαιδευόμενοι να αναγνωρίζουν διαμιάς τι είναι σημαντικό και τι είναι άνευ σημασίας, τι είναι ασύμβατο ή, αντίθετα, τι θα μπορούσε κάλλιστα να είναι συμπληρωματικό, τι συνεπάγεται η άλφα συνέπεια και συνάμα τι απαγορεύει.*" Και συνεχίζει, ότι ο νέος άνθρωπος του 21ου αιώνα, *της παγκοσμιοποίησης και του παγκόσμιου οικονομικού πολέμου θα βρεθεί ενταγμένος στην υπηρεσία της καθεστηκυίας τάξεως, ενώ η διάθεσή του θα μπορούσε να είναι απολύτως αντίθετη μ' αυτό το αποτέλεσμα. Θα γνωρίσει τη γλώσσα του θεάματος, διότι του είναι η μόνη οικεία, είναι αυτή που του έμαθαν να μιλάει. Θα θελήσει αναμφίβολα να φανεί εχθρικός προς τη ρητορική της, αλλά θα χρησιμοποιήσει το συντακτικό της.*" Έτσι στην καθημερινή ζωή του θα είναι "φτωχός" και "μίζερος", επηρεασμένος και από τα ΜΜΕ, που συμμετέχουν και αυτά στη γενική προσπάθεια αποπροσανατολισμού, αλλά ταυτόχρονα θα είναι ένας εξειδικευμένος εργαζόμενος, με πολλές γνώσεις πάνω στο αντικείμενο εργασίας του.

Ας επανέλθουμε όμως στο σχολείο, και ας μείνουμε εκεί, μια και είναι ο χώρος που μας ενδιαφέρει περισσότερο.

Η "τυπική" μάθηση του παρελθόντος βέβαιο είναι ότι δημιουργούσε άρνηση. Άρνηση που καταπνίγονταν από την ανάγκη. Το σημερινό σχολείο θα πρέπει να χάσει τον παραδοσιακό του χαρακτήρα, να ανοιχτεί προς την κοινωνία που το περιβάλλει, να ενδιαφερθεί για την εξωσχολική δραστηριότητα των παιδιών του, να αγνοήσει τον τακερματισμό της γνώσης σε επιμέρους μαθήματα και να δημιουργήσει μια καινούρια σχέση δασκάλου - μαθητή.

Η διδακτική πρόθεση είναι σαφής: Νέος και αντικείμενο διδασκαλίας να βρεθούν σε ένα πεδίο διδακτικής τάσης, που από την αρχή θα προκαλεί το ενδιαφέρον του νέου ανθρώπου.

Ο άνθρωπος συγκροτεί τη γνώση του ενεργώντας και τροποποιώντας την πραγματικότητα, χωρίς να μπορεί κανείς να του μάθει γράμματα. Το μόνο που μπορεί να κάνει κανείς είναι να τον βοηθήσει να μάθει μόνος του, καθόσον η μάθηση δεν προσφέρεται, αλλά καταχτιέται από το άτομο που μαθαίνει, μέσα σε ένα κλίμα αμοιβαίας ειλικρίνειας, ανάμεσα στον δάσκαλο και στον μαθητή. Να αναζητήσουν, δάσκαλος και μαθητής, ουσιαστικά ζητήματα, να εργαστούν μαζί και να ερευνήσουν μαζί, καθώς μέσω της σύγχρονης αυτής εκπαιδευτικής διαδικασίας θα είναι δυνατόν να προχωρήσουν με σταθερό βήμα στο πολύχρωμο μονοπάτι της μάθησης.

Το σχολείο δε θα είναι έτσι πια ο χώρος λατρείας του παρελθόντος, αλλά ένας χώρος γεμάτος οράματα για το μέλλον και αυτό που θα δημιουργεί πόλους αντίστασης σε μια επερχόμενη εξαφάνιση κάθε ανθρώπινης σπίθας.

Η σωστή παιδεία θα πρέπει να έχει κοινωνικό και ανθρωπιστικό περιεχόμενο. Κοινωνικό με την έννοια ότι θα έχει στενή σύνδεση με την πραγματικότητα και ως σκοπό να συνηθίσει ο νέος στην ομαδική - κοινωνική ζωή και ανθρωπιστικό, αφού θα μαθαίνει στον νέο να εργάζεται με άλλους, να αναζητά την ευτυχία του μέσα στην ευτυχία του συνόλου, να κάνει ό τι μπορεί για τη θεμελίωση μιας καλύτερης κοινωνίας. Το σχολείο οφείλει να καλλιεργεί έναν άνθρωπο δυναμικό και καθολικό. Έναν άνθρωπο με ήθος και εμφανείς δημόσιες αρετές. Αυτό σημαίνει να μην αρκείται ο νέος άνθρωπος σ' αυτό που έχει πετύχει ως τώρα με την ατομική και συλλογική προσπάθεια, αλλά να αγωνίζεται όλο και περισσότερο για την καλυτέρευση των συνθηκών της ποιότητας ζωής. Έτσι μόνο θα καλλιεργηθεί η ανοχή και ο σεβασμός προς το διαφορετικό. Ο νέος θα μαθαίνει πλέον να μην περιορίζει τον ανθρωπισμό του στα όρια της οικογένειας, του σχολείου, της πατρίδας, αλλά με την ωρίμανση που του προσφέρει η παιδεία, να τον επεκτείνει σε ολόκληρη την ανθρωπότητα, πιστεύοντας ότι η περιβόητη παγκοσμιοποίηση θα πάρει μια πιο ανθρώπινη μορφή.

Το σχολείο σήμερα καλείται να προετοιμάσει τον νέο άνθρωπο, να τον εφοδιάσει με τις κατάλληλες γνώσεις, να αναπτύξει τις δεξιότητές του, να καλλιεργήσει τις πνευματικές δυνατότητες και τη φαντασία του, ώστε να είναι σε θέση να οργανώνει, να επιλύει και να εκτελεί τα καθήκοντά του, αλλά ταυτόχρονα να ζει αρμονικά και ταυτισμένος με το υπόλοιπο κοινωνικό σύνολο, δίνοντας ουσιαστικό περιεχόμενο στην προσωπική και κοινωνική του ζωή και να τον κάνει να αντιδρά μόνο γόνιμα και όχι αόριστα, βίαια, ανερμάτιστα.

Αντιδρά ο νέος άνθρωπος, γιατί σήμερα, ενώ οραματίζεται έναν κόσμο γεμάτο ισότητα και δικαιοσύνη, αντικρύζει αντίθετα έναν κόσμο κοινωνικών ανισοτήτων, διακρίσεων, αναξιοκρατικό, με έντονη τη διεύρυνση του χάσματος μεταξύ φτωχών και πλουσίων, έντονων προβλημάτων, ευδαιμονισμού και λατρείας του χρήματος που δε μπορεί να αποδεχθεί τελικά την πολυπλοκότητα της σημερινής κοινωνίας, δεν μπορεί να αντιληφθεί ότι έχει μείνει χωρίς όραμα, χωρίς ιδανικά. Η κυριαρχία της εκπαίδευσης σε βάρος της παιδείας είναι που τα γέννησε όλα αυτά.

Το αποτέλεσμα είναι ο νέος αυτός άνθρωπος να οδηγείται στην απομόνωση και να είναι ευάλωτος πια και χωρίς καμιά αντίσταση στο σχολείο νέου τύπου, το οποίο δεν είναι τίποτε άλλο από την κακή εξαλλαγή του παραδοσιακού. Το σχολείο δηλαδή, "παραγωγής" μονομερών ανθρώπων, οι οποίοι καταλήγουν στην απόλυτη εξειδίκευση, με την υψηλή τεχνική και επαγγελματική κατάρτιση, που ζητά ο εκσυγχρονισμός και οι οικονομικοί δείκτες των διαδοχικών τεχνολογικών επαναστάσεων που συντελούνται. Είναι όμως άνθρωποι με περιορισμένη φαντασία και με προδιαγεγραμμένα πνευματικά και ψυχικά όρια.

Η Φιλοσοφία της Παιδείας"το λέει με σαφήνεια, όπως τονίζει ο Χ. Τσολάκης: Άν εγκαταλείψουμε την παιδεία και περιοριστούμε αποκλειστικά στην επαγγελματική τεχνολογική εκπαίδευση, τότε σε λίγα χρόνια δε θα έχουμε καινούρια τεχνολογία, διότι η τεχνολογική πρόοδος προϋποθέτει βασική επιστημονική έρευνα που επιδιώκεται χωρίς βραχυπρόθεσμους χρησιμοθηρικούς σκοπούς. Η παιδεία διανοίγει τους ορίζοντές μας και μας δίνει μια πλατιά και μακροπρόθεσμη προοπτική για τον κόσμο και τη ζωή μας. Πώς στη σημερινή ανταγωνιστική κοινωνία θα καταφέρουμε να κάνουμε τους νέους ανθρώπους να διατυπώνουν τις απόψεις τους, να είναι ελεύθερες προσωπικότητες, να ερευνούν και να διατυπώνουν τις σκέψεις τους χωρίς φόβο; Ποια μορφωτικά ιδεώδη θα υπηρετήσουν οι νέες θέσεις πάνω στο θέμα παιδεία και ποια κατεύθυνση αγωγής θα ακολουθήσουν;"

ΚΕΦΑΛΑΙΟ ΔΕΥΤΕΡΟ

ΜΟΡΦΩΤΙΚΑ ΙΔΕΩΔΗ ΚΑΙ ΚΑΤΕΥΘΥΝΣΕΙΣ ΑΓΩΓΗΣ

Το παιδευτικό έργο ασκείται απ' όλες τις χώρες. Ο "παιδεύ-ων" προβάλλει ένα σκοπό και σύμφωνα με αυτόν και τις αρχές που θέτει, προετοιμάζει τους νους. Έτσι, όπου υπάρχει οργά-νωση ανθρώπων, υπαχει και σκοπός αγωγής. Η ζωή έχει ένα πλούτο που πρέπει να διερευνήσει και να εξετάσει η Παιδεία, για να γνωρίζει που πρέπει να οδηγήσει τη νέα γενιά.

Η προετοιμασία κάθε γενιάς για μια νέα ζωή παρουσιάζει δυσκολίες και ως προς το ιδανικό (ιδεώδες) διάπλασης και ως προς τον τρόπο επιδίωξης και πραγμάτωσης του σκοπού αυτού. Γι' αυτό κατά καιρούς οι παιδαγωγοί στηρίχθηκαν σε ορισμένα ιδεώδη (ιδεώδες: υψηλό πρότυπο, η άκρα τελειότητα, ιδανικό), για να διατυπώσουν τον ορισμό του σκοπού της αγωγής. Γιατί το ιδεώδες, που σε μια εποχή αποτελεί πηγή ζωής και μορφο-ποιό δύναμη, είναι δυνατό σε άλλη εποχή να παύει να είναι αγαθό για πραγμάτωση. Ο Dilthey υποστηρίζει ότι: *Κάθε ιστορική περίοδος έχει το δικό της παιδαγωγικό ιδεώδες και συνεπώς δεν υπάρχουν σκοποί αγωγής με γενικά αποδεκτό και απόλυτο κύρος.''*

Μορφωτικά ιδεώδη λοιπόν, που στο παρελθόν επεκράτησαν και σήμερα προβάλλονται, με μεγάλη ή μικρή ένταση σαν πρότυπα μόρφωσης, υποστηρίζεται από παιδαγωγούς μας, ότι το καθένα από αυτά παρά το μορφωτικό στοιχείο που περιέχει απόλυτα λαμβανόμενο ως σκοπός ζωής, αποβαίνει μονομερές και ανεπαρκές. Άλλωστε, μήπως υπάρχει ο κίνδυνος όταν επιμείνει η παιδεία μας στα διάφορα ιδεώδη, να κατηγορηθεί ότι επιχειρεί μία σειρά κοινωνικού ελέγχου;

2.1.1. Πολιτικό ιδεώδες

Κατά τους αρχαίους χρόνους όλες οι Ελληνικές πόλεις επεδίωκαν δια της αγωγής την διάπλαση του ανθρώπου σε πολίτη ικανό να υπηρετεί την πόλη στην οποία ζούσε. Κυρίως όμως στη Σπάρτη, όπου η πόλη - κράτος, αναλάμβανε τη φροντίδα της διαπαιδαγώγησης του παιδιού από μικρή ηλικία, ώστε αυτό να αποβεί Σπαρτιάτης, άξιος πολίτης, πρόθυμος να υπηρετεί και να θυσιάζει τη ζωή του για την ελευθερία, τη δόξα και το μεγαλείο αυτής. Παρόμοιες επιδιώξεις είχε και η αγωγή της Αθήνας και της Ρώμης.

Κατά τους μέσους και νέους χρόνους, στη διάρκεια των οποίων σε μερικές χώρες επικράτησε ο απολυταρχισμός, ο φασισμός και ο κομμουνισμός, ο πιστός υπήκοος, το τυφλό όργανο του κράτους και του κυβερνώντος κόμματος, αποτέλεσε την κυριόтερη επιδίωξή τους.

Το πολιτικό όμως μορφωτικό ιδεώδες της αγωγής, αν και το υποστήριξαν κατά καιρούς και το υποστηρίζουν ακόμη και σήμερα πολλοί θεωρητικοί της αγωγής, όπως επίσης, το υποστήριξαν και Έλληνες φιλόσοφοι, μεταξύ των οποίων οι κορυφαίοι Πλάτων και Αριστοτέλης, ως μοναδική επιδίωξη είναι αδύνατο, ασύμφορο και επικίνδυνο. Αυτό όμως δε σημαίνει ότι η πολιτική αγωγή δεν πρέπει να αποτελεί στοιχείο της όλης αγωγής και μόρφωσης του ατόμου. Το πρότυπο της πολιτικής αγωγής , που οφείλει να επιδιώξει το σχολείο, δε θα είναι το τυφλό όργανο του αυταρχικού κράτους, δηλαδή ο πειθαρχημένος οπαδός ενός πολιτικού συστήματος ή κόμματος, αλλά ο φύλακας των αιωνίων ηθικών αξιών, ο αγωνιζόμενος κατά της παράνομης βίας και υπέρ της επικράτησης των πνευματικών αξιών. Το πρότυπο του ανθρώπου πολίτη και όχι του ανθρώπου υπηκόου.

2.1.2.Θρησκευτικό-Εκκλησιαστικό ιδεώδες

Ο Μεσαίωνας, χάρη στην ενότητα της "εκ της θρησκείας" εκπορευόμενης θεωρίας του, περί του κόσμου και της ζωής, είχε ενιαίο μορφωτικό ιδεώδες, το θρησκευτικό. Ο άνθρωπος, η προέλευσή του και η πορεία του, καθορίζονται από τη σχέση εξάρτησης του με το απόλυτο, υπερβατικό ον. Τελικός σκοπός είναι η αιώνια κοινωνία με το Θεό. Στη Δύση κυρίως, έχουμε μορφωτικό ιδεώδες, υπό την καθοδήγηση και επίδραση της καθολικής εκκλησίας. Στην ανατολή υποστηριχτές του θρησκευτικού ιδεώδους, είναι οι Πατέρες της Εκκλησίας. Μετά το δεύτερο παγκόσμιο πόλεμο εκδηλώνεται το θρησκευτικό

- εκκλησιαστικό ιδεώδες, στα πλαίσια της "Παιδαγωγικής του Περσοναλισμού". Σήμερα το ιδεώδες αυτό, συνεχίζει να καλλιεργείται στις θεολογικές σχολές και στα κατηχητικά σχολεία.

Και στο εκκλησιαστικό ιδεώδες ο σκοπός είναι ο ίδιος, είναι όμως πιο συγκεκριμένος. Από την εκκλησία τα άτομα γίνονται αφοσιωμένοι οπαδοί. Φυσικά από την εκκλησιαστική κηδεμονία, ναι μεν έχουμε τον περιορισμό της απόλυτης ελεύθερης και πνευματικής κίνησης του ατόμου, όμως έχουμε αντί αυτής την εσωτερική ηρεμία και τη λύτρωση του ανθρώπου, που βοηθάει στο συναίσθημα της ασφάλειάς του.

Και στην εποχή μας, παρά την ανάπτυξη των επιστημών και του επιπέδου ζωής, υποστηρίζεται, ότι το ιδεώδες αυτό, δεν πρέπει να λείπει από την οργάνωση της αγωγής, χωρίς βέβαια να καταπιέζει τις άλλες αναζητήσεις.

2.1.3. Ατομικά ιδεώδη

Μετά το Μεσαίωνα άλλαξε η δομή της κοινωνίας και φυσικά άλλαξαν και οι αντιλήψεις για τη ζωή. Τα άτομα δεν σκέφτηκαν μονάχα πολιτειακά, θεολογικά ή εκκλησιαστικά. Η θρησκεία, που πρώτα ήταν στο επίκεντρο κάθε πνευματικής δραστηριότητας, τώρα αρχίζει να ατονεί. Η σκέψη των ατόμων τριγυρίζει και σε άλλα πεδία, με επίκεντρο όχι το Θεό, αλλά το ίδιο το άτομο, τα δικαιώματά του και την απελευθέρωσή του από κάθε δεσποτισμό. Αναπτύσσεται κριτική διάθεση για το κάθε τι. Έτσι, τα ιδεώδη πήραν ατομιστική μορφή, δηλαδή πήραν την τάση που ωθεί τα άτομα να εργάζονται πρώτα γι' αυτά τα ίδια και στη συνέχεια για το κοινωνικό σύνολο. Ανάλογα με τη θέση τους στο κοινωνικό γίγνεσθαι, αυτά διακρίνονται σε:

Ανθρωπιστικό ιδεώδες

Ο ανθρωπισμός παρουσιάστηκε από τον 14ο αι. και μετά. Απέβλεπε στην αναβίωση του αρχαίου κλασσικού πνεύματος, για την αρμονική μόρφωση του ανθρώπου κατά τα πρότυπα της αρχαίας ελληνικής και ρωμαϊκής εποχής. Η τέλεια προσωπικότητα, αυτοδύναμη και πολύπλευρη, δεν αποστρέφεται τον κόσμο, αλλά αγωνίζεται για την απόκτηση περισσότερων αγαθών πάνω στη γη. Το τελειότατο πρότυπο, σύμφωνα με τις αρχές της κλασικής εποχής, είναι ο μορφωμένος άνθρωπος. Στα χρόνια της Αναγέννησης, όπως και στις επόμενες γενιές, ο νέος άνθρωπος, πρέπει να τραφεί με τα κλασσικά γράμματα. Στα σχολεία διδάσκονται τα κλασσικά γράμματα και οι τέχνες της κλασσικής εποχής. Στην κεντρική Ευρώπη οι μαθητές έπρεπε να μαθαίνουν δύο γλώσσες για τα ανθρωπιστικά ιδεώδη, τα αρχαία ελληνικά και τα λατινικά. Κύριοι εκπρόσωποι της ανθρωπιστικής αυτής κίνησης ήταν ο Herder, ο Goethe, ο Fichte, ο Wolff και ο W.von Humboldt.

Το ιδεώδες αυτό παραμένει ως τις μέρες μας, γιατί και σήμερα τα κλασσικά γράμματα διδάσκονται και μάλιστα τελευταία, δεν στεκόμαστε μονάχα στη μορφή των κειμένων, αλλά μελετούμε κι άλλες παραμέτρους. Δίπλα στα θετικά μαθήματα και τις νέες τεχνολογίες, πρέπει να διδασκόμαστε και τα αρχαία γράμματα, γιατί αντλούμε βασικά στοιχεία του πολιτισμού μας και κατανοούμε την νέα ελληνική γλώσσα, ως συνέχεια της αρχαίας. *Τίποτε δε βοηθά περισσότερο σε αυτογνωσία και αυτομόρφωση, όσο η μελέτη και η πραγματική γνώση του ελληνισμού,* υποστηρίζει ο Humboldt και συνεχίζει ότι, *μονάχα ο ελληνικός λαός εμφανίζει τις ολάκερες, ελεύθερες και θαυμάσια εξελιγμένες προσωπικότητες.* Ο Ι.Κακριδής λέει: *Ό νέος άνθρωπος που μπαίνει στη ζωή, αγνός και αδιάφθορος καθώς είναι, δεν μπορεί παρά να κλείνει στην ψυχή του το μύθο ενός ανθρώπου καλύτερου. Όμως είναι φυσικό να μην έχει τόση αντοχή, όση χρειάζεται, για να κρατήσει τον μύθο αυτό αλώβητο μπροστά στη σκληρότητα της ζωής. Το πιο μεγάλο στήριγμα τέτοιες ώρες θα του σταθεί η πίστη του αρχαίου Έλληνα στον άνθρωπο. εδώ βρίσκεται η δικαίωση της κλασικής παιδείας. Η κλασική παιδεία δε ζητάει να ασκήσει μια ειδική ικανότητα του ανθρώπου, όπως να πούμε τα μαθηματικά ασκούν το λογικό. Ο κύριος σκοπός της δεν είναι τουλάχιστο μια τέτοια εξάσκηση. Εκείνο που θέλει είναι να φέρει το νέο σε επαφή με ένα πλήθος ψυχές δυνατές και μεγάλες, και έτσι να του δώσει τη χαρά και την πίστη στον άνθρωπο, κι ακόμα να κρατήσει ζωντανό μπροστά το όραμα ενός μυθικού ανθρώπου, αν είναι η ζωή του νέου αυτού να έχει κάποιο σκοπό και να μην παραδέρνει ακυβέρνητη, χωρίς να ξέρει για πού τραβάει.*

Αν η κλασική παιδεία κατορθώσει να δυναμώσει μέσα μας την πίστη και την αγάπη του ανθρώπου, αν βοηθήσει να πλαστούν άνθρωποι που να μπορούν να πουν γι' αυτούς, όταν πεθάνουν, ότι σ' όλη τους τη ζωή περπάτησαν με δύναμη και πίστη πάνω στο δρόμο που τους φωτίζει το άστρο ενός μύθου."

Γι' αυτό ήταν και είναι πολύ χρήσιμο το αρχαίο ελληνικό μορφωτικό ιδεώδες, που χάρη σ' αυτό αναδείχθηκε ο άνθρωπος ως ανυπέρβλητη αξία. Ένας άνθρωπος που μέσα από τη σωστή παιδεία μαθαίνει να εφαρμόζει αξίες.

Στην εποχή της αναζήτησης της "ωφέλιμης" γνώσης μέσα από ένα σχολείο "διαχείρισης" και ταυτόχρονα ο παραγκωνισμός της ανθρωπιστικής παιδείας, με παράλληλη επικράτηση των υλιστικών αξιών, του ανταγωνισμού, του ατομικού συμφέροντος, του φανατισμού, της έλλειψης ιδανικών, είναι αναγκαία η επαρκής ανθρωπιστική καλλιέργεια του νέου ανθρώπου.

Το πραγματικό ή της υλικής ωφέλειας ιδεώδες

Πρότυπο αυτού του ιδεώδους είναι ο πραγματικά μορφωμένος άνθρωπος, που γνωρίζει να ενεργεί κατά τέτοιο τρόπο ώστε να είναι ωφέλιμος για τον εαυτό του και για το κοινωνικό σύνολο. Πρέπει να αντιμετωπίζει τον αγώνα της ζωής του και να είναι ικανός στο έργο του. Η παροχή γνώσεων, σύμφωνα με το ιδεώδες αυτό, έχει άμεση σχέση με την καλλιέργεια των δυνατοτήτων του ανθρώπου, με τη δημιουργία και βελτίωση των δεξιοτήτων του και τη χρησιμότητά τους, τόσο για τον ίδιο τον άνθρωπο, όσο και για το κοινωνικό σύνολο. Υποστηριχτής του ιδεώδους αυτού ήταν ο Άγγλος Locke, που πίστευε στην παντοδυναμία της αγωγής.

Η μονομερής επικράτηση αυτού του ιδεώδους δημιουργεί την τάση στον άνθρωπο να έχει σαν σκοπό το συμφέρον και το ωφέλιμο. Η ζωή όμως δεν είναι υπηρεσία μονάχα του ωφελιμισμού. Ο άνθρωπος έχει κι άλλες τάσεις και κλίσεις ανιδιοτελείς.

Η αγωγή πάνω σε ωφελιμιστικούς σκοπούς είναι επικίνδυνη για τη διαφθορά των ανθρώπων και για την αποσύνθεση του κοινωνικού συνόλου. Αν οι μαθητές μάθουν να σκέφτονται μονάχα για το ωφέλιμο, θα γίνουν εγωιστές και θα κυριαρχεί η διάθεση για εκμετάλλευση του συνανθρώπου του για αποκόμιση ατομικών ωφελημάτων. Η έννοια της ομάδας χάνεται, το "εμείς" εξαλείφεται από το λεξιλόγιο τους και το "εγώ" κυριαρχεί σ' αυτό.

Σκεπτόμενοι τα σχολεία της αρχαίας Αθήνας, θα δούμε ότι εκεί αποκλείονταν οι γνώσεις *πάνω σε πρακτικά ωφέλιμα πράγματα ή σε θέματα κέρδους.* Πίστευαν ότι αυτοί που θέλουν πολλά είναι μικρόψυχοι και μη φιλελεύθεροι.

Οι Σπαρτιάτες, άλλωστε, είχαν βαριά νομίσματα, για να μη παρασύρονται από την επιθυμία του κέρδους.

Οι αρχαίοι φιλόσοφοι Πλάτων, Αριστοτέλης και αργότερα οι Κάντιος, Πουσσώ και Έμβαρτος ήταν κατά του ωφελιμισμού.

Σύμφωνα με τα παραπάνω απορρίπτεται η μονομέρεια και αυτού του ιδεώδους, αλλά πρέπει ορισμένα στοιχεία του να έχουν θέση στο σκοπό της αγωγής. Ο άνθρωπος οφείλει να αξιοποιεί τις δυνατότητές του για την παραγωγή έργου ωφέλιμου για τον εαυτό του και για το κοινωνικό σύνολο, όμως η καλλιέργεια του ιδεώδους δεν πρέπει να είναι υπέρμετρη. Τα παιδιά να μορφώνονται έτσι, ώστε να αντέχουν στον αγώνα της ζωής και να τους γεννηθεί η χαρά της δημιουργίας, εξελίσσοντας την ατομικότητά τους και τις ιδιότητές τους.

Καλαισθητικό ιδεώδες

Πρότυπο του τέλειου ανθρώπου, σύμφωνα με το ιδεώδες αυτό, είναι ο καλαισθητικά μορφωμένος άνθρωπος. Αυτός θεωρείται ο αληθινά ηθικά ελεύθερος άνθρωπος. Τη σημασία της καλαισθητικής αγωγής πρώτοι αναγνώρισαν οι αρχαίοι Έλληνες και μάλιστα οι Αθηναίοι, που είχαν αναγάγει αυτή σε μορφωτικό ιδεώδες. Στους νεώτερους χρόνους υπέρμαχος του καλαισθητικού μορφωτικού ιδεώδους ήταν ο Schiller, ο οποίος απέδιδε στην τέχνη την μορφωτική δύναμη, που έχει το παιχνίδι, για την ανύψωση του πνεύματος του ανθρώπου και την απελευθέρωσή του από τη δουλεία της ύλης.

Τα τελευταία χρόνια η καλαισθητική μόρφωση αποτελεί εσωτερική ανάγκη του ανθρώπου, γιατί μέσα από την τέχνη ζητά την ψυχαγωγία και την απολύτρωσή του από την μηχανοποίηση και μαζοποίηση της ζωής, που επέφερε η εξέλιξη της βιομηχανίας και της τεχνολογίας και οι γρήγοροι ρυθμοί που απαιτεί η εποχή.

Η καλαισθητική αγωγή συμβάλλει βέβαια στον εκπολιτισμό του ανθρώπου, όμως δεν καλύπτει όλο το σκοπό της αγωγής. Ο καλλιτέχνης δανείζει την ιδιοφυΐα του στην υπηρεσία των αξιών. Ο παιδευτικός ρόλος της τέχνης πρέπει να χρησιμοποιείται, γιατί μια ιδέα, που η λογική τη διατυπώνει με λίγες λέξεις, η τέχνη με τα σύμβολά της, την κάνει να μιλήσει στις ψυχές όλων των ανθρώπων.

Ο Κ.Τσάτσος είπε: *Η αισθητική παιδεία δεν είναι πολυτέλεια, αλλά είναι ανάγκη.* Πράγματι, αναπτύσσει τα αισθητικά κριτήρια του ανθρώπου και τον κάνει καλλιεργημένο, προάγοντας ταυτόχρονα την ευγένεια της ψυχής και το ήθος.

Ηθικό ιδεώδες

Το κέντρο του βάρους της ανθρώπινης προσωπικότητας, σύμφωνα με το ιδεώδες αυτό, είναι στην ηθικότητα. Οι υποστηριχτές της ιδέας αυτής δεν συμφωνούν ως προς τον γνώμονα για τη μέτρηση της ηθικότητας.

Κατά μία άποψη γνώμονας είναι η ευδαιμονία, η απόλαυση του ατόμου. Κι εδώ όμως, υπάρχουν διαφορετικές γνώμες. Για τους μεν το ηθικό ιδεώδες υπηρετείται με την άμεση ηδονή, για τους δε άλλους διατηρείται όταν καλλιεργείται το άτομο ψυχικά.

Κατ΄ άλλη άποψη το μέγιστο αγαθό είναι η ενέργεια, η δραστηριότητα του ατόμου για ψυχοσωματική καλλιέργεια και για τη συμβολή του στην ανάπτυξη της τέχνης, αλλά και της επιστήμης.

Άλλοι πάλι υποστηρίζουν ότι είναι η ηθική δύναμη του ανθρώπου στην προσπάθειά του να φτάσει στην τελείωσή του με τις δυνάμεις του, με σκοπό την ηθική βελτίωση του κοινωνικού συνόλου και του εαυτού του.

Κάποιοι άλλοι υποστηρίζουν ότι γνώμονας θα πρέπει να είναι η ηθική βούληση, ώστε το άτομο σε καμιά περίπτωση να μην παρεκκλίνει των ηθικών αρχών και να κάνει πάντα το αγαθό.

Ο Κομένιος υποστηρίζει ότι *η αγωγή δεν είναι καλή, χωρίς να έχει καλά ήθη ο άνθρωπος.* Αργότερα ο Κάντιος και ο Έρβαρτος αναπτύσσουν παρόμοιες θεωρίες. Το σχολείο θα πρέπει να αποβλέπει, μέσα στα πλαίσια μιας ολοκληρωμένης αγωγής, και στην ηθική μόρφωση του νέου ατόμου.

Βασική θέση των Piaget και Kohlberg, οι οποίοι ανέπτυξαν την γνωστικο- αναπτυξιακή θεωρία, είναι ότι το παιδί διέρχεται, σε διαδοχική συνέχεια, από διάφορα στάδια ηθικής ανάπτυξης και ότι σε κάθε ένα στάδιο απ' αυτά, κρίνει τι είναι "ηθικώς πρέπον", με τελείως διαφορετικό τρόπο.

Στόχος λοιπόν της εκπαίδευσης θα πρέπει να είναι, παίρνοντας υπόψη το ηθικό ιδεώδες, να βοηθήσει τους μαθητές, να οδηγηθούν από τα κατώτερα στάδια ηθικής ανάπτυξης, σε ανώτερα στάδια, που οδηγούν το άτομο στην αυτόνομη ηθική σκέψη. Η ηθική δογματική διδασκαλία του παρελθόντος, αντικαθίσταται με την αντιπαράθεση ιδεών και αξιών, τη συζήτηση ηθικών προβληματισμών και οδηγείται έτσι ο νέος άνθρωπος στην ηθική αυτονομία.

Η παιδεία και βέβαια θα πρέπει να είναι ευθυγραμμισμένη με τις απαιτήσεις της ζωής και με τις επιταγές του Marketing και του Management. Παιδεία που στερείται ήθους και αξιών δεν είναι παιδεία, παρά είναι μια εκπαίδευση ελλειμματική και ανάπηρη.

Ένα μυαλό, που έχει δεχθεί ακριβώς μόνο τα απαραίτητα για να ασκεί ένα επάγγελμα με επιτυχία, είναι ένα μυαλό με πεπερασμένες ικανότητες. Αν κάποτε χρειαστεί να αλλάξει επάγγελμα, θα το κάνει ανεπιτυχώς, γιατί δε θα έχει την απαιτούμενη ευελιξία. Εάν το ίδιο μυαλό εκτός από τα απαραίτητα δεχθεί και επιπλέον γνώσεις και ειδικά αν οι γνώσεις αυτές δεν είναι αποτέλεσμα μεταφύτευσης, αλλά είναι κατάκτηση μέσα από ευέλικτη μάθηση, τότε το άτομο αυτό θα ασκήσει με περισσότερη επιτυχία το επάγγελμα του ή ακόμη και ένα νέο επάγγελμα αν χρειαστεί. Εάν ακόμη η κατακτημένη γνώση φέρει και ηθικό μανδύα, τόσο το καλύτερο.

Ο καθηγητής Ιων. Ξηροτύρης, σε άρθρο του αναφέρει μεταξύ άλλων, τα εξής: *Η μόρφωση του ανθρώπου βρίσκεται πιο πάνω από τις γνώσεις, οι οποίες είναι μια απαραίτητη προετοιμασία, όχι όμως αυτή η ίδια μόρφωση , γιατί βρίσκεται στη σφαίρα του ήθους, της ηθικής ζωής, στην αγωγή της ανθρωπιάς, στην παιδεία με την ουσιαστική σημασία της λέξης. Γι' αυτό και πρέπει να επιδιώκουμε την καλλιέργεια του ήθους σε συνδυασμό με μια καθολικότητα απαιτήσεων της ζωής, αλλά πάντως κάτω από ένα κανόνα ηθικών αξιών."*

2.2. ΚΑΤΕΥΘΥΝΣΕΙΣ ΑΓΩΓΗΣ

Ένα από τα βασικά προβλήματα της παιδαγωγικής επιστήμης είναι και η κατεύθυνση που οφείλει να ακολουθεί η αγωγή. Ο προβληματισμός αυτός έχει δημιουργήσει δύο άκρως αντίθετες απόψεις. Την άποψη, ότι η αγωγή πρέπει να επιδιώκει τη διάπλαση του ατόμου σε αυτόνομη και ελεύθερη προσωπικότητα, ακολουθώντας τη φύση αυτού. Και την άλλη άποψη, ότι η αγωγή πρέπει να επιδιώκει τη διάπλαση του ατόμου σε κοινωνικό μέλος, προσαρμόζοντας τη φύση αυτού στις απαιτήσεις της ομάδας, του συνόλου, της κοινωνίας. Έτσι, η αγωγή κατά την πρώτη άποψη είναι ατομική και κατά τη δεύτερη κοινωνική.

2.2.1. Ατομική αγωγή

Είναι η κατεύθυνση της αγωγής που πιστεύει ότι ο σκοπός της είναι να κάνει τον άνθρωπο να ζει σύμφωνα με τη φύση του. Το παιδαγωγικό έργο της ατομικής αγωγής είναι κυρίως αρνητικό, γιατί αρνείται κάθε εξωτερική επίδραση που υποκινεί ή καταστέλλει την εκκόλαψη των φυσικών προδιαθέσεων του ατόμου, ώστε να αφήνεται κάθε μία από αυτές να παρουσιάζεται αυθόρμητα και να εξελίσσεται αβίαστα, μέχρι του δυνατού ορίου, που οι καταβολές της καθεμιάς προσδιορίζουν.

Η ατομική αγωγή έχει την αρχή της στην ιδέα της "κατά φύσιν ζωής", που εισήγαγαν και εφάρμοσαν στους αρχαίους χρόνους οι Έλληνες φιλόσοφοι, Αντισθένης και Επίκουρος, αλλά κυρίως οι Στωικοί.

Κατά τους χρόνους της Αναγέννησης, την ιδέα της επιστροφής του ανθρώπου στη φύση αναζωπύρωσαν ο Rabelais, ο Montaigne, ο Comenius και άλλοι. Επιστροφή στη ζωογόνο φύση ήταν το επαναστατικό σύνθημα των ανδρών αυτών, προς το οποίο ο Rousseau επιχείρησε να προσαρμόσει την ενέργεια της αγωγής, ώστε αυτή να είναι σύμφωνη προς την πορεία της αυθόρμητης εξέλιξης του κατά φύση αναπτυσσόμενου ανθρώπου.

Ο Αιμίλιος πρέπει να απομακρυνθεί από το κοινωνικό περιβάλλον και να μορφωθεί έξω στη φύση, σύμφωνα με την ιδιαίτερη ατομικότητά του και να μαθαίνει οτιδήποτε, όσο και όποτε θέλει, μέσα από την πληθώρα ερεθισμάτων που του προσφέρει η φύση. *Η φύση, που σύμφωνα με τον Rousseau είναι το καθετί που υπάρχει, πριν εκφυλιστεί στα χέρια των ανθρώπων.*

Κανένας φραγμός δεν πρέπει να τεθεί στη βούληση του Αιμίλιου, προκειμένου αυτός να γίνει αυτόνομη και ελεύθερη προσωπικότητα. Οι εκ του πολιτισμού και εκ της κοινωνικής ζωής επιδράσεις πρέπει να εξουδετερωθούν μέσα από τις συνήθειες που θα αναπτύξει στην κατά φύση ζωή.

Οι περί φυσικής αγωγής αντιλήψεις του Rousseau άσκησαν βαθιά επίδραση στην παιδαγωγική σκέψη πολλών παιδαγωγών, σύμφωνα με τον Roger Cousinet, καθηγητή του Πανεπιστημίου της Σορβόννης. Ο Basedow παραχωρεί μια σπουδαία θέση στην χειροτεχνική εργασία και στην εργασία στον κήπο. Ο Pestalozzi είναι γεωργός, πριν να γίνει παιδαγωγός και προσπαθεί στο Neuhof να συνδέσει στενά τη γεωργική απασχόληση με την αγωγή. Τα μικρά παιδιά του Froebel συντηρούν κήπους.

Τις ιδέες για την ατομική αγωγή πολύ ενίσχυσαν και οι απόψεις της φιλοσοφικοκοινωνικής θεωρίας περί της αξίας και της συμβολής του ατόμου στην πολιτιστική πρόοδο και στην ιστορική εξέλιξη, όπου το άτομο έχει μεγαλύτερη αξία από την κοινωνία. Η τελειότητα της κοινωνίας και τα επιτεύγματα του πολιτισμού, που υπάρχουν σε μια κοινωνία και χρησιμοποιούνται στη ζωή, έχουν την αρχή τους σε ορισμένα άτομα, που είναι προικισμένα με εξαιρετικές ικανότητες.

Η φυσική αγωγή όμως έρχεται σε αντινομία προς την έννοια και προς το βαθύτερο νόημα αυτής της ίδιας της αγωγής, η οποία δε νοείται χωρίς επιδράσεις, συμπληρώσεις, διορθώσεις, πιέσεις και γενικά μεταβολές και μεταπλάσεις της φύσης του ανθρώπου.

Η ατομική αγωγή, εγκαταλείποντας το νεαρό άτομο στη φύση του και χωρίς να καταβληθεί καμιά σοβαρή φροντίδα για τη διόρθωση των αδυναμιών του, το μετατρέπει σε δούλο των ενστίκτων και εμφύτων τάσεων του.

Επίσης η ατομική αγωγή, η οποία απομακρύνει το άτομο από την κοινωνία και το μορφώνει μακριά απ' αυτή, παραγνωρίζει ότι η αγωγή είναι κοινωνική λειτουργία και ότι ο άνθρωπος είναι κοινωνικό ον, που έχει τα ψυχικά γνωρίσματα της κοινωνίας από την οποία προέρχεται. Ακόμη αγνοεί, ότι κάθε απομάκρυνση βιολογικά και παιδαγωγικά είναι όχι μονάχα αδύνατη, γιατί το άτομο είναι στενά δεμένο με την κοινωνία που ζει, αλλά και ασύμφορη γιατί προετοιμάζει άτομα εγωιστικά και απροσάρμοστα.

Από τα παραπάνω εξάγεται το συμπέρασμα ότι καμιά αγωγή δεν μπορεί να είναι αποκλειστικά ατομική. Όμως δε σημαίνει ότι θα πρέπει να είναι αντιατομική, δηλαδή να αρνείται τελείως τη φύση του ανθρώπου. Επίσης, δε σημαίνει ότι κάθε αγωγή είναι συνεχής πάλη και αντίθεση προς τη φύση και την κληρονομικότητα του ατόμου, γιατί ο άνθρωπος για να διατηρηθεί στη ζωή πρέπει να πειθαρχεί στη φύση, αλλά ταυτόχρονα να προσπαθεί να απαλλαγεί απ' αυτή.

2.2.2. Κοινωνική αγωγή

Είναι η αγωγή που επιδιώκει να διαπλάσει τον άνθρωπο, όχι όπως η φύση τον έχει προορίσει, αλλά όπως απαιτεί απ' αυτόν η κοινωνία, στην οποία πρόκειται να ζήσει.

Η κοινωνική αγωγή δε βρίσκεται αντίθετη με τη φύση του ανθρώπου, γιατί αυτός, σύμφωνα με τον Αριστοτέλη, είναι προορισμένος εκ φύσεως να ζει στην κοινωνία. Αγωγή, χωρίς κοινωνία, δεν υπάρχει, αλλά και κοινωνία χωρίς αγωγή δε νοείται, δηλαδή χωρίς μεταβίβαση της πείρας, των γνώσεων και γενικά της πνευματικής κληρονομιάς των παλαιοτέρων στους νεότερους.

Η κοινωνική αγωγή οφείλει την αρχή της στην ιδέα περί της φυσικής κοινωνικότητας, που παρουσιάζει ο άνθρωπος ως βιολογικό και ως πνευματικό πλάσμα. Την ιδέα αυτή την καλλιέργησαν οι αρχαίοι Έλληνες φιλόσοφοι Σωκράτης, Πλάτων, Αριστοτέλης και άλλοι. Κατά τους νεότερους χρόνους, την ιδέα της κοινωνικής αγωγής θεμελίωσαν επί επιστημονικών βάσεων πολλοί κοινωνιολόγοι, ψυχολόγοι και παιδαγωγοί. Οι Dewy και Fischer αναγνώριζαν ότι σχολείο έξω από την κοινωνία δεν υπάρχει και ότι γι' αυτό το σχολείο θα πρέπει να είναι μια μικρογραφία της κοινωνίας.

Όμως και οι ιδέες περί κοινωνικής αγωγής δε μπορούν να εφαρμοστούν αποκλειστικά και μόνο αυτές, γιατί η αγωγή, αν είναι μόνο κοινωνικής κατεύθυνσης, δεν απολυτρώνει τον άνθρωπο με την κοινωνικοποίηση, αλλά απλώς τον καθιστά δούλο του κοινωνικού συστήματος.

Η αμιγής κοινωνική αγωγή παραγνωρίζει την ατομικότητα

του κάθε ανθρώπου, αρνείται τη δύναμη της κληρονομικότητας και έρχεται σε σύγκρουση με τη φύση, που η δύναμή της παρουσιάζεται πολλές φορές στο φαινόμενο της αγωγής ακατανίκητη. Θυσιάζοντας το άτομο στην ομάδα, τον άνθρωπο στον πολιτισμό, το πνεύμα στην ύλη, φαίνεται ότι αγνοεί τον αληθινό προορισμό του ανθρώπου.

Συνεπώς, σύμφωνα με τους θεωρητικούς της αγωγής των τελευταίων χρόνων, για να είναι η αγωγή ολοκληρωμένη και για να ανταποκρίνεται πλήρως στον προορισμό της, δε θα πρέπει να ακολουθεί μονομερώς μία από τις δύο κατευθύνσεις. Αντιθέτως, θα πρέπει να παρέχει στο άτομο τη δυνατότητα να γίνει άνθρωπος και στον άνθρωπο να εξυπηρετεί την κοινωνία.

ΚΕΦΑΛΑΙΟ ΤΡΙΤΟ

ΜΕΓΑΛΟΙ ΠΑΙΔΑΓΩΓΟΙ ΜΙΛΟΥΝ ΓΙΑ ΤΗ ΜΑΘΗΣΗ

Μεγάλοι παιδαγωγοί με τα γραπτά τους απευθύνονταν στους συγχρόνους τους, αλλά διαβάζοντας και σήμερα τις σκέψεις τους πάνω σε ζητήματα της αγωγής, θα διαπιστώσουμε με έκπληξη ότι μας αφορούν. Αφορούν τις επιλογές και κατευθύνσεις που καλούμαστε να δώσουμε, εμείς οι "μάχιμοι" εκπαιδευτικοί, μέσα στο σχολείο, μέσα στην τάξη. Καθορίζουν μέχρι και σήμερα τη στάση μας, τις σχέσεις μας με τα παιδιά, τη σωστή επιλογή μορφωτικών ιδεωδών και τη σωστή κατεύθυνση της αγωγής που πρέπει να προσφέρουμε.

Ας δούμε τις αποκαλύψεις και τις γνώμες, ενός Beethoven της Παιδαγωγικής, του Herni Pestalozzi, εισηγητή του *λαϊκού σχολείου:*

Ας δίνουμε τα πρωτεία στην πράξη και δεξιότητα παρά στη γνώση, στην αγωγή παρά στη διδασκαλία, υπεροχή στο να είσαι κάτι, παρά στο να έχεις κάτι.

Κατάρα στις γνώσεις, που προσφέρονται μόνο με τα λόγια.

Είναι αναντικατάστατες οι αρετές από την αγωγή που λαμβά-νει το μικρό παιδί στους κόλπους της μητέρας του κι ύστερα στο ιερό του ϋικογενειακού δωματίου."

Η τέχνη του παιδαγωγού μοιάζει με τη τέχνη του κηπουρού.

Ας φροντίζομε για μια ολοκληρωμένη αγωγή, που θα διαμορ-φώσει την καρδιά, το νου και το χέρι.

Η εποπτεία είναι το θεμέλιο κάθε γνώσεως και η αγωγή είναι η τέχνη της καθοδηγήσεως του παιδιού από τις επιφανειακές και κομματιαστές εποπτείες, σ' εποπτείες πάντοτε πιο σαφείς και πιο διακριτές.

Η ηθική αγωγή, τέλος, έργο αγάπης και πίστεως, ξυπνάει στο παιδί το σεβασμό και την αγάπη στην τάξη, που καθόρισε ο Δημιουργός."

Μερικές γραμμές , με το ίδιο πνεύμα, από μια ομιλία του Pestalozzi, στους μαθητές κατά την πρωτοχρονιά του 1809: " *Δεν αισθανόμαστε καμιά δυσαρέσκεια για τις προδιαθέσεις σας και τις έμφυτες τάσεις σας, δε θα χρησιμοποιήσουμε καμιά βία, δε θα τις απαγορεύσουμε, αντίθετα θέλομε να εμφανιστούν. Δε σκεφτόμαστε να κάνουμε από σας ανθρώπους τέτοιους, όπως είμαστε εμείς, τέτοιους όπως είναι οι περισσότεροι από τους συγχρόνους μας! Με τις φροντίδες μας πρέπει να γίνεται άνθρω-ποι, όπως θέλει η φύση σας, άνθρωποι, όπως απαιτεί η θεία και ιερή πνοή, που υπάρχει μέσα στη φύση σας. Η προσπάθειά μου σκοπεύει ν' ανυψώσει την ανθρώπινη φύση σε ό,τι υψηλότερο κι ευγενέστερο υπάρχει: να την ανυψώσει με την αγάπη. Μέσα σ' αυτή την ιερή δύναμη, την αγάπη, βρίσκω το όργανο της απελευ-θερώσεως στον άνθρωπο κάθε θεϊκού και αιώνιου στοιχείου, που υπάρχει μέσα του."*

Το 1894 ο John Dewey, καθηγητής και διευθυντής του

τμήματος φιλοσοφίας και ψυχολογίας στο Πανεπιστήμιο του Σικάγου, πιστεύει ότι οι μέθοδοι των δημοτικών σχολείων δεν συμφωνούσαν με τι ψυχολογικές αντιλήψεις των καιρών του. Ιδρύει το σχολείο - εργαστήριο και σκοπός του δεν είναι να κάνει ένα σχολείο πρότυπο, αλλά να γίνει ένα πραγματικό εργαστήριο, αντίστοιχο με τα εργαστήρια των θετικών επιστημών.

Το 1896, στο πειραματικό σχολείο του πανεπιστημίου του Σικάγου, το οποίο είναι τόπος χαράς και δημιουργίας, δίνει τρεις διαλέξεις, για γονείς και σπουδαστές, οι οποίες είχαν τεράστια απήχηση και οι απόψεις του παραμένουν πρωτοποριακές μέσα από το πέρασμα του χρόνου.

Στο βιβλίο του "Το σχολείο που μ' αρέσει" (The School and Society), που ξεκίνησε από τις διαλέξεις αυτές, διαβάζουμε: *Εκείνο που ο καλός και σοφός γονιός θέλει για το παιδί του, αυτό θα πρέπει να επιθυμεί και η κοινότητα για όλα τα παιδιά. Οποιοδήποτε άλλο ιδανικό για τα σχολεία μας είναι κοντόθωρο και απωθητικό και, όταν εφαρμόζεται, καταστρέφει τη δημοκρατία μας... Μόνο, αν η κοινωνία είναι αληθινή σε μια προσπάθεια ολοκληρωμένης ανάπτυξης όλων των ατόμων που συναποτελούν την κοινότητα, θα μπορέσει κάποτε να γίνει αληθινή η ίδια."*

Το μοναδικό και κεντρικό νόημα των αντιλήψεων του το βρίσκουμε στον όρο εμπειρία. Οι τίτλοι των τριών κυριοτέρων έργων του, "Η εμπειρία και η φύση", "Η τέχνη ως εμπειρία", και "Πείρα και αγωγή", περιλαμβάνουν τον όρο αυτό. Η εμπειρία γι' αυτόν περιελάμβανε τη δοκιμή και φυσικά τη γνώση. Πράττω και δοκιμάζω, οι δύο διαστάσεις της εμπειρίας, είναι επίσης και οι δυο πιο βασικοί παράγοντες της πειραματικής μεθόδου. Το παιδί έτσι βγαίνει από την παθητικότητα, από την αδράνεια, διατηρείται ζωντανό και δραστήριο, σύμφωνα με τον παιδαγωγό Dewey.

Οι δημοκρατικές αρχές μπήκαν στο σχολείο του Dewey, με

τη μορφή της σχολικής κοινότητας και με την άμεση σύνδεση του με το ευρύτερο κοινωνικό περιβάλλον.

Την προσπάθεια του Dewey, συνέχισε ο William Heard Kilpatrick , καθηγητής της Παιδαγωγικής στο Πανεπιστήμιο Κολούμπια της Νέας Υόρκης και αφοσιωμένος μαθητής του Dewey, που συγκέντρωσε, συμπύκνωσε και ξαναδιατύπωσε τις διδακτικές απόψεις του δασκάλου του σε μια ολοκληρωμένη μέθοδο, την Project Method, η οποία αποτελείται από τις εξής έξι μορφές του βιώματος: της φυσικής υγείας και ρώμης, το γλωσσικό, το καλλιτεχνικό, το φυσιογνωμιστικό, το κοινωνικό και το ηθικο-θρησκευτικό.

Ένας παιδαγωγός, που είχε την ευκαιρία να αποκτήσει μέσα από τη σχολική πράξη μεγάλη εμπειρία και που δεν υπήρξε ποτέ μόνο θεωρητικός, ήταν ο George Kerschensteiner. Έγινε γνωστός σαν πρόδρομος του "επαγγελματικού σχολείου", στο οποίο εφαρμόζεται κατά τρόπο πολύ φυσικό το αξίωμα του "σχολείου εργασίας" (Arbeitsschule). Ο χρυσός κανόνας, που ενέπνευσε τη δημιουργία του σχολείου αυτού, διατυπώνεται από τον ίδιο, ως εξής:

Φρόντισε, ώστε σε κάθε εργασία που μπορείς να εμπιστευθείς στην ελεύθερη δραστηριότητα του μαθητή σου, υπολογίζοντας την πνευματική του σύνθεση, όχι μόνο η πορεία της εργασίας, αλλά και το αποτέλεσμα του έργου, να υποβάλλονται στην προσεκτική εξέταση του ίδιου του μαθητή, όσο βέβαια το επιτρέπουν η μορφή και το περιεχόμενο της εργασίας."

Βέλγος γιατρός και φυσιοδίφης, που στα τέλη του 19ου αι. και στις αρχές του 20ου αι. έστρεψε την προσοχή του προς την παιδολογία και την πειραματική παιδαγωγική, είναι ο Ovide Decroly. Το 1901 ιδρύει στις Βρυξέλλες, ένα Λαϊκό Ινστιτούτο για παιδιά με ειδικές ανάγκες, έχοντας κοντά του τη σύζυγό του ως πολύτιμη βοηθό του. Έξι χρόνια μετά , ανοίγει ένα ίδρυμα για αρτιμελή παιδιά, το Σχολείο του Ermitage. Για τη διδασκαλία της αναγνώσεως ανακαλύπτει την "ιδεο-οπτική" μέθοδο" "ideo - visualle". Η διδασκαλία της αναγνώσεως μέχρι εκείνη τη στιγμή στηριζόταν στη λέξη, η οποία κομματιάζεται σε συλλαβές, σε γράμματα, η ιδεοπτική μέθοδος αρχίζει με τη χρήση ολόκληρων φράσεων και λέξεων, δανεισμένων από τις πραγματικές, καθημερινές στιγμές των παιδιών. Η μέθοδός του ξεκινούσε από το αξίωμα της συνολικότητας, για την οποία ο Decroly είχε τη γνώμη πως *η συνολικότητα δεν είναι μια λειτουργία ή ένας μηχανισμός, που μπορεί να απομονωθεί, αλλά μια πνευματική ενέργεια αρκετά περίπλοκη, η οποία είναι το αντιστάθμισμα της αναλυτικο- συνθετικής λειτουργίας, η οποία εξάλλου την προετοιμάζει και συνδέεται μαζί της σε μεγάλη κάπως ένταση.*

Στην έρευνα του για τα παιδιά , είναι αυτός που θα αναφερθεί στα "κέντρα ενδιαφέροντος", τα οποία σχετίζονται με την άμεση επαφή του παιδιού με τον έμψυχο και άψυχο κόσμο που το περιβάλλει. Το 1908, δηλώνει ο Decroly, στο έργο του "Πρόγραμμα ενός σχολείου στη ζωή": *Είναι ανάγκη να υποκινήσουμε σ' ενέργεια τη νοημοσύνη πάνω σε υλικό, που συγκεντρώθηκε δηλαδή από πρώτο χέρι, που συγκεντρώθηκε δηλαδή από το ίδιο το παιδί με τη βοήθεια των αισθήσεών του, υπολογίζοντας τα λανθάνοντα διαφέροντά του και συνδέοντας στην εργασία αυτή τις λεκτικές ασκήσεις κι έπειτα την ανάγνωση και τη γραφή, καθώς και τις ασκήσεις συγκρίσεως, ένα μέρος των οποίων θα εξυπηρετεί ευκαιριακά την αριθμητική, και τέλος ασκήσεις κρίσεως, οι οποίες καταλήγουν να προσφέρουν στη μνήμη ένα φορτίο ιδεών προς διατήρηση.*" Σαν παιδαγωγός τέλος, ο ίδιος καθόρισε το πρόγραμμά του με μια διατύπωση , που έγινε τόσο περίφημη: "Σχολείο για τη ζωή με τη ζωή". Σχολείο με ζωή για τη ζωή, λέω εγώ.

Όλα τα κακά των ανθρώπων, οι ανισότητες, οι αδικίες, οι εκβιασμοί, οι αταξίες, τα μίση, οι πόλεμοι, εξαρτώνται στο βάθος από τη βία, που ασκούμε στο παιδί, από την αταξία, την όποια αυθαιρεσία που ο εγωισμός του ενηλίκου εισάγει στην ψυχή του και στην πορεία της μεταμορφώσεώς του, από τα παραγωγικά σπέρματα, που σκοτώνουμε σ' αυτό, από την κατάπτωση, στην οποία καταδικάζουμε τις φυσικές του ενέργειες."

Τα παραπάνω λόγια ανήκουν στην M. Montessori, μια ξεχωριστή και σπουδαία μορφή της εκπαιδευτικής ιστορίας, που κινητοποίησε πολλούς μεταγενέστερους σε νέες προσπάθειες και δραστηριότητες και η οποία ήθελε να εφαρμόσει πρακτικά και σε βάθος, στην αγωγή του παιδιού, τον ηθικό κανόνα του Kant: *Μεταχειριστείτε τον άνθρωπο σαν σκοπό, όχι σα μέσο.* Ήθελε να οικοδομήσει την ειρήνη και την πρόοδο σε ισχυρά θεμέλια, δηλαδή σε μια ελεύθερη και δημοκρατική παιδεία. Η οποία, όπως αναφέρει στη μελέτη του ο Giovanni Calok, κυριαρχείται ολοκληρωτικά από μια ακλόνητη πίστη στη φυσική τάση του ανθρώπου προς την ανάπτυξή του, προς την πλήρη μόρφωσή του με τη διαδοχή σταδίων, που το καθένα απ' αυτά, λες και ακολουθεί ένα σκοπό προνοιακό, καθορίζεται από την ικανοποίηση μιας ανάγκης, που είναι ουσιώδης για την πρόοδο του παιδιού και η οποία προπαρασκευάζει το μελλοντικό του δρόμο.

Για την εκπαιδευτική της μέθοδο, η ίδια λέει: *Η ευτυχία δεν είναι ο μόνος σκοπός στην εκπαιδευτική μας προσπάθεια. Ο άνθρωπος πρέπει να είναι ανεξάρτητος στις δυνάμεις του και στο χαρακτήρα του, ικανός να δουλέψει και να επισφραγίσει την αυθεντία του σε όλα σε όσα εξαρτώνται απ' αυτόν. Αυτό ακριβώς ήταν το φως μέσα στο οποίο μας αποκαλύφθηκε η παιδική ηλικία. Με την εκπαιδευτική μας μέθοδο αποβλέπουμε σε μια νέα γενιά από δυνατούς, ανεξάρτητους και ελεύθερους πολίτες."*

M. Montessori η Μεγάλη. Η ίδια στο βιβλίο της "Τι πρέπει να ξέρετε για το παιδί σας", αναφέρει τέλος, ότι: *Η μόρφωση είναι μια φυσική διαδικασία που πραγματώνεται αυθόρμητα μέσα στο ανθρώπινο πλάσμα και αποχτιέται όχι με το να ακούει λόγια, αλλά με τις εμπειρίες που έχει και το περιβάλλον του.*

Το καθήκον του δασκάλου και του γονιού είναι να ετοιμάσουν μια σειρά από κίνητρα μορφωτικής δραστηριότητας, απλωμένα σ' ένα ειδικά προετοιμασμένο περιβάλλον και μετά να αποφεύγουν τις ενοχλητικές παρεμβάσεις. Κάνοντάς το αυτό, θα δουν ξεδιπλώνει μπροστά τους η ανθρώπινη ψυχή σε όλο το μεγαλείο και να προβάλλει στον ορίζοντα ένας Νέος Άνθρωπος, που δε γίνεται πια θύμα των γεγονότων, αλλά θα μπορεί με καθαρή ματιά να κατευθύνει και να διαμορφώνει το μέλλον της ανθρώπινης κοινωνίας."

Και συνεχίζει ότι, θα ήταν καλύτερο, οι δάσκαλοι να προσπαθήσουν να κατανοήσουν τον κόσμο και τις δυνατότητες του παιδιού, παρά να προσφέρουν στο παιδί το δικό τους κόσμο."

Αν η Μαρία Μοντεσσόρι, με την εκπαιδευτική της μέθοδο, θέλησε να βάλει το δικό της λιθαράκι στο οικοδόμημα της δημοκρατικής παιδείας, λίγα χρόνια αργότερα γίνεται μαθητής του Άντλερ και αργότερα συνεχιστής του έργου του, ένας νέος που υπερνίκησε με την ισχυρή του θέληση την αδυναμία του σώματος λόγω της πολιομυελίτιδας που τον προσέβαλε, όταν ήταν ακόμη μαθητής.

Ο Ρούντολφ Ντράικωρς, θα αναπτυχθεί σε πολύμορφη και πληθωρική προσωπικότητα: γιατρός ψυχίατρος, δάσκαλος και παιδαγωγός, καλλιτέχνης και μουσικός, κήρυκας και μαχητής για μια ανθρώπινη παιδεία. *Δεν υπάρχουν λάθη και αδυναμίες της δημοκρατίας που να μη θεραπεύονται με περισσότερη δημοκρατία. Για να ξεκινήσει η θεραπεία αυτή, δάσκαλοι και γονείς, πρέπει να διδαχθούν το δημοκρατικό τρόπο συνύπαρξης με τα παιδιά, πρέπει να γίνουν δημοκρατικοί ηγέτες."*

Στο βιβλίο του με τίτλο "Διατηρώντας την ισορροπία στην τάξη - η μετάβαση από το αυταρχικό στο δημοκρατικό σχολείο, γράφει ότι, *αν θέλουμε τα παιδιά μας να γίνουν ανεξάρτητοι ενήλικες, θα πρέπει να αποκτήσουν ανεξαρτησία με την ενθάρρυνση, να μπορούν να βρουν προσωπική λύση, να έχουν δημιουργικές ιδέες και ανεξάρτητες απόψεις, καθώς και να έχουν το χρόνο να μπορούν να διορθώσουν τα λάθη τους, να έχουν χρόνο για να σκέφτονται και χρόνο για να πετύχουν την κατανόηση. Παιδιά και δάσκαλος, συνεχίζει, θα πρέπει να διαθέτουν εσωτερική ελευθερία και να μπορούν μαζί να κάνουν τον προγραμματισμό, μέσα από τον οποίο το παιδί θα αντιμετωπίζεται σαν κοινωνικά ίσο με το δάσκαλο και ο ως τελικός στόχος του προγραμματισμού πάντα θα πρέπει να είναι το ανεξάρτητο και υπεύθυνο παιδί.*

Από μια σειρά μαθημάτων που έδωσαν, οι Dreikurs και Grunwald, με σκοπό να καταλάβουν οι γονείς και οι δάσκαλοι τα παιδιά, κατανοούμε πώς θέλουν τον δάσκαλο. Τον θέλουν δημοκρατικό ηγέτη ομάδας, ο οποίος θα δημιουργήσει στην τάξη μια ατμόσφαιρα, όπου όλα τα παιδιά θα συνεργάζονται και θα είναι συνυπεύθυνα για τη διαδικασία της μάθησης.

Η γνωριμία του Ντράικωρς με τον Άλφρεντ Άντλερ, υπήρξε ορόσημο στη ζωή του πρώτου. Σύμφωνα λοιπόν, με τον Άντλερ, κανένα παιδί δεν είναι αδιόρθωτο. Όταν ένα παιδί το πούμε μειονεκτικό, τότε του στερούμε την αξιοπρέπειά του και τον αυτοσεβασμό του, διαβάζουμε στο βιβλίο "Πέτα μακριά το ραβδί σου - Πειθαρχία χωρίς δάκρυα-".

Θα δανειστούμε τις σκέψεις των συγγραφέων, Ντράικωρς και Κάσελ, οι οποίες είναι σχετικές με την ανάπτυξη του παιδιού και το περιβάλλον του, και είναι επηρεασμένες από τη μαθητεία του Ντράικωρς δίπλα στον Άντλερ. Του Ντράκωρς, που έγινε προφήτης ενός παιδαγωγικού συστήματος, που οι βάσεις του ήταν η κατανόηση και η ενθάρρυνση.

● *Αν ένα παιδί ζει με επικρίσεις, μαθαίνει να καταδικάζει.*
● *Αν ένα παιδί ζει μέσα στην εχθρότητα, μαθαίνει*
  να φιλονικεί.
● *Αν ένα παιδί ζει με την κοροϊδία, μαθαίνει να είναι δειλό.*
● *Αν ένα παιδί ζει με το φόβο, μαθαίνει να είναι ανήσυχο*
  και φοβισμένο.
● *Αν ένα παιδί ζει με την ντροπή, μαθαίνει να νιώθει ένοχο.*
● *Αν ένα παιδί ζει την ανοχή, μαθαίνει να είναι καρτερικό.*
● *Αν ένα παιδί ζει με την ενθάρρυνση, μαθαίνει*
  να έχει αυτοπεποίθηση.
● *Αν ένα παιδί ζει μέσα στην αποδοχή, μαθαίνει ν' αγαπά.*
● *Αν ένα παιδί ζει με την επιδοκιμασία, μαθαίνει ότι είναι*
  καλό να έχει στη ζωή του ένα σκοπό.
● *Αν ένα παιδί ζει μέσα στην τιμιότητα, μαθαίνει ποια είναι*
  η αλήθεια.
● *Αν ένα παιδί ζει με δίκαια μεταχείριση, μαθαίνει*
  τη δικαιοσύνη.
● *Αν ένα παιδί ζει μέσα σε ασφάλεια, μαθαίνει να*
  εμπιστεύεται τον εαυτό του και το περιβάλλον του.
● *Αν ένα παιδί ζει μέσα στη φιλικότητα, μαθαίνει ότι*
  ο κόσμος είναι όμορφος για να ζει κανείς, να αγαπά
  και να αγαπιέται.

Ιδρυτής του συστήματος του Jena - Plan είναι ο Petersen. Ο Petersen στο σύστημά του ξεκινάει από την αντίληψη ότι ο άνθρωπος είναι στενά συνδεδεμένος με την κοινωνία, που ζει και θα ζήσει. Κατά συνέπεια, πρέπει ο άνθρωπος να γνωρίζει την επίδραση, που ασκεί σ' αυτόν η κοινωνία, και να αποβαίνει ικανός να ζήσει μέσα σ' αυτήν. Ο Petersen ξεκινώντας ζητάει η σχολική ζωή να αποτελεί προέκταση της οικογενειακής και κοινωνικής ζωής του νέου ανθρώπου και να λείπουν απ' αυτή τα γνωρίσματα του παλιού σχολείου, όπως η αποστήθιση εγκυκλο-παιδικών γνώσεων, η "καθ' έδρας" διδασκαλία, ο έλεγχος.

Στηρίχθηκε σε τέσσερις αρχές για την ανάπτυξη του Αναλυτικού Προγράμματος, σταθμού στη σύνταξη των Αναλυτικών για τα σχολεία της Γερμανίας.

Είναι λοιπόν, αντίθετος προς τα μεγάλα σχολικά κτίρια με πολλούς μαθητές, για την ομαλή ανάπτυξη της σχολικής ζωής. Με πολλούς μαθητές υποστηρίζει, ότι καλλιεργείται το πνεύμα της μαζοποίησης, που στρέφεται εναντίον των συμφερόντων του ατόμου και του κοινωνικού συνόλου. Επίσης είναι κατά της εκπαίδευσης της αμάθειας που αφυδατώνει τη γνώση, μετα-τρέποντάς την σε μια άκριτη αποστήθιση φράσεων, κανόνων και τύπων, αντιθέτως είναι υπέρ του να μη δίνεται πρωτεύουσα σημασία στη διδακτέα ύλη.

Η αγωγή διακηρύττει, ότι είναι στην ουσία η ελεύθερη ανά-πτυξη του ατόμου, που πρέπει να γίνεται με σωστή καθοδήγηση και το ρόλο του καθοδηγητή τον δίνει στο δάσκαλο και στο έργο του. Δίνει επίσης, πολύ μεγάλη σημασία στη διοργάνωση σχολικών εορτών, γιατί μόνο έτσι μπορεί να αναπτυχθεί πνεύ-μα σχολικής ζωής και να αποφευχθεί το πνεύμα μάζας. Με τη σχολική γιορτή γίνεται η ανασυγκρότηση της κοινωνικής ζωής στο σχολείο και επιπλέον παρουσιάζεται ο δυναμισμός του σχο-λείου οργανωμένος.

Ο πυρήνας του προγράμματος, από τον οποίο παίρνει και τα θέματά του ο Petersen, στηρίζεται σε τρεις ενότητες: στην ενό-τητα που αφορά τη φύση, αυτήν που αφορά την ανθρώπινη ζωή και τέλος στην ενότητα που αφορά το θεό. Το σχολείο οφείλει να οδηγήσει το παιδί στο φυσικό και κοινωνικό περιβάλλον του, με τη γνωριμία, την κατανόηση, την εξήγηση για την υπόστασή του και να φθάσει σε κοσμοαντίληψη για ορισμένα στοιχεία, ώστε να κατανοήσει την έννοια της ανάπτυξης και της κοινωνικότητας. Η ανάπτυξη είναι συνδεδεμένη με τη σωματική εξέλιξη, ενώ η κοινωνικότητα με τις κοινωνικές σχέσεις που αναπτύσσει το παιδί μέσα στο σχολείο. Η ζωή ζωπυρώνεται, μονάχα με τη ζωή. Η ζωή δε διδάσκεται ούτε με μάθημα, ούτε παρέχεται με ιδιαίτερη μέθοδο. Η ζωή είναι μια ζωντανή εμπειρία, είναι πάνω από κάθε θεωρία, διδασκαλία, μέθοδο, όπου οι μαθητές μαθαίνουν να ζουν μέσα στην κοινωνία.

Ο Petersen καταργεί στο σχολείο τις τάξεις και δημιουργεί τέσσερις ομάδες με διαφορά ηλικιών. Η κατάργηση των τάξεων κατά ηλικία, δικαιολογείται από τον Petersen, από το ότι η διαβίωση κατά τάξεις δεν απαντάται στην κοινωνική ζωή, ενώ η καθ' ομάδες διαφόρων ηλικιών απαντάται. Επίσης, οι μικρότεροι ηλικιακά μαθητές επωφελούνται, γιατί μπορούν μέσα στη διαδικασία μάθησης, να δέχονται την ουσιαστική βοήθεια των μεγαλυτέρων.

Επίσης, διαρρυθμίζει το σχολείο κατά το πρότυπο της κατοικίας, ώστε οι μαθητές να νομίζουν, ότι βρίσκονται περίπου σαν στο σπίτι τους, σε περιβάλλον δηλαδή αγάπης και θαλπωρής. Ακόμη, παρέχει τις γνώσεις όχι κατά γνωστικά αντικείμενα, αλλά κατά πραγματικές ενότητες, δεν αποκλείει τη διδασκαλία επί πλέον μαθημάτων, αντιθέτως την επιτρέπει σε όσους από τους μαθητές του θέλουν να την παρακολουθήσουν. Χρησιμοποιεί τέλος, ως μέθοδο διδασκαλίας, τη μέθοδο με την οποία μπορεί να μαθαίνει κάποιος φυσικά και αβίαστα, που παρουσιάζει όλες τις μορφές μάθησης, το παιχνίδι, το λόγο, τις γιορτές, το θέατρο και τις τέχνες, την εργασία.

Ο Karl Ritter, λέει για όλες τις παραπάνω προσωπικότητες της Παιδαγωγικής: *Όλοι αυτοί αποτελούν την κοινωνία των δυναμικών ανθρώπων, που άρχισαν τον αγώνα με το παρόν, για να ανοίξουν το δρόμο για ένα καλύτερο μέλλον, και οι οποίοι βρίσκουν όλη τους τη χαρά και τη μοναδική ανταμοιβή τους στην ελπίδα να ανυψώσουν το παιδί στην αυθεντική αξιοπρέπεια του ανθρώπου.....*"

Και ας τελειώσουμε με τα λόγια του μεγάλου παιδαγωγού Pestalozzi: *Η αγάπη είναι η δύναμη, που έκανε όλα αυτά.*"

ΚΕΦΑΛΑΙΟ ΤΕΤΑΡΤΟ

Η ΘΕΣΗ ΤΟΥ ΔΑΣΚΑΛΟΥ ΚΑΙ ΤΟ ΕΛΛΗΝΙΚΟ ΣΤΟΙΧΕΙΟ ΣΤΗΝ ΑΓΩΓΗ

4.1. Ο ΝΕΟΣ ΑΝΘΡΩΠΟΣ ΜΕΣΑ ΣΤΗ ΣΗΜΕΡΙΝΗ ΕΠΟΧΗ

Ζούμε σε μια εποχή που οι σχέσεις των ανθρώπων έχουν κυριολεκτικά αναστατωθεί. Κάτι πάει να ανατρέψει ριζικά τον άνθρωπο μέσα στα βάθη του εαυτού του, δηλαδή στη μέχρι τώρα, από της απαρχής της ιστορικής του ζωής, ηθική του σχέση προς τον πλησίον του, το φίλο, το συγγενή, το συμπολίτη του, τον ξένο ή προς τον ίδιο του τον εαυτό.

Κάτι πάει να τον κάνει να πάψει να είναι ο εαυτός του σε σχέση με τη ζωή, με τον συνάνθρωπό του και με το άγνωστο. Τα ήθη μας έγιναν πιο άγρια, πιο βάναυσα, πιο απάνθρωπα. Η στάθμη του πολιτισμού έπεσε, παρά το ότι αυξήθηκαν τα υποχρεωτικά έτη σπουδών. Και εκεί που νόμιζε κανένας πως θα μπούμε στη δική μας εποχή - στην εποχή του αιώνα μας - σε εποχή όπου θα κατορθωνόταν να διασφαλιστεί και να παγιωθεί κατά τρόπο τελεσίδικο η ιδιωτική αυθυπαρξία του ατόμου, η ιδιωτική ασφάλεια της ζωής, το πάγιο ιδιωτικό εισόδημα, η γνώση, αντίθετα με τρόμο βλέπουμε να κυριαρχεί και να μας κατακλύζει ένας βαρβαρισμός, που αναπηδά όχι από τη φυσική ανάγκη όπως στους πρωτόγονους, αλλά από τη "φωτισμένη" συνείδηση του πολιτισμένου ανθρώπου.

Η αντίληψή μας επίσης για το πλανήτη μας και για τους νόμους, που τον κυβερνούν, έχει υποστεί τόσους απότομους κλυδωνισμούς, ώστε να κλονιστούν όλοι οι τρόποι σκέψης. Έτσι, όπως και στη φύση με την ατομική διάσπαση, και στην ηθική αγωγή, οι πιο ανατρεπτικές δυνάμεις βρίσκονται στην κορύφωση. Βλέπουμε καθημερινά με τρόμο ότι η ανθρώπινη ζωή δεν κοστίζει τίποτε. Και όλα αυτά δεν έχουν, καθώς συνέβαινε άλλοτε με την πρόοδο, κανένα εξελεγκτικό χαρακτήρα. Είναι μια επανάσταση, ένα αναποδογύρισμα, μια κρίση. Εξαιτίας αυτού πολλοί πνευματικοί του καιρού μας κάνουν απαισιόδοξες προβλέψεις. Έχουν την εντύπωση, όπως υποστηρίζουν, ότι βαδίζουμε προς ένα νέο Μεσαίωνα.

4.2. ΟΙ ΜΕΤΑΒΟΛΕΣ ΚΑΙ Ο ΕΛΛΗΝΑΣ ΔΑΣΚΑΛΟΣ

Είναι τόσο μεγάλη και απροσδόκητη η μεταβολή της εποχής μας, ώστε πραγματικά και ως ανθρώπους, αλλά κυρίως ως δασκάλους να μας επιβάλλεται πλέον να επαναπροσδιορίσουμε τη θέση μας και να συνειδητοποιήσουμε την προβληματικότητά της. Βρισκόμαστε σε νέα τροπή των καιρών που επιβάλλεται να αναθεωρήσουμε τη ζωή μας και το έχει της. Γιατί πλέον η ζωή αυτή έχει γίνει δυσκολότερη τώρα και τραχύτερη, αλλά και πολυπλοκότερη και ευρύτερη.

Η προσαρμογή του ατόμου πλέον στο νέο περιβάλλον είναι επώδυνα κατορθωτή. Η δημιουργική και γόνιμη αντιμετώπιση των προβλημάτων της ζωής σήμερα από μέρους του ατόμου απαιτεί περισσότερες θετικές γνώσεις για τη ζωή και για τον κόσμο, μεγαλύτερη άσκηση των δεξιοτήτων, ισχυρότερα νεύρα, εντονότερη ενεργητικότητα, μεγαλύτερη και ταχύτερη βουλητική αντοχή και πλαστικότητα. Να γιατί η θέση του σημερινού δασκάλου γραμμής, είναι το θέμα και το άμεσο ερωτηματικό του παιδευτικού μας έργου.

Ποιος είναι λοιπόν, μέσα στα πλαίσια της σημερινής πραγματικότητας, ο μορφωτικός και ο ηθικός ρόλος του δασκάλου; Παραμένει μέσα στη σύγχρονη κοινωνία θεμελιώδης η συμβολή της παιδείας, όπως πριν, ή όχι;

Η απάντηση είναι πως ουδέποτε άλλοτε η σημασία του εκπαιδευτικού και ως προσωπική διαγωγή και ως επαγγελματική επίδοση δεν υπήρξε τόσο κεφαλαιώδης και τόσο πρωταρχική όσο στον καιρό μας. Η αναγκαιότητα της παιδείας προβάλλει κολοσσιαία. Και κατά συνέπεια ουδέποτε άλλοτε υπήρξε τόσο δύσκολο και τόσο βαρύ το έργο του εκπαιδευτικού. Η συνθετική πολυμέρεια της σημερινής ζωής μας κατακλύζει από την πρώτη ώρα. Καθημερινά εμφανίζονται και αποταμιεύονται με ταχύτητα τόσα πνευματικά αγαθά και τόσες κατακτήσεις στον τεχνικό τομέα, ώστε είναι αναπόφευκτο το βάρος της παιδείας να αυξάνει κάθε μέρα με εντατικό ρυθμό και για εκείνον που τη δέχεται και για εκείνον που την ασκεί. Στη σημερινή εποχή, λοιπόν, το αίτημα της πνευματικότητας και της προσωπικότητας του εκπαιδευτικού, είναι περισσότερο από κάθε άλλη εποχή θέμα προς συζήτηση απ' όλους τους σύγχρονους παιδαγωγούς και την πανεπιστημιακή κοινότητα.

Αλλά αν αντικειμενικά και γενικά έχει έτσι το ζήτημα, ειδικά και συγκεκριμένα για τους Έλληνες δασκάλους η σημασία του και η ευθύνη του βαραίνει περισσότερο και μάλιστα στους καιρούς μας, που η πατρίδα μας ανήκει στην Ενωμένη Ευρώπη. Ο μαθητής μας είναι ο αυριανός πολίτης της Ε.Ε. Μιας Ευρώπης που δεν αναδιπλώνεται και δεν κρύβεται σε κάποιο είδος αποστράπτουσας απομόνωσης, αλλά αντίθετα πρωταγωνιστεί και διαδραματίζει ρόλο συρρυθμιστή στην πορεία προς την παγκοσμιοποίηση. Μέσα από ένα ενιαίο εκπαιδευτικό όραμα, που θα χαραχτεί σε ένα σύστημα, θα είναι δυνατή η ανάπτυξη κοινής ευρωπαϊκής συνείδησης. Θα πρέπει να γίνει το πιστεύω όλων των μάχιμων δασκάλων, αλλά και της πανεπιστημιακής κοινότητας, ότι οι νέοι μας που θα αποκτήσουν κριτική και ευέλικτη σκέψη, δημιουργικό και ερευνητικό πνεύμα, θα είναι νέοι συνειδητοποιημένοι και έτοιμοι να αντιμετωπίσουν τις προκλήσεις του μέλλοντος. Θα είναι ικανοί ως αυριανοί πολίτες της Ε.Ε., να διαχειρίζονται σωστά τις πληροφορίες που δέχονται καθημερινά, να αξιολογούν και να ιεραρχούν τις καταναλωτικές τους συνήθειες, αλλά και να εντρυφούν στις αιώνιες και αναλλοίωτες εκείνες αξίες που στήριξαν τον ελληνικό πολιτισμό, που πρώτος έδειξε τον οικουμενικό και φιλελεύθερό του χαρακτήρα.

4.3. Ο ΡΟΛΟΣ ΤΗΣ ΠΑΙΔΕΙΑΣ ΣΗΜΕΡΑ

Ο ρόλος φυσικά της παιδείας παραμένει και σήμερα αμετάθετος και αναλλοίωτος στην έσχατη επιδίωξή του. Παιδεία σύμφωνα με τον αρχαίο ορισμό της, είναι η "ορθή Περιαγωγή της Ψυχής". Δηλαδή, όχι γέμισμα της ψυχής με όποια πνευματικά στοιχεία, αλλά καθοδήγηση της ψυχής, για να εκδηλώσει την εσωτερική της ενεργητικότητα, ώστε να αναπτυχθεί κατά τον εσωτερικό νόμο της μορφής της και να αναπτύξει τις δημιουργικές της δυνάμεις. Πρώτη και έσχατη αποστολή της είναι η καθαρή μόρφωση του ανθρώπου. Και για την καθαρή μόρφωση του ανθρώπου, δηλαδή τη διάπλαση του σωματικού, μα προπαντός του ψυχικού του οργανισμού, πρέπει να ισχύει αμείωτο και απαραβίαστο το ιδανικό της ανθρωπιστικής παιδείας, στο οποίο αναφέρθηκα αναλυτικά στο δεύτερο κεφάλαιο του παρόντος βιβλίου. Μιας παιδείας που ζητάει λοιπόν, σύμφωνα με το ιδεώδες αυτό, την αρμονική ανάπτυξη των δυνάμεων και των κλίσεων του ανθρώπου, ώστε να πλάσει έτσι την ενότητα της προσωπικότητάς του και στη συνέχεια την ικανότητα του να ζήσει σε κάθε χώρο ζωής, δημόσιο ή ιδιωτικό, με τον πιο ευτυχισμένο και άξιο τρόπο.

Το ωραίο και αμετάθετο αυτό αίτημα παιδείας, θα πρέπει να προσαρμοστεί στις ανάγκες του καιρού μας, να ασφαλιστεί από τους κινδύνους του και να πλουτιστεί από την εμπειρία, επιστημονική και πρακτική της εποχής.

Εκτός όμως απ' αυτή την επιδίωξη η σύγχρονη πολιτεία αναθέτει και στηρίζει σήμερα στην παιδεία την επιτυχία των ζωτικότερων της σκοπών. Και δεν είναι μόνο η συντήρηση και προαγωγή του πνευματικού πολιτισμού που αποτελεί έργο και άθλημα αποκλειστικό της παιδείας. Η σύγχρονη πολιτεία αναθέτει και στηρίζει σ' αυτήν την καθ' αυτό επιτυχία της εσωτερικής πολιτικής και κυρίως την κοινωνική ευρυθμία, την κοινωνική αποδοτικότητα της μόρφωσης, την εξασφάλιση υγιούς οικονομίας. Η οικονομική ανάπτυξη και βιωσιμότητά της χώρας σημαίνει σήμερα προ παντός εφαρμογή του σύγχρονου τεχνολογικού κεκτημένου σε κάθε εκδήλωση ζωής.

Σκοπός λοιπόν άμεσος της σημερινής παιδείας είναι να εμφυσήσει μεταξύ άλλων και την έφεση και αγάπη για την εργασία, εξασκώντας ταυτόχρονα τις απαραίτητες ικανότητες και επιδεξιότητες. Για αυτό η Πρωτοβάθμια εκπαίδευση έχει τεράστια σημασία για την ανύψωση του προσωπικού παράγοντα της εργασίας. Εδώ χτίζονται τα θεμέλια που πρέπει να είναι βαθιά.

Και είναι σήμερα, μέσα στην κατακερματισμένη, απέραντα ειδικευμένη, αφόρητα απαιτητική εποχή, ο πιο βαρύς και μεγάλος κλήρος, κυρίως για την Πρωτοβάθμια Εκπαίδευση. Σ' αυτό το σκαλοπάτι της εκπαιδευτικής κλίμακας πρέπει να καλλιεργηθεί ο ηθικός χαρακτήρας του ανθρώπου, ώστε να θεμελιωθεί η θετική και γόνιμη σύνδεση του προσώπου του με την κοινωνία, σε μια εποχή σαν τη δική μας, δαρμένη και οργωμένη από το πιο ακραίο ομαδικό πνεύμα και από την πιο βίαιη κοινωνική ιδεολογία. Σ' αυτό το σκαλοπάτι θα πρέπει να αποκτήσει η συνείδηση του νέου ανθρώπου το πιο άξιο και πιο άρτιο πνεύμα κοινωνικότητας, την επίγνωση της συνύπαρξης της ζωής του με τη ζωή όλων των άλλων, την ερμηνεία της προσωπικής του αξιοπρέπειας από τη δύναμη της συμβολής του στο κοινωνικό αγαθό. Γιατί μόνο, αν πραγματοποιηθεί έτσι η γνήσια κοινωνική αγωγή, γεννιέται η σταθερή θέληση για εργασία κοινωνικά, δηλαδή αντικειμενικά αποδοτική. Έτσι, η σχέση του ανθρώπου με την εργασία θεμελιώνεται όχι στην κερδοσκοπική διάθεση, αλλά στην ελεύθερη και δημιουργική διάθεση της ψυχής του. Και τότε πια συντρέχει η ολόψυχη αφοσίωση του ανθρώπου στο έργο του, που είναι ο πιο ωραίος και υψηλός καρπός της κοινωνικής αγωγής.

Επίσης, η βαθμίδα αυτή της εκπαίδευσης, αποτελεί σήμερα κρίσιμο θέμα για την πολιτεία. Η αξία και η ανάπτυξη της ίδιας της πολιτείας δοκιμάζεται και προσδιορίζεται κυρίως από το βαθμό που βοηθά στην πραγμάτωση των στόχων της παραπάνω βαθμίδας και της εντολής που θα της δώσει.

Η πραγματοποίηση της εντολής σημαίνει ηθική ακτινοβολία, πνευματική αρτίωση, συναίσθηση ευθύνης και ακοίμητο μόχθο των δασκάλων.

Επομένως, η αξία και η ανάπτυξη της πολιτείας σήμερα δοκιμάζεται και προσδιορίζεται κυρίως από το βαθμό αξιότητας των δασκάλων ως ηθικών και μορφωτικών παραγόντων. Έτσι, η θέση του δασκάλου στους καιρούς μας παρουσιάζεται από την πλευρά αυτήν περισσότερο από πριν, ζωτική, αυτόχρημα θεμελιακή.

4.4. Η ΕΠΟΧΗ ΤΗΣ ΠΑΓΚΟΣΜΙΟΠΟΙΗΣΗΣ

Η εποχή μας χαρακτηρίζεται μεταξύ των άλλων έντονα και από ένα συνταρακτικό γεγονός. Από το γεγονός της ιστορικής ενοποίησης του παγκόσμιου χώρου με την κατάργηση των εθνικών συνόρων, την παράλληλη ενοποίηση των αγορών και την άμεση πρόσβαση σε πηγές πληροφοριών χάρη στην ευκολία που παρέχει η χρήση του "διαδικτύου". Υπήρξε αυτή βέβαια αποτέλεσμα της ιλιγγιώδους ανάπτυξης του τεχνικού και τεχνολογικού τομέα, που εκμηδένισε την απόσταση και υπερπήδησε τα σύνορα. Ο παγκόσμιος χώρος έγινε σήμερα ανυπολόγιστα απτός. Από την αιτία αυτή ξεκινάει το φαινόμενο του διεθνούς καισαρισμού του καιρού μας. Από αυτήν τη βάση ξεκινάει ο κάθετος κοινωνικός και πολιτικός σάλος.

Από αυτή την ιδέα αναβλύζει και πυκνώνεται σήμερα όχι μόνο η ασυγκράτητη υλική επίθεση κατά των μικρών λαών, αλλά και η ολοκληρωτική ηθική και πνευματική επίθεση, η επίθεση εναντίον της ψυχής και του πνεύματος, η προπαγάνδα. Με τη προπαγάνδα κατορθώνεται σήμερα να ανατραπεί κάθε πολιτιστική γνησιότητα των μικρών λαών. Κατορθώνεται το ηθικό και πνευματικό ξερίζωμά τους και κατά συνέπεια η νέκρωσή τους στη δημιουργική συμβολή του πολιτισμού, η ισοπέδωση της εσωτερικής τους ιδιοτυπίας και προσωπικότητας.

Αυτό είναι ένα πρόβλημα οξύ και σκοτεινό. Θα πρέπει όμως σ' αυτό το σημείο να τονιστούν τα εξής:

Ενώ ένας κατακλυσμός "ιδεολογιών", συστημάτων και προγραμμάτων κατακλύζει τους ανθρώπους σήμερα, παράλληλα είναι δύσκολο να το πιστέψουμε αλλά αυτή είναι η σκληρή πραγματικότητα, ότι δεν υπήρξε ποτέ στο παρελθόν μια τόσο πνευματική γύμνια και ψυχική ρηχότητα. Πράγματι, ποτέ στο παρελθόν ο άνθρωπος δεν εξουσίαζε την ύπαρξή του και τη φύση τόσο απόλυτα, ποτέ δεν κατείχε τόση συσσωρευμένη γνώση για τους θεσμούς και την κοινωνία. Από την άλλη όμως ποτέ δε διέθετε στα χέρια του την τρομακτική δυνατότητα να φέρει την καταστροφή σε οικουμενική κλίμακα.

Στο βωμό της παγκοσμιοποίησης πολιτιστικές αξίες ισοπεδώνονται, μακραίωνες παραδόσεις καταπατούνται, η γλώσσα και η παιδεία θεωρούνται απλώς όργανα ή μέσα που θα βοηθήσουν στην ομοιογένεια, επικρατεί η τυποποίηση των πάντων. Μόνο σε ένα ουργουελικό όνειρο θα ήταν δυνατό να επιβληθεί η σύνθλιψη κάθε διαφορετικότητας ως επικίνδυνης για το σύστημα. Επικίνδυνης γιατί μπορεί να δράσει τρομοκρατικά και να ανατρέψει τα σχέδια αυτών που θέλουν τον άνθρωπο αμόρφωτο. Η μόδα που αντικαθιστά την κουλτούρα, η διαφήμιση, τα Μ.Μ.Ε., αντικαθιστώντας το σχολείο, μαθαίνουν από νωρίς τον πολίτη- καταναλωτή-ψηφοφόρο το ρόλο που θα παίζει σε όλη του τη ζωή. Άνθρωπος "ελεύθερος", χωρίς πνευματική ελευθερία, ο άνθρωπος του "πλανητικού χωριού" του Mc Luann.

Ο Ελληνισμός όμως απέναντι σε κάθε ιστορική θύελλα και σε κάθε "ιδεολογικό" κατακλυσμό, που του ήρθε απ' έξω, μόρφωσε δύο όργανα για να αμυνθεί εναντίον τους και να συγκροτήσει την εσωτερική του εκλεκτικότητα και πνευματική του ζωντάνια. Μόρφωσε τον ρεαλισμό του, που μ' αυτόν εξανθρώπιζε κάθε βάρβαρο και άκαμπτο πνεύμα και τον ιδεαλισμό. Ρεαλισμός και ιδεαλισμός δεν υπήρξαν ποτέ για τον Έλληνα αντιθέσεις, αλλά δυο ζωτικές κεραίες του οργανισμού του, που οδηγούν τα φαινόμενα κατευθείαν στην ψυχή του. Με αυτά έκρινε *πάντοτε* την μονομέρεια των εποχών και των πνευμάτων και έτσι κατόρθωσε να κρατήσει αυτόνομη την προσωπικότητά του απέναντι στις ακρότητες της κάθε "ιδεολογίας".

Με την εύκρατη λοιπόν σύνδεση του ιδεαλιστικού και ρεαλιστικού στοιχείου με μια ενδόμυχη βίωση του λαού, που οδηγεί αβίαστα σε ενέργεια και γίνεται πράξη, δημιουργήθηκε αυτό που λέμε Ελληνισμός ή πιο σωστά Ελληνική Παράδοση. *Δεν υπήρξε λοιπόν και ούτε ήταν η ελληνική παράδοση μια θεωρία περί έθνους, δεν είναι εννοιολογικό κατασκεύασμα, δεν είναι δόγμα αφηρημένο και δοσμένο με βία μέσα στη σκέψη των ανθρώπων. Είναι έργο μακράς ιστορικής πνοής και βαθιάς πείρας* γεννημένο μέσα στο φως της ιστορίας. *Δεν υπήρξε και ούτε είναι ο Ελληνισμός "ιδεολογία", δηλαδή οργανωμένη επιδίωξη και καταδίωξη, επινόημα και σκοπιμότητα και υπολογισμένη κατεύθυνση. Γέννησε και ανάθρεψε ο τόπος αυτός όχι ιδεολογίες, αλλά ιδέες όπως προ παντός την ιδέα του ανθρώπου.*

Το μέτρο των πραγμάτων και η μέθοδος της εκτιμήσεως υπήρξε πάντοτε για μας τους Έλληνες ο άνθρωπος. Με το μέτρο αυτό αμύνθηκε εναντίον κάθε συνθήματος. *Σταθερό σημείο αναφοράς της ελληνικής παράδοσης υπήρξε ο ανθρωπισμός, δηλαδή η πίστη ότι ο άνθρωπος αποκτά αξία μονάχα αν κινήσει* ελεύθερα τις δυνάμεις του και τις συνθέσει κατά τα μέτρα της αρετής και της νοημοσύνης του. Και σήμερα, όπου όλα έχουν γίνει κομμάτια, η καθαρή αξία στην Ελλάδα απομένει ο άνθρωπος και η ελευθερία του.

Θα πρέπει λοιπόν, να συνεχιστεί η ίδια παράδοση. Το καλλιτέχνημα του ελεύθερου ανθρώπου, όπου εναρμονίζονται όλες οι δυνάμεις της ζωής του, θα πρέπει να μείνει και σήμερα, ο προορισμός μας. Σήμερα, σε μια εποχή γενικής χρεοκοπίας των αξιών το ανθρώπινο στοιχείο έχει σταδιακά λάβει τη μορφή ενός μηχανικά ενεργούμενου μορφώματος, που είναι ένα καταναλωτικό μέλος μιας μάζας τυφλής και στατικής. Άλλοι λαοί, που έχουν τα πλάτη και τα πλούτη της γης, είναι μεγάλοι όγκοι ζωής. Εμείς δεν έχουμε παρά μονάχα την ποιότητα του ανθρώπινου υλικού. Αυτή την ποιότητα έχουν χρέος όλοι οι δάσκαλοι να την κάνουν καθαρή συνείδηση, να την υψώσουν και να βάλουν την ανθρώπινη ύπαρξη πάνω απ' όλα τα άλλα στον τόπο μας.

Μηχανισμός, τυποποιημένη ιδεολογία, ο κοινός τόπος περί ευδαιμονίας, απειλούν με γκρέμισμα την προσωπικότητα. Χρέος λοιπόν των δασκάλων που καθημερινά βρίσκονται μέσα στη σχολική τάξη και δίνουνε το δικό τους αγώνα, είναι να κρατήσουν αυτή την προσωπικότητα ελεύθερη και να σεβαστούν το νόημά της, γιατί μόνο αυτό είναι και το μοναδικό μέσο που έχουμε να αυτοσυντηρηθούμε ως λαός.

Η ελεύθερη προσωπικότητα είναι για όλους τους Έλληνες ανάγκη βιολογική και πνευματική. Μόνο από αυτή τη βάση, από την Ελληνική παράδοση, θα πρέπει να ξεκινήσουμε οι σημερινοί δάσκαλοι, αν θέλουμε να αποβούμε πραγματικοί μορφωτές του τόπου και του λαού. Διαφορετικά μπορεί να χαρακτηριστούμε ερασιτέχνες του πνεύματος και της αγωγής ξεκομμένοι από την ελληνική ψυχή, μπορεί να ονομαστούμε μεταπράτες "αγώγιμης σοφίας", αλλά δυστυχώς Έλληνες δάσκαλοι δεν θα είμαστε.

Ακόμη, θεωρείται εκμοντερνισμός να θέλει κανείς να λύσει τα προβλήματα των γενεών με σχήματα. Ούτε σχήματα, ούτε αισθήματα, ούτε κοσμοθεωρήματα ωφελούν, όταν πρόκειται για την σκληρή πραγματικότητα της πολιτικής και κοινωνικής μοίρας ενός λαού. Μόνον άμεσα πρακτικά μέτρα, μόνον πραγματικά γεγονότα, τα οποία θα εκπορεύονται από την ψυχή όλου του έθνους, μόνον αυτά είναι που σώζουν.

Η ιστορία δεν μας επιτρέπει να είμαστε ούτε οπαδοί του λεγόμενου ιστορικού υλισμού, ούτε ακόλουθοι του προνομιούχου φυλετισμού, ούτε ονειροπόλοι, ούτε σωβινιστές, αλλά πραγματιστές. Να βλέπουμε δηλαδή την ιστορία, όπως πράγματι γίνεται, όπως έγινε και θα γίνεται.

Η ιστορική πραγματικότητα ζητάει από εμάς ένα μόνο πράγμα. Να μιλήσουμε τη γλώσσα της και να προσπαθήσουμε να καταλάβουμε το νόημα της, όπως είναι και όχι όπως θα θέλαμε εμείς να είναι, ούτε όπως το ζητάει η προσωπική μας ευτυχία και οι προσωπικές μας ελπίδες, αλλά όπως έχει γίνει και γίνεται μέσα από τα μεγάλα και καταξιωμένα έργα ανθρώπων και λαών. Η ιστορική πραγματικότητα έχει την αξία της, πέρα από την απλή ωφελιμότητα προς άτομα και προς ομάδες που οργανώνονται για να επιδιώξουν την ευτυχία τους.

Η ιστορία δεν είναι ποτέ αισθηματολογική και αλίμονο στον λαό εκείνο που πάει με την αισθηματολογία, τα εύκολα και χοντρά σχήματα, τα συνθήματα, να γράψει ιστορία.

Αλλά ακόμη και από την πλευρά της ουσίας της αγωγής, αν ξεκινήσουμε, θα καταλήξουμε στο ίδιο τέρμα που μας οδηγεί το ανόθευτο βίωμα της Ελληνικής παράδοσης. Η αγωγή του παιδιού ζητάει να το αποσπάσει από την πρώτη θαμβωτική ειδωλολατρία που το κάνει να ρέπει προς όλα. Ζητεί να το οδηγήσει πέρα απ' αυτήν και να ικανοποιήσει την εσωτερική ανάγκη της ψυχής και του πνεύματός του, που λέγεται μάθηση και απ' αυτήν να προχωρήσει στην τάση και την ανάγκη που λέγεται έρευνα.

Πραγματική γνώση και αισθητικό βίωμα πρέπει, λοιπόν, να προσφέρει στο παιδί η μόρφωσή του. Δε θα πρέπει να φυτεύονται στη ψυχή του δόγματα. Διαφθείρουμε το παιδί, όταν το μαθαίνουμε ή οπωσδήποτε το κάνουμε να εκτιμήσει περισσότερο εκείνον που σκέφτεται όμοια μ' αυτό, παρά εκείνον που σκέφτεται διαφορετικά απ' αυτό. Δε σώζουμε έτσι ψυχές, ούτε πλάθουμε ολοκληρωμένους ανθρώπους.

Ο νέος πρέπει να μάθει να εκτιμά και τη διαφορετική γνώμη. Αλλιώς, γίνεται φανατικός, γίνεται στενοκέφαλος, γίνεται εμπαθής και εύκολα μεταβάλλεται σε όργανο. Έτσι θα προχωρήσει ο νέος της εποχής μας στην κατάσταση της ωριμότητας που αποχτιέται με αγώνα, κόπο και άσκηση. Με αυτόν τον τρόπο θα μπορούσε να αντιμετωπιστεί το πρόβλημα, που ορθώνεται στην εποχή μας, που έχει καταλύσει τα σύνορα και τους φραγμούς, τα όρια και τις αξίες, τους θεσμούς και τις παραδόσεις και που τίποτα δε σέβεται και προσπαθεί να εκμεταλλευτεί τα πάντα. Ταυτόχρονα πάει να ανατρέψει ριζικά τον άνθρωπο στην μέχρι τώρα ηθική του σχέση με τον πλησίον του και τον εαυτό του. Το κριτήριο για την επίλυση του προβλήματος θα αναζητηθεί στο ανθρωπιστικό βίωμα της παράδοσής μας και στον πραγματικό σκοπό της παιδείας.

4.5. Ο ΔΑΣΚΑΛΟΣ ΣΤΗ ΣΗΜΕΡΙΝΗ ΕΠΟΧΗ

Για να ανταποκριθεί ο δάσκαλος του τόπου μας στο δύσκολο έργο του, απαιτείται να είναι ολοκληρωμένος άνθρωπος, θετικός παρατηρητής και ερμηνευτής των γεγονότων και ουσιαστικός και απροκατάληπτος μορφωτής.

Στο σημείο αυτό θα πρέπει να τονιστεί, ότι η παιδεία του έθνους πρέπει να συμβολίζει και να δουλεύει όλη την ιστορική του μοίρα. Ένας λαός είναι συνδεδεμένος ή παθητικά ή ενεργητικά με την ιστορία του. Ή τον βαραίνει η ιστορία του, ή ενεργεί επάνω του. Και στον τομέα αυτό είναι σημαντικός ο ρόλος του δασκάλου και ζωτική η θέση του στα αιτήματα της εποχής μας.

Προβάλλει το αίτημα της υψηλής πνευματικότητας και της προσωπικής αυτομόρφωσης του δασκάλου. Καταδεικνύεται η μεγάλη και θετική ικανότητα που πρέπει να έχει για να μπορεί να τελεσφορήσει στο έργο του. Φαίνεται πόσο το έργο αυτό έχει πάρα πολύ μεγαλύτερες και δυσκολότερες απαιτήσεις από την προσφορά μιας μεθοδικά άψογης διδασκαλίας. Γιατί είναι κατ' εξοχήν έργο βαθιά πνευματικό, πολύπλευρο, έργο εμπνοής, που μαζί με την έμφυτη δημιουργική δύναμη προϋποθέτει προπαντός σήμερα μια πλούσια, καλλιεργημένη, σε πολύ ανοιχτό ορίζοντα προσανατολισμένη και με βαρύ αίσθημα της ευθύνης προικισμένη ψυχή. Θα ήταν ευτύχημα αν περιορίζονταν σε απλούς τεχνολογικούς και μεθοδολογικούς κανόνες. Οι υποχρεώσεις έγιναν βαθύτερες.

Ο νέος άνθρωπος, που προσφέρει τη φρεσκάδα του, την προθυμία του, τα χρόνια της νωπής ηλικίας του, ζητά από το σημερινό δάσκαλό του να είναι μια καλλιεργημένη διάνοια, ένα πνεύμα ανοιχτό και ανήσυχο. Στην εποχή της στενής επαγγελματικής και βιωτικής εξειδίκευσης, όπου ο εμπειρισμός δεν αρκεί, ισχύει περισσότερο από κάθε άλλη στιγμή του παρελθόντος ο κοινωνικός νόμος της επιστημονικής ειδίκευσης.

Χρειάζεται, λοιπόν, επίμονη παρακολούθηση των παιδολογικών επιστημών και προοδευτική αρτίωση της γενικής καλλιέργειάς του Έλληνα δασκάλου, για να μπορέσει να αντιμετωπίσει αποτελεσματικά τη σύγχρονη σχολική πραγματικότητα, να αποβεί ενσαρκωτής ιδανικών πολιτισμού και ανθρωπισμού, να οδηγήσει φυσικά και αβίαστα στο βιολογικό ωρίμασμα του ατόμου με γνωστική περιέργεια. Χρειάζεται από μέρους του έρευνα και διάγνωση της παιδικής νοοτροπίας του καιρού μας, των ενδιαφερόντων, των αναγκών και ροπών του νέου ανθρώπου.

Με την αδιάκοπη λοιπόν μελέτη του και τις συνεχείς επιμορφώσεις του, μέσα από συνέδρια, σεμινάρια και σχολές εξειδίκευσης, πρέπει να προσπαθήσει να διευρύνει τους πνευματικούς του ορίζοντες για να καταφέρει να ξεφύγει από τη ρουτίνα που βασανίζει άλλους υπαλλήλους. Είναι λάθος να ασκεί τη διδασκαλία, όπως ο δικός του δάσκαλος παλαιότερα. Τη θεωρία, που είναι αποταμιευμένη στα βιβλία, να την ξεπεράσει. Να την κάνει πράξη ανανεωτική, ευεργετική και απολυτρωτική στη σχολική του πρακτική. Το θέμα της επιμόρφωσης του δασκάλου της εποχής μας θα μας απασχολήσει και σε επόμενα κεφάλαια του βιβλίου.

Η διδασκαλία χρειάζεται ψυχή, χρειάζεται προσωπικότητα, για να μπορούν να σε νιώσουν και να βγαίνουν οι μαθητές σου πλουσιότεροι σε γνώσεις και καλύτεροι ως άνθρωποι, αυτή είναι οι αλήθεια. Ο δάσκαλος δεν είναι διεκπεραιωτής εγγράφων, δεν κάθεται σε μια καρέκλα ενός γραφείου, αντίθετα είναι δημιουργός ανθρώπων και κοινωνίας. Ο δάσκαλος δεν είναι ένας ξηρός επαγγελματίας, έχει απέναντί του καθημερινά μάτια άδολα, αθώα, αγνά, γεμάτα απορία και ψυχές που αναζητούν την αλήθεια. Είναι ψυχοπλάστης.

Αυτή είναι η αλήθεια, που ξεχειλίζει μέσα από τις φωνές όλων των εκπαιδευτικών των σχολείων μας. Μιας χιλιοειπωμένης αλήθειας όμως, που δυστυχώς στη χώρα μας δεν κατορθώθηκε να γίνει ακόμη συνείδηση τόσο από μερικούς δασκάλους όσο και από την ίδια την πολιτεία.

Όπως επίσης είναι αλήθεια ότι, κατά κανόνα ο Έλληνας δάσκαλος έχει σαν ουσιώδες γνώρισμά του τη "διδασκαλική συνείδηση", ώστε, με τη πίστη του στη μορφωτική του αποστολή και τη συναίσθηση της ευθύνης του στο παιδαγωγικό του έργο, να αγωνίζεται στις ημέρες μας, παρ' όλες τις αντιξοότητες και τα προβλήματα, να αντιμετωπίσει, όσο εξαρτάται απ' αυτόν, την προβληματικότητα της εποχής μας με την πίστη του σε μια παιδεία που δεν ανάγεται αποκλειστικά στην εκπαίδευση, αλλά απλώς την περικλείει.

4.6. ΤΟ ΕΛΛΗΝΙΚΟ ΣΤΟΙΧΕΙΟ ΩΣ ΠΑΡΑΓΟΝΤΑΣ ΑΓΩΓΗΣ

Μετά από τη γενική θεώρηση του θέματος και μετά από τη μελέτη του πρώτου βασικού παράγοντα της αγωγής, του δασκάλου, είναι ανάγκη στην αγωγή του παιδιού μας να κυριαρχεί το Ελληνικό στοιχείο.

Λέγοντας Ελληνικό στοιχείο δεν εννοούμε τη συσσώρευση γνώσεων, αλλά κυρίως τη γνωριμία με την ελληνική παράδοση και τον εθισμό σ' ένα τρόπο ζωής, με γνήσια ελληνική νοοτροπία και ψυχοσύνθεση. Τα βάθρα για μια τέτοια αγωγή είναι τρία: η γνωριμία με τον τόπο μας, η διατήρηση της εθνικής μνήμης και η διαφύλαξη των παραδόσεων. Θα πρέπει δηλαδή να γνωρίσουμε στα παιδιά μας το ελληνικό τοπίο, την ελληνική φύση καθώς αυτή είναι συνυφασμένη με τη ζωή και τις συνήθειες του λαού μας, με την ιστορία και το θρύλο, θέτοντας έτσι τις προϋποθέσεις για την ιστορική, πνευματική και ψυχική συνέχεια και βελτίωση, επωάζοντας έτσι τη συνείδηση της συνέχειας στη νέα γενιά. Σ' αυτό ουσιαστικά θα συμβάλλει και η διαφύλαξη των παραδόσεων. Ο δάσκαλος να είναι δάσκαλος και μαζί θεματοφύλακας.

Ζούμε σε έναν τόπο που γέννησε την ομορφιά. Το αρχαίο κάλλος. Μέσα από τη θάλασσά μας βγήκε η Αφροδίτη. Στα βουνά μας επάνω κατοικούσαν οι Θεοί. Μας πλημμυρίζει το φως το Ιλαρόν, που είναι το κυρίαρχο στοιχείο του Ελληνικού πνεύματος. Ο λαός μας, αιώνιος Οδυσσέας, πέρασε από ανείπωτες φουρτούνες, πάλεψε με τους Θεούς και έφτασε τέλος, γεμάτος περιπέτειες, γεμάτος γνώσεις, στη φτωχική του Ιθάκη. Ο λαός αυτός αναστήθηκε μετά από τετρακόσια χρόνια ενταφιασμού γιατί όλα αυτά τα χρόνια ανέπνεε τον αέρα της παράδοσης. Τη ζεστασιά του ελληνικού σπιτιού, του γεμάτου παραδόσεις, είναι χρέος μας να τη διατηρήσουμε και να την εμβολιάσουμε στους μικρούς μαθητές μας. Η οικογένεια, το σπίτι, για τα ελληνόπουλα, θα πρέπει να αποτελούν την αρχή κάθε προσπάθειας. Για τα δικά μας κοινωνικοπολιτιστικά δεδομένα η οικογένεια αποτελεί την πρώτη φυσική παιδαγωγική κοινότητα. Το σχολείο της οικογένειας είναι στην πραγματικότητα μια περίοδος καταβολής των πρώτων ψυχικών θεμελίων του κάθε ατόμου. Το αέναο στοργικό βλέμμα, πατρικό και μητρικό, είναι αυτό που προθερμαίνει ακατάπαυστα την τρυφερή παιδική ψυχή και ενεργοποιεί τα σπέρματά της, ώστε να βλαστήσουν και να ανθοφορήσουν. Το χαρακτηριστικό της ελληνικής οικογένειας είναι η ενότητα και η ιδιαίτερη σύνδεση των μελών της, η οποία δεν παρατηρείται στον ίδιο βαθμό σε οικογένειες άλλων ευρωπαϊκών λαών και κυρίως των βορείων.

Έτσι τα παιδιά θα αισθανθούν στενά δεμένα με την πανάρχαια αυτή γη και θα δουν καθαρότερα τη σημερινή πραγματικότητα. Θα αναπτυχθούν μέσα τους ευκολότερα η υπερηφάνεια, ο αυτοσεβασμός και η αξιοπρέπεια.

Αλλά γνωρίζοντας τον τόπο τους και τον εαυτό τους, θα πρέπει να συναντήσουν και να μελετήσουν και τα πατροπαράδοτα ελαττώματα της φυλής μας. Ώστε άμα τα κοιτάξουν κατάματα, να κατορθώσουν να απαλλαγούν απ' αυτά στο διάβα της ζωής τους.

Βέβαια, δε θα πρέπει να φανταστούμε ότι βαθαίνοντας τις ρίζες μας είναι δυνατόν να περιορίσουμε και να στενέψουμε τον ορίζοντά μας. "Μόνο το πλατάνι που έχει βαθιά και γερά θεμελιώσει τις ρίζες του μέσα στη γη, μπορεί να ξεπεταχτεί ψηλά και να αγναντέψει απ' την κορυφή πλατείς ορίζοντες. Τα αχαμνά και τα πρόσκαιρα ψευτοριζώνουν και ζουν άχαρα". Ούτε στέκεται ακόμη η παρατήρηση, ότι στη ζωή, τη σημερινή ζωή, που είναι όλο δράση και βιασύνη και τεχνολογική πρόοδο και τυποποίηση και ειδίκευση, αν αφιερωθούμε στη ψυχική και πνευματική καλλιέργεια των νέων μας, στη συνέχιση του χθες μέσα στο σήμερα, ότι θα μείνουν οι νέοι μας μακριά από την πραγματικότητα και παράμερα από τη ζωή. Αντίθετα, μια ενέργειά μας τέτοια θα προφυλάξει τους νέους μας από την υποδούλωση στη μηχανική ζωή, από την εξαφάνιση της προσωπικότητάς τους μέσα στην ισοπέδωση της ομοιομορφίας και θα τους δώσει ταυτόχρονα νέες αιτίες ουσιαστικής δράσης, καθώς ακόμη θα τους αυξήσει την αγάπη τους για τη ζωή.

Ας μη μας σταματά το φαινομενικό. Μόνον η ζωή γεννά ζωή. Δεν είναι στη φύση του Έλληνα να την ατενίζει σαν ένα ναρκωμένο τέλμα, αλλά σαν ελεύθερο νερό που πηγάζει από τα τρίσβαθα της γης μας, αντιφεγγίζοντας στο διάβα του ό,τι φυτρώνει στις όχθες του, ό,τι περνά στον ουρανό του. Είναι φανερό λοιπόν, πως μόνο έτσι θα πρέπει να αντικρύσουμε την αποστολή μας. Η σύντομη επανορθωτική διδασκαλία μας και η χαρούμενη αντίληψη για τη ζωή θα πρέπει να χαρακτηρίζουν και να διακρίνουν την εκπαιδευτική μας προσπάθεια.

Ο ωφέλιμος διδακτικός χρόνος του σχολείου ξοδεύεται ακόμη και σήμερα στη μετάδοση γνώσεων, που ορίζει το αναλυτικό πρόγραμμα. Χρειάζεται ο σημερινός δάσκαλος, επιστήμονας αιχμής, να απλώσει τα δημιουργικά του δίχτυα, για να προσφέρει κάτι διαφορετικό. Τις τελευταίες δεκαετίες το ελληνικό εκπαιδευτικό σύστημα αντιγράφει άλλων ευρωπαϊκών και μη χωρών εκπαιδευτικά συστήματα. Αντιθέτως, οι άλλες χώρες θα έπρεπε να αντιγράψουν το δικό μας και τις αρχές του, γιατί οι Έλληνες είναι αυτοί που έχουν ως αρχή τους σ' αυτό το ανθρωπιστικό ιδεώδες. Χρειάζεται τη διδακτική ελευθερία λοιπόν ο δάσκαλος, για να μπορέσει να ενώσει το παρελθόν με το μέλλον αυτής της χώρας.

Μιας χώρας, που σήμερα χαρακτηρίζεται από πολυπολιτισμικό οργασμό. Η χώρα μας την τελευταία δεκαετία δέχθηκε στην αγκαλιά της μεγάλο αριθμό οικονομικών μεταναστών, ανθρώπων με διαφορετική ταυτότητα καθώς και τους Έλληνες που παλιννόστησαν. Δημιουργούνται έτσι νέες απαιτήσεις για το χαρακτήρα και το ρόλο της εκπαίδευσης, όχι όμως τόσο ξένες προς το Ελληνικό στοιχείο.

Η ελληνική ιστορία, στο διάβα της, έχει αποδείξει έμπρακτα το σεβασμό της στον ξένο. Καλείται σήμερα και το σχολείο να δείξει τον απαιτούμενο σεβασμό στα παιδιά αυτών των οικογενειών. Να σκύψει επάνω τους με ενδιαφέρον, να σεβαστεί τον πολιτισμό τους και την ιστορία τους, να μάθει μέσα απ' αυτά και να κατανοήσει την ιδιαίτερη κουλτούρα τους, να τους εμπνεύσει το σεβασμό στον πολιτισμό και την ιστορία του τόπου που τους φιλοξενεί. Απαιτείται σήμερα η ανάπτυξη ενός διαπολιτισμικού λόγου, μέσα από την βελτίωση και αναμόρφωση ίσως, του αναλυτικού προγράμματος των μαθημάτων της Λογοτεχνίας, της Ιστορίας και της Γεωγραφίας και ένας καινούριος σχεδιασμός στην εναλλακτική χρήση του περιεχομένου των σχολικών εγχειριδίων. Ο σεβασμός του συνανθρώπου μας, άλλωστε, είναι το κυρίαρχο στοιχείο της ελληνικής παιδείας. Στόχος της δεν υπήρξε ποτέ η απορρόφηση του διαφορετικού, του ξένου, αλλά αντιθέτως η αποτελεσματική συνεύρεση μαζί του και η ενίσχυση της αντίληψης "όλοι διαφορετικοί, όλοι ίσοι". Το ελληνικό στοιχείο έχει ως γνώρισμά του την κατανόηση του εγώ, της αυτοαντίληψης και φυσικά στη συνέχεια τη γνωριμία με τον δίπλα μας. Μόνον, όταν γνωρίζουμε καλά τον εαυτό μας και μαθαίνουμε να τον σεβόμαστε, θα είμαστε ικανοί να γνωρίσουμε και να σεβαστούμε τον ξένο.

Άλλοτε ήταν γενική η πίστη σε όλους, ότι ο σκοπός του δημοτικού σχολείου είναι η γνώση στοιχείων ανάγνωσης, γραφής και τεσσάρων πράξεων της αριθμητικής. Από την αντίληψη αυτή προήλθε ο όρος "στοιχειώδης εκπαίδευση", που ακόμη και σήμερα χρησιμοποιείται. Σήμερα, όμως ο απώτερος σκοπός του δημοτικού σχολείου είναι πολύ πιο ευρύς και έχει σαν έργο του να συντελέσει με τον πιο παιδαγωγικό και θεμελιακό τρόπο ενέργειας στην ανάπτυξη και εξέλιξη όλων των δεξιοτήτητων και ικανοτήτων, καθώς και την ανάπτυξη της κριτικής σκέψης του νέου ανθρώπου.

Η πραγμάτωση του σκοπού αυτού απαιτεί λοιπόν από τον Έλληνα δάσκαλο την οργάνωση της σχολικής εργασίας του κατά τρόπο συστηματικό και μεθοδικό. Να είναι ικανός να μορφοποιεί από ψυχολογικής και διδακτικής άποψης τη διδακτέα ύλη και να μην είναι από "καθέδρας δάσκαλος", αλλά αυτός που θα μπορεί να κατέβει στο επίπεδο των μικρών μαθητών του, να τους περιβάλλει με στοργή και να τους κινεί στη συνέχεια στην παρατήρηση και την αυτενέργεια. Να αναζητεί αδιάκοπα στη διδασκόμενη ύλη τα μορφωτικά στοιχεία και οι διδακτικές του ενέργειες, όχι μόνο να αποβλέπουν στη σύμμετρη ανάπτυξη των ψυχικών, σωματικών και πνευματικών λειτουργιών, δεξιοτήτων και ικανοτήτων των μαθητών του, αλλά και στην αποσαφήνιση εκ μέρους του. Στην αποσαφήνιση του περιεχομένου των σύγχρονων παιδαγωγικών αντιλήψεων και διδακτικών συστημάτων και μεθόδων, έτσι ώστε αυτή να έχει σαν αποτέλεσμα την άνοδο τη δική του και την αποτελεσματικότητα και ανανέωση στο διδακτικό του έργο.

Ο Ευάγγελος Παπανούτσος, μεγάλη μορφή των ελληνικών γραμμάτων, ακαδημαϊκός, εκφώνησε κατά τη διάρκεια της επίσημης ανακήρυξής του ως ακαδημαϊκού, το Νοέμβριο του 1980, το "Λόγο για την Παιδεία". Ας θυμηθούμε τα σοφά του λόγια που και σήμερα συνεχίζουν και είναι επίκαιρα, τόσο που πλέον έχουν καταστεί κλασικά.

Πηγαίνοντας προς την έξοδό του ο αιώνας μας, μας κληροδοτεί την αμφισβήτηση του κύρους και της χρησιμότητας του Σχολείου," ως οργανωμένου κοινωνικού θεσμού, που αποβλέπει στη διαμόρφωση της νέας γενιάς. Όλες οι ενδείξεις μας πείθουν, ότι το πρόβλημα τούτο θα πάρει στο άμεσο μέλλον οξύτερη μορφή, γιατί έχει τεθεί από δύο βαρυσήμαντα φαινόμενα της κοινωνικής ζωής: Πρώτα από την οικονομική και την πνευματική αναταραχή που γίνεται ολοένα και πιο αισθητή ως κρίση πολιτισμού μας και έπειτα από τη βαθιά μεταβολή που σημειώνεται στον ψυχικό κόσμο του αντικειμένου της αγωγής, του παιδιού, σε όλες τις φάσεις της ηλικίας του.

Ο παιδαγωγός της αύριο, θα αντιμετωπίσει με θετικές προσδοκίες, το πρόβλημα τούτο, εάν συνειδητοποιήσει την έκτασή του και το σπουδαιότερο, εάν προχωρήσει σε μερικές γενναίες αναθεωρήσεις των παραδοσιακών εννοιών της επιστήμης του."

ΚΕΦΑΛΑΙΟ ΠΕΜΠΤΟ

Ο ΣΥΓΧΡΟΝΟΣ ΠΑΙΔΑΓΩΓΟΣ ΣΤΗ ΣΧΟΛΙΚΗ ΠΡΑΞΗ

Η σχολική τάξη είναι ένας χώρος προβλημάτων που εγείρονται μέσα από την ομάδα των νεαρών υπάρξεων, τις οποίες διακρίνει πάντοτε ένας δυναμικός χαρακτήρας, ποτέ πάντως μια στατική κατάσταση. Οι αμοιβαίες σχέσεις των μελών της ομάδας και εκείνες μεταξύ αυτών και του παιδαγωγού έχουν σοβαρότατη σημασία για την αγωγή και είναι ανάγκη να μελετούνται από τον υπεύθυνο της αγωγής.

Η συνάντηση αυτού που μαθαίνει με τα περιεχόμενα μορφωτικά αγαθά είναι ένας κύκλος ιδιαιτέρων ζητημάτων που απαιτούν τη λύση τους. Επίσης, οι ανάγκες συνεχούς προσαρμογής του μαθητή προς τις διάφορες πλευρές μιας σχολικής ζωής, που τη χαρακτηρίζει η δράση, η κίνηση και η δημιουργικότητα, χρειάζονται και αυτές ιδιαίτερη προσοχή από μέρους του δασκάλου.

Ο κατά το δυνατόν άρτια καταρτισμένος δάσκαλος και εφοδιασμένος με τα σύγχρονα μέσα, που του παρέχουν οι άφθονες έρευνες στις επιστήμες της Παιδαγωγικής και της Ψυχολογίας, είναι σε θέση να διακρίνει τα ερωτήματα και να αναγνωρίζει τα προβλήματα. Πέρα από αυτό και υπό τον απαραίτητο πάντα θεμελιώδη όρο, ότι η ψυχή του παιδαγωγού κατέχεται από γνήσια αγάπη προς τους μαθητές του, μπορεί να βρίσκει κάθε φορά το δρόμο του, που οδηγεί στη λύση των προβλημάτων.

Υπό τις προϋποθέσεις αυτές, έργο πράγματι περισσότερο ανθρώπινο, περισσότερο ενδιαφέρον, περισσότερο οικοδομητικό και δημιουργικό, περισσότερο βαθύ και πολυδιάστατο, θα ήταν πολύ δύσκολο να βρει κανένας μέσα στην αφάνταστη αφθονία και ποικιλία των ανθρώπινων ασχολιών.

Ο άρτια καταρτισμένος παιδαγωγός γνωρίζει, ότι πίσω από τις διάφορες εκδηλώσεις της ανθρώπινης διαγωγής υπάρχουν εσωτερικά κίνητρα, που ωθούν προς αντίστοιχες ενέργειες και οδηγούν το άτομο προς την επίτευξη ορισμένων σκοπών, τους οποίους έχει θέσει. Με τη γνώση αυτή μπορεί πια να κατανοήσει τις διάφορες εκδηλώσεις των μαθητών του και να ανατρέξει στις ρίζες τους, για να βοηθήσει με ουσιαστικό τρόπο στην μεταβολή των εκδηλώσεων αυτών, εφόσον παρουσιάζουν χαρακτήρα επιβλαβή και για το συγκεκριμένο άτομο και για τα μέλη της μαθητικής ομάδας που ανήκει.

Κάθε δάσκαλος γνωρίζει, ότι κίνητρο ενός μαθητή σε μια αντικοινωνική διαγωγή έναντι ενός συμμαθητή του αποτελεί η πρόθεσή του να κάνει το δάσκαλο να ασχολείται με το άτομό του έστω και αρνητικά, αφού ο ίδιος παραδέχεται ότι αποτυγχάνει να πετύχει μια υψηλή σχολική επίδοση και επομένως στη συνείδηση του δασκάλου του κατέχει χαμηλή θέση. Αυτό βέβαια είναι λάθος, ο δάσκαλος πονά και προσπαθεί περισσότερο για τον αδύνατο μαθητή. Η γνώση των ψυχολογικών κινήτρων αποτελεί σπουδαιότατο εφόδιο για το δάσκαλο, γιατί τον βοηθά να δημιουργήσει κατάλληλα κίνητρα μάθησης και επωφελούς δράσης στους μαθητές του, με απώτερο στόχο την πορεία προς την ωριμότητα και ολοκλήρωση της προσωπικότητάς τους.

Περισσότερο ικανοποιητική μορφή σχέσης μεταξύ παιδαγωγού και παιδαγωγούμενου είναι εκείνη, που χαρακτηρίζεται από δημοκρατικό πνεύμα και φιλική διάθεση και θέρμη. Και φυσικά, όχι η παλαιά αυταρχικότητα, αυτή της αυθεντίας. Για το δημιουργικό δάσκαλο, η αίθουσα θα πρέπει να μετατρέπεται σε σκηνή θεάτρου και ο ίδιος σε καλλιτέχνη, ο οποίος θα έχει την ευθύνη αφενός να δώσει μια τέλεια και εντυπωσιακή παράσταση και αφετέρου να εκθέσει το θέμα, που απασχολεί εκείνη τη στιγμή το σύνολο των μαθητών του, με κάθε λεπτομέρεια. Να μπορεί να απορροφά την προσοχή των μαθητών του, χωρίς τη γνωστή καταπίεση. Να μπορεί να συλλαμβάνει ευφάνταστους τρόπους προσέγγισης κατά τη διάρκεια της διδασκαλίας του, με τους οποίους να μπορεί την κάθε φορά να αποδίδει τη βαθύτερη ουσία των μαθημάτων. Επίσης, θα πρέπει να διαθέτει την ξεχωριστή ικανότητα να ανάγει βαθύτερες ιδέες σε απλούστερους κατανοητούς όρους, έτσι ώστε το μάθημα να κεντρίζει το ενδιαφέρον όλων των μαθητών του. Να γίνει η όλη διδασκαλία για όλους, δάσκαλο και μαθητές, μια πραγματική εμπειρία ζωής.

Η σχολική τάξη αποτελεί μια ιδιόρρυθμη κοινωνική ομάδα. Είναι πράγματι αξιοθαύμαστο, παιδιά, που πιθανόν να μην είχαν καμιά επαφή μεταξύ τους, πριν την έναρξη της σχολικής τους ζωής, μέσα στο χώρο της σχολικής τάξης, να έρχονται σε αμοιβαία επαφή και γνωριμία. Συνδέονται, συνεργάζονται ή και συγκρούονται κάποτε, έλκονται ή απωθούνται, ικανοποιούν από κοινού εσωτερικές τους ανάγκες, βιολογικές, ψυχολογικές και κοινωνικές με το κοινό τους παιχνίδι, τις ομαδικές δραστηριότητες, τον κοινό διάλογο και την καθημερινή συνύπαρξη. Ένα πολύπλοκο πλέγμα ενδοπροσωπικών και διαπροσωπικών σχέσεων, χαρακτηρίζει τη σχολική τάξη. Και μέσα σε αυτό το πολυσύνθετο πλαίσιο, πάνω στον ιδιόμορφο χαρακτήρα της παιδικής ηλικίας, δεσπόζει μια κυρίαρχη μορφή. Το πρόσωπο του δασκάλου, που λαμβάνει στην ηλικία αυτή τεράστιες διαστάσεις στη συνείδηση του παιδιού, ώστε ένα μεγάλο κομμάτι της ζωής του να εξαρτάται σε μεγάλο βαθμό από την προσωπική εκδήλωση και την προσωπική δράση του δασκάλου, απόρροια της προσωπικότητάς του, του χαρακτήρα του, της παιδαγωγικής συγκρότησής του και τέλος της πείρας του.

Είναι δυνατόν να προσέρχεται ο μαθητής λοιπόν, στην τάξη κάθε μέρα με εξαιρετική ευδιαθεσία, όπως είναι δυνατόν να έρχεται και με "βαριά" καρδιά και σκυμμένο το κεφάλι. Μπορεί μέσα στην τάξη να ζει ώρες ευτυχίας ή αντιθέτως να λαμβάνει πείρα οδυνηρών εξωτερικών συμβάντων. Είναι δυνατόν ακόμη, να ζει τη χαρά της συνεργασίας ή να παλεύει μέσα σε μια εξοντωτική ατμόσφαιρα δεινού ανταγωνισμού. Μπορεί να ζει τη χαρά της μάθησης ή να παλεύει μέσα σε μια εξοντωτική ατμόσφαιρα συνεχών πικρών απογοητεύσεων και σχολικών αποτυχιών. Είναι σίγουρο ότι μπορεί να ζει μέσα σε μια ατμόσφαιρα ελευθερίας γνήσιας, τάξης οικοδομητικής, εργασίας δημιουργικής. Όπως μπορεί, δυστυχώς, να ζει σε άτακτο περιβάλλον που να πλησιάζει την αναρχία ή και σε περιβάλλον μιας τυφλής υποταγής σε εντολές, που θα επιβάλλονται πάντοτε άνωθεν και θα δεσμεύουν τις δυνάμεις του, τις πρωτοβουλίες του και κάθε είδους τάσεις.

Ποια όμως είναι τα κυριότερα προβλήματα, που θέτει η σχολική τάξη, μπροστά στο σύγχρονο παιδαγωγό; Πρώτα απ' όλα η ρύθμιση της ύλης των μαθημάτων και μορφωτικών αγαθών που θα προσφέρει στους μαθητές του και η σύνταξη ενός ψυχολογικά θεμελιωμένου προγράμματος. Για να επιτευχθεί όμως ο προγραμματισμός αυτός, θα πρέπει ο εκπαιδευτικός να γνωρίζει, πριν την έναρξη της σχολικής χρονιάς, την τάξη που θα αναλάβει και να έχει στη διάθεσή του την ύλη που θα διδάξει. Ο προγραμματισμός δε θα πρέπει να στηρίζεται μόνο στο προσδιορισμό της χρονικής τοποθέτησης της ύλης, αλλά και στη προσπάθεια διαθεματικής προσέγγισης των διαφόρων μαθημάτων, την εύρεση πηγών προς μελέτη από τις ομάδες των μαθητών του, των διαφόρων εκπαιδευτικών επισκέψεων και προετοιμασία αυτών με κατάλληλα μέσα. Το σύνολο των εποπτικών μέσων που θα χρησιμοποιηθούν και φυσικά των μεθόδων και μοντέλων διδασκαλίας του και προσέγγισης των μαθητών του. Δηλαδή ο δάσκαλος θα πρέπει στην αρχή κάθε σχολικής χρονιάς να διαθέτει ένα σχέδιο δράσης, ένα project ευέλικτο και εφαρμόσιμο, το οποίο θα έχει την απαραίτητη επιστημονική τεκμηρίωση.

Άλλο πρόβλημα είναι η εύρεση κατάλληλων εξωτερικών και η έγερση εσωτερικών, από μέρους των μαθητών, κινήτρων μάθησης, καθώς και η προβολή σκοπών επιθυμητών σε αυτούς, ώστε αυτοί οι σκοποί και τα κίνητρα να κατευθύνουν τις προσπάθειες των μαθητών. Πολλές φορές μέσα σε μια δημιουργική τάξη, οι στόχοι των επιμέρους μαθημάτων καθορίζονται από τους ίδιους τους μαθητές με την ενεργή συμμετοχή του δασκάλου, οι οποίοι αξιολογούνται κατά διαστήματα και επανακαθορίζονται με τη μορφή της επανατροφοδότησης.

Ένα μεγάλο πρόβλημα είναι και η αντικειμενική εκτίμηση της σχολικής τους επίδοσης, ώστε αυτή να χρησιμοποιεί τα αποτελέσματά της χάριν της προόδου των μαθητών.

Επίσης, θα πρέπει να ρυθμιστεί κατά κοινωνικό τρόπο η ζωή μέσα στη τάξη, ώστε να επιτυγχάνεται ασφαλώς η αναγκαία κοινωνικοποίηση των μελών της και η δημιουργία καλών έξεων.

Ο δάσκαλος οφείλει να αναγνωρίσει και να επισημάνει εγκαίρως τις περιπτώσεις των μαθητών με προβλήματα και να τους παράσχει αμέσως αποτελεσματική βοήθεια για άρση των μαθησιακών δυσκολιών που αντιμετωπίζουν. Όπως επίσης, θα πρέπει να είναι γνώστης των ατομικών τους διαφορών.

Σχετικές έρευνες απέδειξαν, ότι μια αυταρχική προσωπικότητα δασκάλου, παρά τις διδακτικές του δεξιότητες, δε μπορεί να ασκήσει γόνιμη και ευεργετική επίδραση επί των μαθητών του, ούτε καν αποκλειστικά στο τομέα της εκμάθησης στείρων γνώσεων, λόγω των αρνητικών αντιδράσεων, που εγείρει στις ψυχές τους. Παρόλα αυτά η αξία της διδακτικής άποψης του παιδαγωγικού έργου του δασκάλου, δε μπορεί να παραγνωρι-στεί, υπό τη προϋπόθεση όμως πάντοτε, ότι αποτελεί ένα μέσο στα χέρια εκείνου, που διαθέτει ευρύ παιδαγωγικό πεδίο.

Επίσης, εκείνο που υποστηρίζεται απ' όλους είναι, ότι ο άξιος της αποστολής του παιδαγωγός δεν παραμένει πλέον σήμερα σε μια αμφιβόλου αξίας τυχαία εμπειρία περί των πραγ-μάτων, αλλά οικειοποιείται τα μέσα, που προσφέρονται από τη συστηματική μελέτη και επιστημονική έρευνα των συναφών ζητημάτων, ώστε να γίνει το παιδαγωγικό του έργο όσο το δυνα-τόν πληρέστερο και αποτελεσματικότερο.

Ο επιστήμονας δάσκαλος ενημερώνεται συνεχώς, μέσα από την επιστημονική βιβλιογραφία, τα παιδαγωγικά άρθρα, την παρακολούθηση διαλέξεων, για τα σύγχρονα πορίσματα της επιστήμης του, έτσι ώστε να είναι έτοιμος να δημιουργήσει, να σχεδιάσει και να μετατρέψει με τρόπο μοναδικό μέσα στην τάξη του τη θεωρία στη πράξη. Πρέπει να είναι ενεργός και δραστή-ριος επιστήμονας, επιστήμονας "αιχμής", ο οποίος συμμετέχει και συμβάλλει στην επιστημονική "ζύμωση" του κλάδου του, παραμένοντας ζωντανό κύτταρο της εκπαιδευτικής και ακαδη-μαϊκής κοινότητας.

Είναι ερευνητικά τεκμηριωμένο, υποστηρίζει ο καθηγητής παιδαγωγικών Ματσαγγούρας, *ότι ο εκπαιδευτικός, μέσα από τη γενικότερη κοσμοθεωρία του, τις προσωπικές του εμπειρίες, την παιδαγωγική φιλοσοφία και τις επιστημονικές θεωρίες μάθησης, ανάπτυξης και διδασκαλίας, αναπτύσσει τη δική του προσωπική θεωρία.*

Με τη συνεχή επιμόρφωσή του θα επιτευχθεί η συνειδητοποίηση, η συστηματοποίηση και ο εμπλουτισμός της προσωπικής του θεωρίας και έτσι μόνο θα εναρμονιστεί η πράξη του με τη θεωρία και τις απαιτήσεις των καιρών. Η επιμόρφωση δεν είναι η διαδικασία που αυτή καθαυτή θα επιφέρει αλλαγές στην αίθουσα διδασκαλίας, όσο μια στρατηγική που θα μπορέσει να προωθήσει στο σχολείο ένα νέο περιβάλλον και μια νέα νοοτροπία εργασίας, έτσι ώστε να διευκολύνεται η κάθε εκπαιδευτική αλλαγή. Είναι αναγκαία, λόγω της ταχύτατης επιστημονικής εξέλιξης και τη συνακόλουθη απαξίωση των γνώσεων που επιφέρει μια διαρκής επιστημονική ενημέρωση και αντίστοιχη επαγγελματική ευαισθητοποίηση.

Έτσι, στην τάξη του ο δάσκαλος, πρέπει να έχει μόνιμα μέσα του το αληθές μέτρο μιας επαρκούς γνώσης της προσωπικότητας καθένα μαθητή του ξεχωριστά, από κάθε άποψη. Καθώς και το επίμετρο μιας κυριαρχίας επί των ζητημάτων των μαθητών, πράγμα που διαμορφώνει μια ευχέρεια και μια αποτελεσματικότητα στο έργο του. Ο δάσκαλος, σήμερα, θα πρέπει να ξεπεράσει τα ψυχρά όρια του επαγγελματισμού και να οραματίζεται μια παιδεία βασισμένη στον άνθρωπο και μια εκπαίδευση για ανθρώπους. Η σύγχρονη βιβλιογραφία άλλωστε, προσανατολίζεται στον κριτικό "στοχαζόμενο", ερευνητή και καινοτόμο εκπαιδευτικό, ο οποίος θα είναι σε θέση να αντιλαμβάνεται καταρχήν τις ανάγκες του μαθητή, και ταυτόχρονα να λαμβάνει τα μηνύματα των καιρών και να αναλαμβάνει τις πρωτοβουλίες εκείνες που είναι απαραίτητες, παίρνοντας όμως και την ευθύνη για την ικανοποίησή τους, μέσα στο γενικό πλαίσιο που καθορίζει η πολιτεία.

Εκπαιδευτικός με κριτική και δημιουργική σκέψη, ικανός να αντιμετωπίσει τα σύγχρονα αιτήματα και προβλήματα, ικανός να οργανώσει αυτοτελείς συνθήκες και διαδικασίες μάθησης και να μπορεί να κοινωνικοποιεί το νέο άνθρωπο, μέσα σε ένα δημοκρατικό πλαίσιο, είναι το μοντέλο εκπαιδευτικού της σύγχρονης εποχής μας. Ενός εκπαιδευτικού που παρέχει εκπαίδευση σύμφωνα με την παρακάτω αρχή:

Εκπαίδευση, δεν είναι να γεμίζεις τον μαθητή με γνώσεις από έξω προς τα μέσα. Είναι να βγάζεις από μέσα προς τα έξω, τις ψηλότερες ευγενέστερες και καλύτερες ιδιότητες που βρίσκονται έμφυτες στο κάθε άτομο."

ΜΕΡΟΣ ΔΕΥΤΕΡΟ

Από την ευέλικτη τάξη στο ευέλικτο σχολείο

ΚΕΦΑΛΑΙΟ ΠΡΩΤΟ

ΣΚΟΠΟΙ ΚΑΙ ΣΤΟΧΟΙ ΤΟΥ ΕΥΕΛΙΚΤΟΥ ΣΥΓΧΡΟΝΟΥ ΣΧΟΛΕΙΟΥ

Στην Ευρώπη οι εθνικές κυβερνήσεις -με μεγαλύτερη ή μικρότερη καθυστέρηση- βρήκαν το δρόμο προς τον εκσυγχρονισμό των εκπαιδευτικών συστημάτων τους και όλα μαζί τα κράτη - μέλη της Ενωμένης Ευρώπης, άρχισαν να συντονίζονται και να προσανατολίζονται σε κάποιες κοινές κατευθυντήριες γραμμές.

Με οδηγό την ελευθερία του ανθρώπου είναι σαφές, ότι οι σχεδιαστές των προγραμμάτων δε θα πρέπει να χρησιμοποιήσουν την εκπαίδευση για να εξυπηρετηθούν σκοπιμότητες, αλλά αντίθετα η φιλοσοφία τους να είναι καθαρά ανθρωπιστική. Γιατί μόνο έτσι, θα πετύχουν ώστε οι νέοι μας να ζήσουν σε μια Ευρώπη ισχυρή, πολυπολιτισμική, δημοκρατική, πολυεθνική, πολυγλωσσική, με ποικιλία θρησκευμάτων, πολιτικών πεποιθήσεων, όμως ταυτόχρονα σε μια κοινωνία ελεύθερων ανθρώπων, όπου όλες οι γλώσσες και όλοι οι πολιτισμοί θα δηλώνουν το δυναμικό τους παρών.

Σύμφωνα με έγγραφο της Κομισιόν (υπεγράφη τέλη Δεκεμβρίου του 2002), στο οποίο λαμβάνονται υπόψη η ραγδαία επιστημονική και τεχνολογική ανάπτυξη, η συνεχής αύξηση της γνώσης, η διεθνοποίηση και άλλα δεδομένα που συνιστούν την πραγματικότητα και το οποίο αναφέρεται στους τομείς που πρέπει να αναπτύξουν τα εκπαιδευτικά συστήματα των χωρών της Ε.Ε., τονίζεται ότι υπάρχει στην Ελλάδα, μόνο η νομική πρόβλεψη, ότι το σχολείο πρέπει να αναπτύσσει τις γενικές ικανότητες του μαθητή, όμως απουσιάζει η έννοια των δεξιοτήτων. Βέβαια το έγγραφο δεν έλαβε υπόψη του το Διαθεματικό Ενιαίο Πλαίσιο Προγραμμάτων Σπουδών, τα νέα αναλυτικά προγράμματα και τα βιβλία, καθώς και τις "Καινοτόμες δράσεις", τα οποία αλλάζουν το εκπαιδευτικό τοπίο και στην Ελλάδα.

Σύμφωνα με το παραπάνω έγγραφο τα αναλυτικά προγράμματα των χωρών της Ε.Ε. πρέπει να ανακατασκευαστούν, έτσι ώστε ο μαθητής, τελειώνοντας την εννιάχρονη υποχρεωτική εκπαίδευση, να έχει αναπτύξει κριτική σκέψη, να μπορεί να αυτενεργεί, να κατανοεί τη γλώσσα του, να μπορεί να επιλύει καθημερινά προβλήματα, να είναι ικανός να χρησιμοποιεί τις σύγχρονες πηγές γνώσης και πληροφόρησης, να επικοινωνεί, να είναι συνεργάσιμος, ευέλικτος, αποφασιστικός. Να καλλιεργεί, δηλαδή, το σχολείο και ψυχή και σώμα. Το βάρος των νέων αναλυτικών προγραμμάτων πρέπει λοιπόν να δοθεί στους ακόλουθους τομείς: Γλώσσα - Ανάγνωση, μελέτη - Μαθηματικά - Φυσικές επιστήμες - Ηλεκτρονικούς Υπολογιστές - Ξένες γλώσσες.

Η στείρα και επίπεδη γνώση δε μπορεί να βοηθήσει το νέο να προκόψει στην προσωπική και επαγγελματική του ζωή. Το σχολείο πρέπει να τον κάνει ικανό να κατανοεί πλήρως και να κατανοεί όλες τις προσλαβάνουσες εικόνες και αυτό θα επιτευχθεί μόνο αν γνωρίζει να χειρίζεται καλά τη γλώσσα και τους μηχανισμούς της, να χειρίζεται δηλαδή σωστά το προφορικό και γραπτό λόγο. Για να μπορεί να χρησιμοποιήσει τις πηγές γνώσεων, θα πρέπει να αναπτύξει επαρκώς την αναγνωστική του ικανότητα και να εξοικειωθεί με τη μελέτη. Είναι γνωστό ότι αυξάνεται στην εποχή μας, όχι ο αναλφαβητισμός, αλλά ο λειτουργικός αναλφαβητισμός. Με τα μαθηματικά θα ασκήσει την κριτική του ικανότητα και με τις φυσικές επιστήμες πως θα μπορέσει να μετουσιώσει τη σχολική γνώση σε καθημερινή πρακτική. Τέλος, με τη καλή γνώση ξένων γλωσσών και την καλή χρήση ηλεκτρονικών υπολογιστών, θα μπορέσει να ανοίξει τους πνευματικούς του ορίζοντές του, αφού θα εξοικειωθεί με τη ξένη βιβλιογραφία και θα μπορέσει να έρθει σε επαφή με έργα της παγκόσμιας λογοτεχνίας και να ενωθεί με τους συνομήλικους του των άλλων χωρών, να γνωρίσει την κουλτούρα και τις παραδόσεις τους, να μάθουν να ζουν ειρηνικά και να επιλύουν αρμονικά τα κοινά προβλήματα που τους απασχολούν.

Το Παιδαγωγικό Ινστιτούτο της Ελλάδας, το οποίο παρακολουθεί όλες τις εξελίξεις πάνω στην Παιδαγωγική Επιστήμη, σε Ευρωπαϊκή, αλλά και σε παγκόσμια κλίμακα, τα τελευταία χρόνια το Ενιαίο Διαθεματικό Πλαίσιο Προγραμμάτων Σπουδών(ΦΕΚ 1373/Β, 18.10.2001) Το Δ.Ε.Π.Π.Σ. στηρίζεται στις βασικές αρχές και τους θεμελιώδεις στόχους της αγωγής.

Το άρθρο 16, παρ.2 του Συντάγματος, λέει: *Η Παιδεία αποτελεί βασική αποστολή του κράτους και έχει ως σκοπό την ηθική, πνευματική, επαγγελματική και φυσική αγωγή των Ελλήνων, την ανάπτυξη της Εθνικής και Θρησκευτικής συνείδησης και τη διάπλασή τους σε ελεύθερους και υπεύθυνους πολίτες."*

Στηρίζεται ακόμη, στο άρθρο 1, παρ.1 του Ν.1566/85, στο οποίο αναφέρεται ότι: *Σκοπός της πρωτοβάθμιας και δευτεροβάθμιας εκπαίδευσης., είναι να συμβάλλει στην ολόπλευρη, αρμονική και ισόρροπη ανάπτυξη των διανοητικών και ψυχοσωματικών δυνάμεων των μαθητών, ώστε ανεξάρτητα από φύλο και καταγωγή, να έχουν τη δυνατότητα να εξελιχθούν σε ολοκληρωμένες προσωπικότητες και να ζήσουν δημιουργικά. "*

Ενσωματώνει και το δικαίωμα στην πληροφόρηση, καθώς και το δικαίωμα συμμετοχής στην κοινωνία της πληροφορίας, που αναφέρονται στο άρθρο 54 του Συντάγματος. Ακόμη, ενσωματώνει την ανάγκη προστασίας της τέχνης και των πολιτισμικών αγαθών, που βρίσκεται στο άρθρο 16 του Συντάγματος, το οποίο λέει: "Η τέχνη και η επιστήμη, η έρευνα και η διδασκαλία είναι ελεύθερες. Η ανάπτυξη και η προαγωγή τους αποτελεί υποχρέωση του κράτους. Η ακαδημαϊκή ελευθερία και η ελευθερία της διδασκαλίας δεν απαλλάσσουν το καθήκον της υπακοής στο σύνταγμα." καθώς και την αντιμετώπιση των διαπολιτισμικών ζητημάτων που αντιμετωπίζει η σημερινή ελληνική κοινωνία (Ν.2113/96) και τον προσδιορισμό των αναγκών και των παιδαγωγικών αντιλήψεων για την εκπαίδευση των Α.Μ.Ε.Α(Ν.2817/00). Τέλος στην παρ.3 του άρθρου 16, θεσπίζεται η εννιάχρονη υποχρεωτική εκπαίδευση. Ο συνταγματικός νομοθέτης, από το Σύνταγμα της Επιδαύρου, μέχρι και σήμερα, δεν έκανε ποτέ λάθος για το "προφίλ" του Έλληνα μαθητή.

Ένα "προφίλ" που θα συνοδεύει το μαθητή που θα έχει τελειώσει την εννιάχρονη εκπαίδευση. Μια ταυτότητα με τις ικανότητες και τις κλίσεις του μαθητή με σκοπό το γνώθι σ' αυτόν του ίδιου του μαθητή, αλλά παράλληλα θα καθορίζονται οι γνώσεις του και οι ευαισθησίες του πάνω σε κοινωνικές και πολιτιστικές αξίες. Ο κάθε μαθητής, στο τέλος της εννιάχρονης υποχρεωτικής εκπαίδευσης, θα πρέπει να έχει πετύχει μέσα από το εκπαιδευτικό σύστημα της χώρας μας, τα εξής:

• Την ανάπτυξη προσωπικότητας με ισχυρή αυτοαντίληψη και συναισθηματική σταθερότητα.
• Να κατέχει ένα σταθερό σύστημα αξιών.

- Να μπορεί να αντιλαμβάνεται σχέδια διαφορετικής διάταξης, να διαθέτει δηλαδή κριτική και διαλεκτική ικανότητα.

- Να αποφασίζει με τρόπο ορθολογικό και να μπορεί να υλοποιεί με τον καλύτερο τρόπο τις επιλογές του.

- Να συμμετέχει ενεργά στην κοινωνική και πολιτιστική ζωή.

- Να εκφράζεται γραπτώς και προφορικώς με ακρίβεια, καθώς και να μπορεί να διακρίνει σε ένα κείμενο τις εποικοδομητικές σκέψεις, καθώς το διαβάζει. Να έχει εξοικειωθεί με ζώσες και συνεχώς μεταβαλλόμενες μορφές προφορικού και γραπτού λόγου, καθώς και με μια νόρμα λογοτεχνικού λόγου.

- Να μπορεί να καλλιεργεί και να εκφράζει ευαισθησίες αισθητικής στο καλλιτεχνικό και μουσικό πεδίο.

- Να έχει ευαισθητοποιηθεί στην προστασία του φυσικού περιβάλλοντος και να έχει ήδη υιοθετήσει ανάλογα πρότυπα συμπεριφοράς.

- Να κατέχει ένα πλήρη αριθμό πράξεων - εξισώσεων μαθηματικών και λογιστικής, καθώς και να έχει οικοδομήσει την ικανότητά του για κριτική προσέγγιση των νέων τεχνολογιών, της πληροφορίας και της επικοινωνίας.

- Να μπορεί να διακρίνει τα ουσιώδη από τα επουσιώδη.

- Να αναπτύξει το πνεύμα συνεργασίας, της συλλογικότητας και της αλληλεγγύης.

- Να έχει τη μνήμη του παρελθόντος και να αναγνωρίζει την παρουσία του στο παρών, έως ότου στη συνείδησή του αποκτήσει το θησαυρό αυτόν, που θα τον βοηθήσει να σχεδιάσει το μέλλον του.

- Τέλος, να έχει παγιώσει τη συνείδηση του Ευρωπαίου Πολίτη, αλλά ταυτόχρονα να έχει διατηρήσει την εθνική και πολιτισμική αυτογνωσία.

Μια κινέζικη παροιμία, λέει: "όταν προγραμματίζεις για ένα χρόνο, φυτεύεις καλαμπόκι, όταν προγραμματίζεις για δέκα χρόνια , φυτεύεις δέντρα και, όταν προγραμματίζεις για μια ζωή, εκπαιδεύεις ανθρώπους".

Τα τελευταία χρόνια, το Παιδαγωγικό Ινστιτούτο, εισήγαγε δειλά, αλλά με σταθερά βήματα, τις "Καινοτόμες δράσεις", με στόχο να ανοίξει πραγματικά τα παράθυρα του ελληνικού σχολείου στον πραγματικό κόσμο και να το απομακρύνει από το πνεύμα του παραδοσιακού σχολείου και να εναρμονίσει το ελληνικό σχολείο με τις οδηγίες της Ευρωπαϊκής Επιτροπής.

Οι "Καινοτόμες δράσεις" που εισήχθησαν και εισάγονται ακόμη, είναι μεταξύ των άλλων: η Περιβαλλοντική Εκπαίδευση, το Ολοήμερο Σχολείο, η Διαπολιτισμική Εκπαίδευση, η Αγωγή Υγείας, η Ευέλικτη ζώνη, η Πληροφορική. Δεν εισάγονται οι καινοτομίες αυτές στο Ελληνικό Εκπαιδευτικό σύστημα, για να μας προσφέρουν καινούριες γνώσεις και πληροφορίες, αλλά για να δώσουν λύση στον εκπαιδευτικό και στις επιστημονικές αγωνίες του, δίνοντάς του δικαίωμα να χρησιμοποιήσει νέες μεθοδολογίες, παιδαγωγικές και στρατηγικές, αφού αυτές συνδέονται με νέες νοοτροπίες, οι οποίες θέλουν τον μαθητή ενεργό, συμμέτοχο, φίλο της ομαδικής εργασίας και της δημιουργίας.

Απώτερος στόχος του Παιδαγωγικού Ινστιτούτου είναι η αυτονόμηση των εκπαιδευτικών, υπέρ της δραστηριοποίησης των μαθητών, η προαγωγή της συλλογικής προσπάθειας και η ταυτόχρονη μείωση του γνωσιοκεντρικού χαρακτήρα του σύγχρονου σχολείου. Ενός σχολείου που να πνέει τον άνεμο της δημιουργίας, μέσα από τον παράγοντα άνθρωπο. Το σχολείο να μετατραπεί από σχολείο γνώσεων σε σχολείο πηγή μάθησης και κριτικού προβληματισμού, να αναπτύξει πνεύμα φιλίας και συνεργασίας, ώστε εκπαιδευτικοί και μαθητές να βγαίνουν απ' αυτή τη διαδικασία ελεύθεροι, υπεύθυνοι και δημοκρατικοί πολίτες, να εμπνέονται από αγάπη για τον συνάνθρωπό τους, για τη ζωή και τη φύση. Να δουλεύουν όλοι για ένα κόσμο καλύτερο, δίκαιο και ειρηνικό. Θα είναι κρίμα οι πραγματικές ανάγκες των νέων να αντιμετωπίζονται έξω και όχι μέσα στο σχολείο.

Οι σύγχρονες κοινωνίες είναι πλουραλιστικές και πολυπολιτισμικές. Απαιτείται επομένως, από άποψη σκοποθεσίας, να υπάρχει διπλή στόχευση: αφενός να αναπτυχθεί η ικανότητα κατανόησης του "διαφορετικού" ή του "ξένου" και να καλλιεργηθεί η ανοχή για ανθρώπους με διαφορετικές πεποιθήσεις, άλλο θρήσκευμα, διαφορετικό φυλετικό προσδιορισμό και αφετέρου να δοθούν ταυτόχρονα στη νέα γενιά γνώμονες προσανατολισμού και κριτήρια επιλογής με σημείο αναφοράς βασικά στοιχεία εθνικής και πολιτιστικής ταυτότητας, όπως αναπτύχθηκε και υποστηρίχθηκε σε άλλο κεφάλαιο του βιβλίου.

Ο καθηγητής παιδαγωγικών Τσιάκαλος, πολλές φορές έχει αναφέρει, ότι *με το σκοπό και τους στόχους του εκπαιδευτικού συστήματος, έχουν ασχοληθεί οι παιδαγωγοί στις αρχές του 20ου αιώνα, οι οποίοι ήλπιζαν ότι με τη βοήθεια της εκπαίδευσης ο αιώνας αυτός, θα γινόταν &αιώνας του παιδιού." Όμως δυστυχώς, δεν έγινε. Αντίθετα τα παιδιά βίωσαν την αγριότητα του πολέμου και σήμερα στα περισσότερα μέρη του κόσμου βιώνουν την αγριότητα της φτώχιας και της απόλυτης ανέχειας. Αλλά ακόμη και τα παιδιά που έτυχε να γεννηθούν στη φωτεινή πλευρά του πλανήτη δεν είναι ευτυχισμένα με τον τρόπο που ζουν την παιδική τους ηλικία στο σχολείο. Αντίθετα βιώνουν καθημερινό άγχος και αβεβαιότητα για το μέλλον. Ας ελπίσουμε λοιπόν συνεχίζει, το σύγχρονο εκπαιδευτικό σύστημα να μπορεί και να θελήσει να επιδιώξει τη φοίτηση στο σχολείο, όλων των παιδιών και όχι εκείνων μόνο που χαρακτηρίζονται &κανονικά",αλλά και του ξένου και του διαφορετικού, καθώς και να επιτύχει να κάνει ευτυχισμένα όλα τα παιδιά. Να πετύχει να αποδεσμεύσει το σχολείο από το παραδοσιακό μοντέλο αποθήκευσης πληροφοριών μέσα στο μυαλό του παιδιού.*

ΚΕΦΑΛΑΙΟ ΔΕΥΤΕΡΟ

ΣΧΟΛΕΙΑ "ΕΥΕΛΙΚΤΗΣ ΖΩΝΗΣ"

Μία από τις καινοτόμες δράσεις, οι οποίες είναι σοβαρές επιστημονικές προσπάθειες, που έχουν ως στόχο την αναβάθμιση της εκπαίδευσης και του εκπαιδευτικού έργου, είναι το πρόγραμμα της Ευέλικτης Ζώνης που εντάχθηκε, με πιλοτικό χαρακτήρα, σε αρκετά σχολεία της χώρας μας. Η Ευέλικτη ζώνη λειτουργεί και ως φίλτρο, από το οποίο μπορούν να περνούν διάφορα καινοτόμα προγράμματα και έτσι επιτυχώς συμβάλλει στη συνεχή ανανέωση της διδακτικής πράξης με επίκαιρα, σύγχρονα και αποτελεσματικά παιδαγωγικά βήματα.

Τα τελευταία χρόνια είναι γεγονός ότι είχαν κλείσει ερμητικά οι πόρτες και τα παράθυρα του δημοτικού σχολείου στον "έξω" κόσμο, στον κοινωνικό περίγυρο του, στην πραγματικότητα της ζωής. Δεν ενδιαφερόμασταν να μεταδώσουμε την αγάπη για τον τόπο μας, αφού το σφιχτό αναλυτικό πρόγραμμα δε μας άφηνε τα περιθώρια να δούμε την ιστορία της ιδιαίτερης πατρίδας μας, δεν ασχολούμασταν με τα προβλήματα, την παράδοση, την τέχνη. Ενώ υπήρχε αλματώδης τεχνολογική εξέλιξη, το σχολείο ήταν μακριά από αυτή, αντιθέτως μάλιστα το σχολείο λειτουργούσε με τα σκονισμένα εποπτικά μέσα διδασκαλίας της αποθήκης, με τα μονότονα και ξεπερασμένα σχολικά εγχειρίδια, τη δογματική μετάδοση γνώσεων, με τη παράλληλη απομόνωση της γνώσης. Δεν έβλεπε δηλαδή την πραγματική ζωή με τις επιστημονικές, κοινωνικές και οικονομικές εξελίξεις που τη διέπουν, τα μεγάλα περιβαλλοντικά προβλήματα, την παγκοσμιοποίηση σε όλους τους τομείς, τη θλιβερή παρεκτροπή των Μέσων Μαζικής Ενημέρωσης, την απομόνωση του ανθρώπου της πολύβουης πόλης και τη θλιμμένη σιωπή του, τα προβλήματα στη διατροφική πυραμίδα, τον άναρχο καταναλωτισμό, τα προβλήματα των οικονομικών και μη μεταναστών.

Το άνοιγμα στον κόσμο, έγινε με το Δ.Ε.Ε.Π.Σ, το οποίο επέτρεψε τη συγκρότηση ενιαίων ανεξάρτητων διαθεματικών διδακτικών μαθημάτων, με την κατάλληλη οργάνωση της διδακτέας ύλης, που επιλέγεται από τα επιστημονικά πεδία της γλώσσας, της ιστορίας, της μελέτης του περιβάλλοντος, της κοινωνικής και πολιτικής αγωγής, το φυσικό κόσμο, με τέτοιο τρόπο, ώστε για κάθε θέμα που εξετάζεται να αναδεικνύονται τα σημεία τομής των διαφορετικών επιστημών, αλλά ταυτόχρονα και η διασύνδεσή τους με την καθημερινή ζωή και πραγματικότητα. Επιπλέον, για τα σχολεία που εντάχθηκαν στο πρόγραμμα της Ευέλικτης Ζώνης, προβλέπεται η διάθεση τεσσάρων διδακτικών ωρών για τις μικρές τάξεις, τριών για την Τρίτη και την Τετάρτη και δύο ωρών για την Πέμπτη και την Έκτη τάξη, κατά τις οποίες θα εκπονούνται σχέδια εργασίας, με στόχο να προαχθεί η συλλογική προσπάθεια και η ανάπτυξη της κριτικής σκέψης των μικρών μαθητών. Επίσης, η καινοτομία της Ευέλικτης ζώνης υποστηρίζεται από το Πολυθεματικό βιβλίο, το οποίο περιέχει κείμενα από συγγραφικές προσωπικότητες της κοινωνίας μας, καθώς ακόμη υποστηρίζεται από οδηγίες προς τους εκπαιδευτικούς, με κεντρικό θέμα προτεινόμενα σχέδια εργασίας σχετικά με το διαθεματικό υλικό, που έχουν παραλάβει. Εννοείται, ότι ο εκπαιδευτικός θα μπορέσει να χρησιμοποιήσει και άλλο εκπαιδευτικό υλικό κατά την κρίση του, αφού απώτερος σκοπός του προγράμματος είναι η "ενιαιοποίηση" της σχολικής γνώσης με τα ενδιαφέροντα των μαθητών μέσα από μια ανοιχτή θεματική.

Η Ευέλικτη Ζώνη δίνει ψυχή στο όραμα κάποιων "ανήσυχων" εκπαιδευτικών που για χρόνια αναζητούσαν διεξόδους προς τη δημιουργικότητα, την πρωτοβουλία, τη δράση, την αλλαγή μέσα από το σχολείο για το σχολείο.

Ως στοιχεία καινοτομίας θεωρούνται η αυτονομία που αποκτά τόσο ο εκπαιδευτικός της τάξης, όσο και ολόκληρη η σχολική μονάδα, η εξασφάλιση του απαιτούμενου χρόνου στο ωρολόγιο πρόγραμμα για να μπορέσουν οι μαθητές μαζί με το δάσκαλο να αναπτύξουν σχέδια εργασίας, σύμφωνα με τα ενδιαφέροντά τους, η θεσμοθέτηση του πειραματισμού, η μελέτη επίκαιρων θεμάτων που απασχολούν έντονα τους νέους ανθρώπους της εποχής μας και που δεν είναι δυνατόν να καταλάβουν θέση ανεξάρτητου μαθήματος στην ανάπτυξη του

Το πρόγραμμα της Ευέλικτης ζώνης, όπως και οι υπόλοιπες καινοτόμες δράσεις, στοχεύει στην παραγωγή σκέψης και θέλει μαθητές υπεύθυνους, με γνώσεις, με κρίση, με δράση, με ανοιχτά τα μάτια, το μυαλό, την ψυχή και την καρδιά.

ΚΕΦΑΛΑΙΟ ΤΡΙΤΟ

ΤΑΞΗ ΔΗΜΙΟΥΡΓΙΑΣ

3.1. ΕΥΕΛΙΚΤΗ ΛΕΙΤΟΥΡΓΙΚΗ ΤΑΞΗ

Θα πρέπει σε αυτό το σημείο να τονιστεί, ότι πολλοί εκπαιδευτικοί έχουν ταυτίσει την Ευέλικτη Ζώνη, με την εκπόνηση ενός σχεδίου δράσης ή project, στη διάρκεια των δύο ή τριών ωρών, που προβλέπονται, σε εβδομαδιαία βάση. Δεν είναι καθόλου έτσι. Το project είναι απλώς μια διδακτική μέθοδος, ένας τρόπος εργασίας, που δεν πρέπει να μας περιορίζει στη διδακτική μας πράξη. Το κύριο χαρακτηριστικό της ευέλικτης διδασκαλίας είναι η διαθεματικότητα, δηλαδή η προσπάθειά μας να δούμε όλες τις πλευρές ενός θέματος, να δούμε τη συνεργατική δύναμη της γνώσης, την αλληλουχία και εξέλιξή της.

Θεωρητικά η διαθεματική προσέγγιση θεμελιώνεται με τη διαπίστωση ότι η κατάτμηση των μαθημάτων κατά τις απαιτήσεις ενός "σφιχτού" ωρολογίου προγράμματος, το οποίο ορίζει ξεχωριστή ώρα για κάθε γνωστικό αντικείμενο, χωρίς το ένα μάθημα να σχετίζεται με το άλλο, ως προς το θέμα που αποτελεί το αντικείμενο της προσοχής και της εργασίας, δεν ανταποκρίνεται προς την οργανική συνοχή και ενότητα που έχει ο ομαλός ψυχικός βίος, αποναρκώνει το ενδιαφέρον των παιδιών και δίνει τέλος στη σχολική εργασία, κάτι το μηχανικό, το επίπεδο, το υποτονικό.

Στο σημείο αυτό θα πρέπει να τονιστεί ότι σύμφωνα με τις μελέτες των Zelniker και Jeffrey, τα παρορμητικά παιδιά, που τα συναντά κανείς τις περισσότερες φορές στις κατώτερες οικονομικά τάξεις, δεν είναι κατώτερα από τα στοχαστικά παιδιά, όσον αφορά την ικανότητα επίλυσης ενός προβλήματος, όταν ακολουθείται η ενδεδειγμένη σφαιρική στρατηγική. Απ' αυτό καταλαβαίνουμε, γιατί μπορεί να είναι δύσκολο για ένα παιδί να μάθει, όταν υπάρχει ασυμφωνία μεταξύ της ολιστικής γνωστικής στρατηγικής που χρησιμοποιεί το παιδί και των καλά οργανωμένων σχολικών βιβλίων και προγραμμάτων διδασκαλίας. Διδασκαλία οργανωμένη να προκαλέσει συνθετικές διαδικασίες είναι πολύ διαφορετική από μια γραμμική διδασκαλία, τυπική και παραδοσιακή.

Ακόμη, μια απλή παρατήρηση από μέρους των εκπαιδευτικών, αρκεί για να φανεί, ότι τα ίδια τα παιδιά δυσφορούν και διαμαρτύρονται όταν, ενώ είναι απορροφημένα σε μια εργασία, που έχει αιχμαλωτίσει το ενδιαφέρον τους και με ευχαρίστηση έχουν επιδοθεί στη λύση προβλημάτων της, υποχρεούνται να την εγκαταλείψουν και να ασχοληθούν με άλλη, για το λόγο του ότι το κουδούνι χτύπησε και πρέπει να ξεκινήσει άλλο μάθημα, πάνω σε άλλο θέμα, άσχετο με το προηγούμενο. Με το παραδοσιακό τρόπο διδασκαλίας δύσκολα θα μπορέσει ο δάσκαλος να διεγείρει κάθε φορά το ενδιαφέρον του παιδιού και αναγκάζεται στη συνέχεια να καταφεύγει σε τεχνητούς τρόπους με στόχο να φωτίσει τη σχολική εργασία, αλλά καθόλου αποδοτικούς τρόπους, που σε καμιά περίπτωση δε κάνουν ευτυχισμένα τα παιδιά στη σχολική τους καθημερινότητα..

Η ψυχολογία του ενδιαφέροντος και η λειτουργική Παιδαγωγική, υπογραμμίζουν τη μεγάλη αξία που έχει η συγκέντρωση των μαθημάτων γύρω από ένα θέμα, από μια νοηματική ενότητα, που η επεξεργασία της θα απασχολήσει τα παιδιά έως ότου εξαντληθούν οι εσωτερικές δυνατότητες που ορίζονται από την αφομοιωτική ικανότητά τους και από την ένταση του ενδιαφέροντός τους.

Στο νέο Αναλυτικό Πρόγραμμα, το οποίο δεν είναι απλός κατάλογος διδακτέας ύλης, οι διδακτικές ενέργειες είναι έτσι διαμορφωμένες, ώστε η όλη διδασκαλία του κάθε αντικειμένου μάθησης να μη μπορεί να ταυτίζεται μόνο με τις ενέργειες του δασκάλου και τις δραστηριότητές του, αλλά να απαιτείται οπωσδήποτε η ενεργή και δημιουργική συμμετοχή του παιδιού.

Ο τρόπος όμως, που θα οργανωθεί η εργασία του μέσα στην τάξη, για να πετύχει το αποτέλεσμα αυτό, αφήνεται και πρέπει να αφήνεται στην πρωτοβουλία και επινοητικότητα του δασκάλου, υπευθύνου της τάξης.

Μόνο όταν η λειτουργία του δασκάλου χάσει το παραδοσιακό της χαρακτήρα, ανοιχτεί στην κοινωνία που τον περιβάλλει, ενδιαφερθεί για την εξωσχολική δραστηριότητα των παιδιών της τάξης του, αγνοήσει τον κατακερματισμό της γνώσης σε επιμέρους μαθήματα και δημιουργήσει μια καινούρια σχέση μεταξύ αυτού και των μαθητών του, θα μπορέσει να φέρει ο εκπαιδευτικός της πράξης κοντά του το

Μορφωτική διδασκαλία μπορεί να επιτευχθεί, εκεί που ο δάσκαλος και ο μαθητής συναντιούνται μέσα σε αμοιβαία ειλικρίνεια, αντιμετωπίζοντας ουσιαστικά ζητήματα, εργάζονται μαζί, αναζητούν και ερευνούν μαζί.

Η τάξη μπορεί έτσι να μεταβληθεί σε μια κοινωνική ομάδα, μέσα στην οποία είναι δυνατή η επαφή και η συνεργασία, έτσι ώστε να εξασφαλίζεται χώρος και χρόνος για δράση και για ανάπτυξη κοινωνικών σχέσεων.

Το μικρό παιδί δεν είναι παθητικός δέκτης και δεν αποταμιεύει τις γνώσεις που του προσφέρονται, όπως αποταμιεύει τα χρήματα ένας κουμπαράς, δεν "επισκέπτεται" μια τράπεζα πληροφοριών. Τις γνώσεις τις ανακαλύπτει ή καλύτερα τις οικοδομεί μόνο του ή σε συνεργασία με τους συμμαθητές του και τις συμμαθήτριές του και με την κατάλληλη πάντα μεθοδική βοήθεια και την αυτενεργή και ερευνητική προσπάθεια.

Η μάθηση προϋποθέτει μια απορία, μια πρόκληση προς τη διανοητική ενέργεια των μαθητών. Πρέπει να γεννηθεί μέσα στο πνεύμα των μαθητών μια απορία, για να κινηθεί και να τελεσφορήσει η διαδικασία που ονομάζουμε μάθηση. Όταν δεν υπάρχει μια ανάγκη, πώς θα υπάρξει η ικανοποίησή της; Ζητεί κανείς το φαγητό, μόνο όταν πεινάει. Αυτό δε θα πρέπει να το ξεχνούνε οι "μάχιμοι" εκπαιδευτικοί, οι εκπαιδευτικοί της πράξης.

Απορώ και προβληματίζομαι, είναι λέξεις περίπου συνώνυμες. "Πόρος" είναι το μέσον και το πέρασμα. Απορώ, σημαίνει ότι μου λείπει το μέσον για να πετύχω το σκοπό που έχω θέσει. Αυτό το λέμε σήμερα με μια λέξη, που έγινε του συρμού, "προβληματίζομαι", έχω δηλαδή εμπλακεί σε ένα πρόβλημα και αγωνίζομαι να το λύσω, για να λευτερώσω το πνεύμα μου και να προχωρήσω. Μόνο όταν απορεί, όταν προβληματίζεται, ζητάει να μάθει και μπορεί να μάθει ο άνθρωπος. Πρώτο λοιπόν καθήκον του δασκάλου μιας ευέλικτης και δημιουργικής τάξης είναι να δημιουργήσει μέσα στην αίθουσα τις προϋποθέσεις της απορίας, το κλίμα του προβληματισμού. Να ξυπνήσει δηλαδή στους μαθητές του την ανάγκη για μάθηση. Ευκαιρίες παρουσιάζονται πολλές, αρκεί να τις προσέξει και να τις χρησιμοποιήσει στην ώρα τους, πρέπει όμως να αποφευχθεί η τεχνητή διέγερση και μάλιστα τα τεχνάσματα, τα οποία τις περισσότερες φορές είναι τυποποιημένα και βαρετά και δήθεν ανοίγουν την όρεξη για μάθηση. Αντίθετα, φυσικά και αβίαστα, θα πρέπει τα παιδιά να οδηγούνται στην "ετοιμότητα δράσης". Και αυτό θα συμβεί, μόνο όταν βρεθούν, όπως ήδη είπαμε, μπροστά σε μια πραγματική απορία, σ' ένα γνήσιο πρόβλημα.

Τέλος, ο όρος μάθηση σημαίνει όχι μόνο τη συλλογή πληροφοριών πάνω στο θέμα που προβληματίζει και ενδιαφέρει τα παιδιά, αλλά η επεξεργασία και η εμβάθυνση της πληροφορίας, με δική τους παρατήρηση, δική τους φαντασία και τη δική τους κρίση. Δε θα πρέπει να αποβλέπουμε σε ένα μόνο σκοπό, στη λύση ενός συγκεκριμένου προβλήματος, στην ικανοποίηση μόνο μιας ορισμένης και περιορισμένης ανάγκης, αλλά στο άνοιγμα του πνευματικού ορίζοντα των παιδιών, έτσι ώστε να τα καταστούν ικανά να λύνουν κάθε παρόμοιο πρόβλημα που θα εμποδίζει την πρόοδο της σκέψης τους ή θα στενεύει την πρακτική τους δραστηριότητα. Επομένως, μάθηση δε μπορεί να είναι η παθητική εισδοχή και απομνημόνευση γνώσεων, αλλά η θεωρητική και πρακτική αξιοποίηση του ανθρώπινου ενδιαφέροντος.

Απαιτείται λοιπόν να οργανωθεί και να συντονιστεί η διαδικασία μάθησης, συνυπολογίζοντας τις ανάγκες, τις πρωτοβουλίες και τις εμπειρίες των νέων ανθρώπων. Πρέπει να αναπτυχθούν μαθησιακές προσεγγίσεις, διδακτικές και μαθησιακές διαδικασίες κοινωνικού εγγραμματισμού, οι οποίες θα επεκτείνουν τις ατομικές και κοινωνικές εμπειρίες των μαθητών.

Ο κοινωνικός εγγραμματισμός, ο οποίος δεν είναι απλώς η ικανότητα κατανόησης ενός πολύπλοκου κόσμου, αλλά είναι μια διαδικασία η οποία εμπεριέχει δραστηριότητες κοινωνικής δράσης, με καλλιέργεια δεξιοτήτων, στηρίζεται σε μια πολυεπίπεδη παιδαγωγική πρακτική, της οποίας τέσσερα είναι τα κύρια στοιχεία:

1) Η κοινωνική πρακτική, η οποία βασίζεται στην κατανόηση και ανάλυση κειμένων που συνδέονται με τα ενδιαφέροντα των παιδιών.

2) Η ανοιχτή διαδικασία, η οποία αποβλέπει σε μια συστηματική και συνειδητή κατανόηση του εξωτερικού κόσμου.

3) Η κριτική περιχάραξη, η οποία αναφέρεται στην ενθάρρυνση των παιδιών να ερευνούν και να επεξεργάζονται με κριτική στάση τα θέματα που μελετούν και τέλος,

4) Η μετασχηματισμένη πρακτική, που αφορά τις δυνατότητες που αποκτούν τα παιδιά να δημιουργούν, να παράγουν πρωτότυπο υλικό, αξιοποιώντας τις γνώσεις που έχουν κατακτήσει.

Τα παιδιά σε μια τάξη στην οποία θα πνέει άνεμος δημιουργίας πρέπει να μάθουν, πρέπει να παίξουν. Η μάθηση και το παιχνίδι, μοιράζονται κάποια κοινά στοιχεία - εσωτερικά κίνητρα, διασκέδαση και μια έννοια εκπλήρωσης και ολοκλήρωσης. Το παιχνίδι είναι μάθηση, εξάσκηση, δοκιμή, δηλαδή είναι εργασία, πέραν του ότι έχει αποδεκτούς και απαράβατους κανονισμούς. Στο τέλος της παραγωγικής διαδικασίας παιχνίδι - μάθηση, ο δάσκαλος θα είναι έτοιμος να ρωτήσει τα παιδιά "σκεφθήκατε, μάθατε με τον καλύτερο τρόπο, αυτά που ήθελα να σας μάθω;" κι όχι "τελειώσατε τη δουλειά σας;". Να μπορέσει μέσα από την έρευνα, την ανακάλυψη, την ψυχαγωγία, να κατακτήσει τη μάθηση. Το κοινωνικό, συναισθηματικό και πνευματικό κλίμα της τάξης, επηρεάζει σημαντικά τον τρόπο με το οποίο το παιδί μαθαίνει ή δε μαθαίνει ένα πράγμα.

Η τάξη στην αρχή της σχολικής χρονιάς, με παιχνίδια γνωριμίας και επαφής, οργανώνεται σε μικρές ομάδες. Στη διάρκεια της σχολικής χρονιάς ενθαρρύνεται η διδασκαλία σε ομάδες, η οποία πολλές φορές αναβαθμίζεται σε μάθηση με ομάδες εργασίας. Φυσικά και αβίαστα οδηγούνται τα μικρά παιδιά σε διδακτικές δραστηριότητες που χαρακτηρίζονται ως βιωματική - επικοινωνιακή διδασκαλία. Τα παιδιά μαθαίνουν να ζουν τη χαρά της συνεργασίας.

Σύμφωνα με τον Κ. Χρυσαφίδη, στο βιβλίο του "Βιωματική -Επικοινωνιακή Διδασκαλία", *ο όρος βιωματική-επικοινωνιακή διδασκαλία, όρος παλιός και ταυτόχρονα τόσο επίκαιρος, εμπεριέχει το βίωμα και την επικοινωνία. Είναι ένα πλέγμα διδακτικών διαδικασιών, που έχουν σαν αφόρμηση βιωματικές καταστάσεις, δηλαδή ανάγκες, απορίες και ανησυχίες που πηγάζουν από την καθημερινή ζωή των παιδιών, καθώς και από τις εμπειρίες και τις ανησυχίες που τους δημιουργούνται μέσα στο κοινωνικό περίγυρο που ζουν και ενσωματώνονται.*

Διδάσκεται το παιδί όχι μόνο γνώσεις, αλλά αρχές - τρόπους ζωής, από ένα δάσκαλο ανθρώπινο, που μαζί του κάνει λάθη και μαθαίνει, αποκαλύπτει σκέψεις και συναισθήματα και μέσα από τις σχέσεις αποκαλύπτει και δίνει δημιουργική διέξοδο ακόμα και σε αρνητικές πτυχές του χαρακτήρα του. Μαθαίνει το παιδί να προβλέπει, να εξετάζει, να πληροφορείται. Να είναι ευέλικτο και να μπορεί να αξιοποιεί τις γνώσεις και να τις αναπροσαρμόζει στο φως νέων πληροφοριών και συνθηκών.

Στη μέθοδο των βιωμάτων μιλάμε για διεπιστημονική προσέγγιση διαφόρων μαθημάτων. Όλα τα μαθήματα έχουν θέση σ' αυτή τη μέθοδο και μάλιστα όχι συμβάλλοντας μερικά και αποσπασματικά, αλλά δεμένα αρμονικά.

Αν αναφερθώ στα μαθηματικά, τα οποία είναι τρόπος σκέψης, τρόπος δουλειάς, θα διαπιστώσουμε ότι δεν πρόκειται για μερική συμβολή ενός μαθήματος σ' ένα πρόγραμμα δουλειάς. Γιατί ολόκληρο το πρόγραμμα διέπει τη μαθηματική σκέψη, καθώς η ανάπτυξή της βοηθάει στην αντιμετώπιση ενός προβλήματος με αναλυτική διαδικασία, πράγμα που σημαίνει τον επιμερισμό του προβλήματος σε μικρότερα προβλήματα, τα οποία θα αποτελέσουν αντικείμενο ατομικής και συλλογικής επεξεργασίας. Στη συνέχεια, η ανασύνθεση των δεδομένων, η διαπίστωση κοινών ιδιοτήτων, η ομαδοποίηση, η ταξινόμηση και τέλος η σχηματοποίηση - κωδικοποίηση σε μια συμβολική γλώσσα, ξεφεύγοντας από το πραγματικό με τη λειτουργία της αφαίρεσης, είναι αυτά που μας διδάσκει το μάθημα των μαθηματικών.

Πρακτικά τα μαθηματικά μπορούν να προσφέρουν από τη γνώση και την άσκηση στη χρήση κάποιων επιστημονικών οργάνων, όπως το διαβήτη, την πυξίδα, ακόμη και τον ηλεκτρονικό υπολογιστή, ως την εφαρμογή σχέσεων για την ανάλυση κάποιων δεδομένων και στην εξαγωγή συμπερασμάτων, ή ακόμη και την αποτύπωση κάποιων παρατηρήσεων καθώς και την υπό κλίμακα κατασκευή μοντέλων και τέλος την καλύτερη γνώση της γλώσσας.

Η γνώση των μαθηματικών στηρίζεται στην απλότητα της παρατήρησης, άρα τα μαθηματικά σε προγράμματα, που απαιτούν συλλογική εργασία, καλλιεργούν την ικανότητα της παρατήρησης και σαφώς είναι απαραίτητα. Ο διάλογος, που αναπτύσσεται, επιτρέπει στα παιδιά να συλλογιστούν στην ορθότητα της μιας ή της άλλης λύσης, ακόμη και πάνω στον τρόπο με τον οποίο έφτασαν στη λύση αυτή.

Μια τέτοια ανταλλαγή θα έχει δύο οφέλη: θα ενθαρρύνει τα παιδιά να συλλογίζονται με σκοπό να αποδείξουν ή να υπερασπίσουν τις λύσεις τους στους συνομήλικους και θα συμβάλει στο σχηματισμό της εντύπωσης ότι τα μαθηματικά δεν είναι κάτι που πρέπει να το αποστηθίζεις, επειδή είναι αυθαίρετο και ακατανόητο.

Ακόμη, τα προγράμματα, κατά τη διάρκειά τους, απαιτούν τη σύνταξη ερωτηματολογίων, που θα απευθύνονται στους κατοίκους της περιοχής του σχολείου, σε ειδικούς στους χώρους εργασίας τους, σε αρμόδιους υπηρεσιακούς παράγοντες. Για να συνταχθεί ένα ερωτηματολόγιο, απαιτείται από μέρους των παιδιών της ομάδας σωστή έκφραση και διατύπωση, λεξιλόγιο πλούσιο και γνώση των ορθογραφικών και γραμματικών κανόνων. Το γλωσσικό μάθημα είναι στενά συνδεδεμένο με τη λειτουργία διαθεματικού τρόπου.

Καθ' όλη τη σχολική χρονιά, άλλωστε, καθώς τα παιδιά εργάζονται, ερευνούν και μαθαίνουν, ακούνε παραδόσεις και λαϊκές παραδόσεις, που καλούνται να τις καταγράψουν. Μελετούν την εξέλιξη της γλώσσας, μέσα από τα παλαιότερα και νεότερα κείμενα που διαβάζουν, συνθέτουν εκθέσεις - αναφορές και ομιλίες για την παρουσίαση ή την απλή ενημέρωση των συμμαθητών τους και τελικά καταφέρνουν να προχωρήσουν στη συγγραφή μονόπρακτων. Η γλώσσα γίνεται εργαλείο στα χέρια των παιδιών.

Ένα μάθημα, αρκετά παρεξηγημένο και παραμελημένο, αυτό των καλλιτεχνικών(αισθητική αγωγή), είναι από τη φύση του ελεύθερο, μπορεί να κινήσει αν όχι την αγάπη, πάντως την περιέργεια και να συμβάλλει έτσι στην αισθητική καλλιέργεια, αλλά και την ψυχική ισορροπία, προσφέροντας τη δυνατότητα στο παιδί να εκφραστεί χωρίς καλούπια και να βγάλει συνειδητά ή υποσυνείδητα κομμάτια του εσωτερικού του κόσμου. Με το συγκεκριμένο μάθημα βρίσκεται ο τρόπος να γεφυρωθούν οι αντιθέσεις και να δοθεί η ευκαιρία στο παιδί να γνωρίσει τον εαυτό του, να παίξει με τα χαρίσματά του, να εκφράσει ελεύθερα πια και συνειδητά τον εσωτερικό του κόσμο και να αναπτύξει καλύτερες σχέσεις με τα μέλη της ομάδας του.

Οι μαθητές ζώντας και απολαμβάνοντας τη σχολική ζωή, πολλές φορές αναρωτιούνται πιο μάθημα διδάσκονται εκείνη τη στιγμή, μαθηματικά, φυσική, τεχνικά ή γλώσσα; Καταλαβαίνουν σιγά - σιγά ότι όλα τα μαθήματα μπορούν και συνταιριάζονται ώστε να τους δώσουν την ευκαιρία να γίνουν τα ίδια ευαίσθητοι δέκτες της γνώσης. Η σύζευξη των έως τώρα απομονωμένων μαθημάτων και η σύνδεση της κατακερματισμένης ύλης, που επιτυγχάνεται σε μια λογική ενότητα, με άξονα ένα πρόγραμμα δουλειάς, που προτείνεται για συλλογική επεξεργασία στους μαθητές της ευέλικτης τάξης, είναι ο στόχος του πραγματικά ευέλικτου δασκάλου.

Με την ευκαιρία αυτή θα πρέπει να γίνει κατανοητό, ότι το σχολικό βιβλίο θα πρέπει να αντιμετωπιστεί στις πραγματικές διαστάσεις του, να σταματήσει να είναι η μοναδική πηγή γνώσης, η φιλτραρισμένη και απλοποιημένη, αντίθετα να αναζητήσουν μέσα και από άλλες πηγές τη γνώση.

Ο δάσκαλος δημιουργός θα πρέπει να ευελπιστεί σε μια ανοδική πορεία, που περιλαμβάνει στο πεδίο δράσης της, πιο συστηματική έρευνα, πιο "μεστή" συνεργασία, πληρέστερη ανάλυση και τεκμηρίωση των θεμάτων. Τέλος μέσα από το δημιουργικό διάλογο θα επιτύχουν με τη διαδικασία της επανατροφοδότησης να καθορίσουν καινούριους στόχους και στο τέλος αυτής της διαδικασίας να έχουν υποστεί τα παιδιά "επιστημονικό εμβολιασμό". Δηλαδή, μια κατά κάποιο τρόπο επιστημονική πρακτική να γίνει σχολική ιδιότητα, εμβολιάζοντας έτσι στα παιδιά το "χάρισμα" του επιστήμονα.

Όλη αυτή η διαδικασία ένταξης των βιωματικών καταστάσεων και μετάλλαξής τους σε διδακτικές δραστηριότητες υλοποιείται στα πλαίσια μιας επικοινωνιακής σχέσης ανάμεσα στα μέλη της ομάδας. Η σχέση αυτή χαρακτηρίζεται από την ισότιμη ανταλλαγή απόψεων, το σεβασμό της άποψης ενός μέλους, τη διαμόρφωση μιας άποψης γενικής και τη λήψη αποφάσεων σχετικών με το μάθημα.

Το κάθε παιδί δικαιούται ευκαιρίες για συνεργασία και αλληλεπίδραση σε μια κοινωνία με διαφορετικές ομάδες. Πρέπει κατανοήσει τι σημαίνει να συνεργάζονται οι άνθρωποι σε μια ομάδα με αυτοσεβασμό και σεβασμό ο ένας απέναντι στον άλλον.

Το παιδί, μέσα από την ομαδική δουλειά, μαθαίνει να κρίνει, να αξιολογεί και να επωφελείται από την εμπειρία των άλλων, μαθαίνει να σέβεται τους κανονισμούς που η ίδια ομάδα έχει θέσει, εκπαιδεύεται στην ανεύρεση τρόπων επίλυσης των συγκρούσεων που αναπόφευκτα ανακύπτουν, καθώς συνειδητοποιεί τις ανάγκες των άλλων και τα όρια του δικού του εγώ. Αναπτύσσονται έτσι μέσα του ο αυτοσεβασμός, η συνέπεια, η υπευθυνότητα, η αυτοπειθαρχία.

Νιώθει το παιδί μέσα στην ομάδα χρήσιμο και σε θέση να χρησιμοποιήσει τις ικανότητες και τις ιδιαίτερες κλίσεις του σ' αυτή, μαθαίνει να ακούει και να συζητάει, μαθαίνει να εκθέτει με σαφήνεια τη γνώμη του και να μπορεί να διατυπώνει τις σκέψεις του μπροστά στους συνομήλικους του. Βέβαια, δε χάνεται η ατομικότητα του κάθε μέλους της ομάδας. Γι' αυτό υπάρχει ποικιλία εκφράσεων, ώστε να μπορούν όλα τα παιδιά να διατυπώνουν τη γνώμη τους και να επιτυγχάνεται η πνευματική κινητοποίηση όλων των μελών μιας ομάδας.

Το ομαδοσυνεργατικό μοντέλο διδασκαλίας εξασφαλίζει δυνατότητες αυτενέργειας τόσο στη δράση, όσο και στη σκέψη. Η διεξαγωγή του μαθήματος δε θεωρείται ως μια αντίληψη "ο ένας απέναντι στον άλλον", αλλά "ο ένας δίπλα στον άλλον".

Στις τάξεις μας, τη τελευταία δεκαετία κυρίως, βρίσκονται παιδιά οικονομικών και μη μεταναστών. Ο προφορικός λόγος στην πλειονότητα αυτών των παιδιών έχει πληρότητα. Μέσα στην ομάδα με το κλίμα ελευθερίας και αμοιβαίας εμπιστοσύνης, καθώς και μέσα από το παιχνίδι, τα παιδιά αυτά σίγουρα μπορούν να κερδίσουν περισσότερα στον προφορικό και γραπτό λόγο, γιατί θα μιλήσουν και θα συμμετάσχουν ενεργά, ακόμη και όταν θα υπάρχει κίνδυνος να κάνουν λάθος. Είναι γνωστό, ότι παιδιά με πλημμελή αυτοεκτίμηση λόγω συνθηκών, παρουσιάζουν δυσκολία στη δημιουργία σχέσεων με άλλα παιδιά. Στην ομάδα θα δεθούν κοινωνικά με άλλα παιδιά και είναι σίγουρο ότι θα βοηθηθούν. Άλλωστε, μόνο μέσα από την έντονη χρήση της γλώσσας, είναι δυνατόν να εντοπιστούν τα κενά και να συγκεκριμενοποιηθούν ώστε να αναπτυχθεί μια στρατηγική υπέρβασής τους. Είναι χρέος όλων μας τα παιδιά αυτά να αναπτύξουν μια θετική αυτοαντίληψη και να δώσουν τη μάχη της ένταξης ή επανένταξης στην περίπτωση των παλιννοστούντων, από καλύτερη θέση, πράγμα που δε μπορεί να γίνει, αν καταργήσουν τον παλιό τους εαυτό. Αυτά τα παιδιά έχουν παρελθόν και είναι επιτακτική η ανάγκη να αναγνωρίσουμε εμείς πρώτα ως δάσκαλοι και στη συνέχεια η ομάδα της τάξης, τη διπλή πολιτισμική ταυτότητά τους. Είναι σίγουρο ότι θα προκύψουν συγκρίσεις ή συσχετίσεις με το ιστορικό παρελθόν της χώρας προέλευσής τους.

Τις περισσότερες στιγμές μιας δημιουργικής σχολικής χρονιάς ο δάσκαλος δουλεύει με βάση το μοντέλο της Βιωματικής - Επικοινωνιακής διδασκαλίας, με τη μέθοδο project- σχέδια δράσης, αλλά και με πολλά στοιχεία από την Ενιαία Συγκεντρωτική Διδασκαλία, παλαιός όρος και σήμερα εξελιγμένος πια ως Διαθεματική προσέγγιση της γνώσης.

Ανάμεσα στις δύο μορφές διδακτικής παρέμβασης υπάρχει μια σειρά κοινών στοιχείων, που μπορούν εύκολα να οδηγήσουν στην ταύτιση των δύο όρων, μια θεώρηση όμως εσφαλμένη.

Η μέθοδος project, ξεκινάει από πρακτικά ενδιαφέροντα και οδηγεί σε πρακτικά χρήσιμα αποτελέσματα κι όχι από ενδιαφέροντα που έχουν σχέση με το μάθημα, ενώ αντίθετα για τη Ε.Σ.Δ. κινητήρια δύναμη αποτελούν τα ενδιαφέροντα του μαθήματος.

Ενώ η μέθοδος project που επιχειρεί, με βάση τα ενδιαφέροντα της ομάδας ή του ατόμου, να αναζητήσει τη σχετική θεματική και να επιτύχει τη μάθηση μέσα από την αναζήτηση των προβληματισμών. Η Ε.Σ.Δ. προσπαθεί να προκαλέσει ενδιαφέροντα σχετικά με τη θεματική, που τη θεωρεί απαραίτητη για τη δόμηση του "ιδεατού" χαρακτήρα. Διαφορετικό σημείο αναφοράς. Στην τελευταία, οι προθέσεις του δασκάλου και οι επιδιώξεις του θα προηγηθούν και θα καθορίσουν τη δράση της ομάδας. Όμως και εδώ βάση και αφετηρία του μαθήματος αποτελεί ο διάλογος, αφήνοντας να λειτουργήσει το ειδικό μάθημα (μοντέλο Otto).

Η διδασκαλία μοιάζει με μικρό ταξίδι, είναι έρευνα, εμπειρία. Ο μαθητής βιώνει ότι κινείται σαν μέλισσα μέσα σε ένα λιβάδι, που έχει άπειρα λουλούδια και ότι μπορεί να πάει να καθίσει πάνω σε κάποιο, ύστερα σε ένα άλλο κ.ο.κ. Θα ρουφήξει το νέκταρ. Στο τέλος όταν θα φύγει από το λιβάδι, περνώντας την πύλη της εμπειρίας, θα γυρίσει πίσω σε ένα άλλο ανώτερο επίπεδο γνώσης.

Θα προσπαθήσει καθ' όλη τη διάρκεια της σχολικής χρονιάς ο δάσκαλος να παρακινήσει τις ομάδες του για δράση, να τους δώσει συμβουλές, να λύσει απορίες τους, αλλά ταυτόχρονα να μάθει και ο ίδιος απ' αυτούς, στα πλαίσια της αλληλεπίδρασης. Είναι κοντά τους ως σύμβουλος και συντονιστής, ώστε να μην οδηγούνται σε απογοήτευση και έλλειψη ενδιαφέροντος, δεν είναι απλός θεατής, αλλά συμπαίκτης τους. Καθώς προτείνονται ενότητες από τον ίδιο, δε θεωρείται παραβίαση του αυθορμητισμού των παιδιών και των επικοινωνιακών σχέσεων, δε τραυματίζονται οι βασικές αρχές των δύο παραπάνω μορφών προσέγγισης της γνώσης, αφού ο δάσκαλος αποτελεί αναπόσπαστο μέλος της ομάδας τάξης.

Σίγουρο είναι, ότι και με τους δύο τρόπους προσέγγισης της γνώσης θα υπάρξει μια ποιοτική παρέμβαση στα πλαίσια της διδασκαλίας, μετατρέποντας το σχολείο σε πηγή γνώσης, παιχνιδότοπο μάθησης και δημιουργικής απασχόλησης.

Το διακλαδικό μάθημα, που ανταποκρίνεται στις απαιτήσεις της Ε.Σ.Δ. και της μεθόδου project, βοηθά τα παιδιά να προσεγγίσουν την επιστημονική αλήθεια ως μια σφαιρική δράση. Στις φάσεις επεξεργασίας που είναι:

1) οργάνωση του προγράμματος,

2) αυτοοργάνωση σε επίπεδο τάξης και ευαισθητοποίηση,

3) ανακάλυψη,

4) καθορισμός θεμάτων μελέτης,

5) μελέτη και

6) εξωτερίκευση,

με τη σύνθεση, παρουσίαση, αξιολόγηση, τα επιμέρους μαθήματα μπαίνουν στην υπηρεσία της αναζήτησης της αλήθειας και παύουν να είναι αυτοσκοπός της μαθησιακής διαδικασίας.

Τα τελευταία χρόνια μπήκε στο λεξιλόγιο των εκπαιδευτικών δράσης, η λέξη - όρος project, που πολλοί αρχικά τη συνέδεσαν με την έννοια του "σχεδίου δράσης". Η λέξη project, έχει την προέλευσή της από το λατινικό projicio, το αρχαίο ελληνικό "προβάλλω", κυρίως ως μεταβατικό ρήμα , που σημαίνει ρίχνω μπρος. Σήμερα στα γερμανικά με τον όρο projekt γίνεται αναφορά σε μια καλοσχεδιασμένη επιχείρηση. Το "σχέδιο δράσης" δεν καλύπτει απόλυτα τον όρο project, γιατί δεν περιλαμβάνει τη μεταφορά στην πραγματικότητα. Με τον όρο project έχουμε τη βιωματική μέθοδο, σε άμεση σχέση όμως με ένα καλό σχέδιο δράσης. Ο Franz - Josef Kaiser, λέει ότι: *Το κέντρο βάρους του project βρίσκεται στην υλοποίηση του σχεδίου στην πράξη. Πρωταρχικός του στόχος είναι η κοινή διοχέτευση της δράσης στο επίπεδο της ζωντανής πραγματικότητας, μέσα από συγκεκριμένες εργασίες."*

Η φιλοσοφία ενός μαθήματος project, προσβλέπει στην αποικοδόμηση αυταρχικών δομών μάθησης, ενώ ταυτόχρονα οικοδομεί ένα πλήθος δυνατοτήτων για αυτόνομη δράση, βίωση και αυτοέκφραση.

Μια μέθοδος που αναδεικνύει τα ταλέντα και τις ικανότητες όλων των παιδιών, τόσο των "ακαδημαϊκώς ικανών", όσο και των "αδύνατων" μαθητών. Αναδεικνύει παιδιά που γράφουν και μιλούν ορθά, αλλά και αυτά που εκφράζονται αμήχανα, αυτά που είναι οργανωμένα, αλλά και τα αφηρημένα ονειροπόλα, τα κοινωνικά, αλλά και τα στοχαστικά, τα επιδέξια, αλλά και τα αδέξια. Σε ένα project χρειάζονται τα ταλέντα και οι ικανότητες όλων των μαθητών για τη διεκπεραίωσή του.

Η μέθοδος αυτή, φυτεύει πολλούς σπόρους ταυτόχρονα μέσα στη μήτρα της μάθησης. Η επερχόμενη βλάστηση έχει ποικιλία. Η καρποφορία είναι πλούσια και δεδομένη. Η 45λεπτη διδακτική ώρα καταργείται, τη θέση της την παίρνει η ελαστική αντίληψη του διδακτικού χρόνου, ένα ευέλικτο σχήμα που σέβεται τους ρυθμούς του ατόμου και της ομάδας. Και βέβαια, διδακτικές διαδικασίες βιωματικής και επικοινωνιακής μορφής, δεν είναι δυνατόν να διαδραματίζονται κάτω από την πίεση του χρόνου και την ταχύτητα επίτευξης της γνώσης.

Η μέθοδος project δεν είναι η ιδανική διδακτική διαδικασία για ταχεία πρόσκτηση προδιαγεγραμμένων αντικειμένων γνώσης, δεν είναι άλλωστε οικονομική, ως προς τον χρόνο, διαδικασία. Αυτός είναι ο λόγος που γίνεται και χρήση μορφών διδακτικής μεθοδολογίας, που διακρίνονται για την αμεσότητα και ταχύτητα προσφοράς γνώσεων, που θεωρούνται απαραίτητες για τις περαιτέρω αναζητήσεις των ομάδων εργασίας.

Η αίθουσα μιας ευέλικτης τάξης μετατρέπεται σε εργαστήριο γνώσεων με αναπτυγμένες γωνιές. Η γωνιά του κουκλοθέατρου, η γωνιά του βιβλίου, η γωνιά του παραμυθιού, της τηλεόρασης, είναι μερικές από τις γωνιές που φιλοξενούν τη χαρά της δημιουργίας. Η διάταξη των επίπλων και του εξοπλισμού, διευκολύνει την ανάπτυξη μορφών συνεργασίας και εργασίας σε ομάδες, έτσι ώστε να αξιοποιούνται οι δυνατότητες που προσφέρει η επικοινωνία πρόσωπο με πρόσωπο. Η έδρα του δασκάλου μετατρέπεται σε πάγκο εργασίας και τα θρανία γίνονται "φωλίτσες" γεμάτες ζωντάνια, έτσι ώστε να ενισχυθούν οι δυνατότητες ανάπτυξης διαλόγου και συνεργασίας μεταξύ των μαθητών.

Μια αλλαγή στο χώρο βέβαια δεν είναι αρκετή, από μόνη της, για να προκαλέσει αντίστοιχη αλλαγή και στον τρόπο που γίνεται το μάθημα. Αποτελεί όμως απαραίτητη προϋπόθεση για να επιτύχει η εφαρμογή της ομαδοκεντρικής μεθόδου διδασκαλίας και η τάξη να αποτελέσει συγχρονισμένο, δημιουργικό και αληθινό εργαστήριο της παιδικής ψυχής.

Έτσι, λοιπόν, στη διάρκεια όλης της σχολικής χρονιάς και όχι μόνο τις λίγες ώρες που προβλέπει το πρόγραμμα, ο δάσκαλος φροντίζει να δημιουργεί την κατάλληλη ατμόσφαιρα μέσα στην τάξη, με σκοπό την ανάπτυξη της πειθαρχημένης σκέψης των παιδιών, την τελική σύγκλιση του νου, γιατί διάφορα ομοειδή αντικείμενα που διδάσκονται παράλληλα, συμπίπτουν σε σημείο γνωστικό, κάτι εντελώς διαφορετικό από την απλή διαχείριση της τάξης για τη μάθηση συγκεκριμένων γνώσεων.

Όσοι ασχολούνται με την εκπαίδευση, γνωρίζουν πολύ καλά, πόσο μεγάλη σημασία έχει για τους σημερινούς μαθητές μας η παροχή δυνατοτήτων για ενεργοποίηση και δράση στα πλαίσια της διδακτικής πράξης. Η κοινωνία σήμερα, που συνεχώς εξαφανίζει από μπροστά τους την πραγματικότητα και τους καλεί να δράσουν σε υποκατάστατα κοινωνικών συνθηκών και ζωής, όπου την αλάνα υποκατέστησε το παιδικό οργανωμένο δωμάτιο και οι πολυτελείς ιδιωτικοί παιδότοποι, τα παραμύθια της γιαγιάς η τηλεόραση, τη δημιουργική ενασχόληση με τα αντικείμενα το ηλεκτρονικό παιχνίδι και τη δράση στην ομάδα συνομηλίκων της γειτονιάς η απομόνωση και το τηλεχειριστήριο, είναι πλέον ζήτημα υπαρξιακό η προσφορά στους μαθητές μας ευκαιριών για επικοινωνία και δράση, όχι μόνο για δύο ή και περισσότερες ώρες την εβδομάδα, αλλά συνεχώς, καθ' όλη τη διάρκεια της σχολικής χρονιάς, στα πλαίσια ενός ευέλικτου ετήσιου προγραμματισμού. Ενός ευέλικτου μαθήματος, το οποίο βοηθάει στην ανάπτυξη πειθαρχημένης σκέψης και με την επαναδιδασκαλία ενός θέματος, μέσα από άλλο πρίσμα, να επιστρέφουν τα παιδιά σε ανώτερο επίπεδο γνώσης.

Η λειτουργία της τάξης, τονίζεται τέλος, θα πρέπει να έχει περιεχόμενο και λειτουργία δημοκρατική. Μόνο σε δημοκρατική σχολική ατμόσφαιρα ο μαθητής αναπτύσσει όλες τις δυνατότητές του και τις αρετές του και εξελίσσεται σε ακέραια προσωπικότητα. Μόνο μέσα σε δημοκρατικό περιβάλλον ο μαθητής αισθάνεται άνετα, μετέχει στο μάθημα με τη θέλησή του, έχει λόγο για ό τι γίνεται στην τάξη του και στο σχολείο και εργάζεται δημιουργικά, δηλαδή μαθαίνει να σκέφτεται, να παίρνει πρωτοβουλίες, ευθύνες, να συνεργάζεται, να συναγωνίζεται κι όχι να ανταγωνίζεται, να αναπτύσσει μόνιμες φιλικές σχέσεις. Η δημοκρατική τάξη και ο δημοκρατικός δάσκαλος είναι το μέσο για τη δημιουργία φραγμών, ενάντια κάθε απόπειρας αντικοινωνικής εκδήλωσης του νέου, αφού τον κάνει ικανό να προσφέρει στο σύνολο, καθώς και πρόθυμο να αγωνίζεται για τα ανθρώπινα δικαιώματα.

Πώς ο δάσκαλος θα δημιουργήσει ένα σχολικό περιβάλλον τέτοιο, που η ατμόσφαιρα και η αύρα του θα γεννήσει ένα πλήθος ερεθισμών και κινήτρων μάθησης; Μόνο εάν ο δάσκαλος της εποχής μας και του τόπου μας, κατέχει τη δημιουργική ικανότητα του καλλιτέχνη, την ακριβή στάση του επιστήμονα και την πλήρη δεξιότητα του τεχνίτη. Για μια δημιουργική προσέγγιση των μαθημάτων απαιτείται από το δάσκαλο προετοιμασία, προγραμματισμός και κατά τη διάρκεια της σχολικής χρονιάς διαρκής παρουσίαση πνεύματος, επινοητικότητας και ευκαμψίας. Μόνο έτσι ο δάσκαλος θα καταφέρει να αντιμετωπίσει με επιτυχία τις προκλήσεις της συγκεκριμένης σχολικής πραγματικότητας.

Μέσα από τη σύνταξη ενός ευέλικτου ετήσιου προγραμματισμού, που θα ξεχωρίζει για τη δυναμική του. Υπάρχει η αναγκαιότητα του προγραμματισμού και σχεδιασμού δράσης, έτσι ώστε να είναι όσο το δυνατόν λιγότερες οι διακοπές της ομαλής διεξαγωγής της διδασκαλίας και κατά συνέπεια περισσότερος χρόνος για ενεργητική μάθηση. Είναι σίγουρο, ότι η αποσαφήνιση και η συνειδητοποίηση των στόχων διδασκαλίας από το δάσκαλο και τους μαθητές, συμβάλλουν σημαντικά στην επιτυχία της διδασκαλίας.

Τέλος, θα πρέπει να τονιστεί για ακόμη μια φορά, ότι το αναλυτικό πρόγραμμα, μπορεί να απαιτεί να προσφέρουμε στα παιδιά ορισμένες γνώσεις, καθώς και να βοηθήσουμε τα παιδιά να αποκτήσουν ικανότητες και δεξιότητες, ο τρόπος όμως που θα χρησιμοποιηθεί ως εργαλείο από το δάσκαλο, για να επιτύχει τα καλύτερα αποτελέσματα, δεν καθορίζεται και δεν επιβάλλεται.

Ο δάσκαλος εργάζεται με βάση το δικό του προγραμματισμό, ο οποίος συντάσσεται με την ανάλογη επιστημονική τεκμηρίωση από τη βιβλιογραφία και την καθοδήγηση του Σχολικού συμβούλου και του Διευθυντή της Σχολικής μονάδας, έτσι ώστε η σχολική εργασία, να ακολουθεί ορθή κατεύθυνση στη σύζευξη μορφωτικού υλικού και μαθητών και το πνεύμα των μαθητών να μπαίνει στην "ετοιμότητα δράσης". καθώς θα είναι έτοιμοι να χειρίζονται τα διλήμματα, που τους παρουσιάζονται καθημερινά, με καινοτόμους τρόπους. Έναν προγραμματισμό, που θα είναι προϊόν επιστημονικής μελέτης και ορθολογισμού. Άλλωστε μόνο μέσα από τον προγραμματισμό του, θα είναι έτοιμος να αντιμετωπίσει κάθε δυσκολία που θα του παρουσιαστεί και θα μπορέσει να ελέγξει τα τυχόν προβλήματα με επιτυχία

Και όπως είπε, ο Νίκος Καζαντζάκης: *Ιδανικός δάσκαλος είναι εκείνος που γίνεται γέφυρα για να περάσει αντίπερα ο μαθητής του κι όταν πια του έχει διευκολύνει το πέρασμα, αφήνεται χαρούμενος να γκρεμιστεί, ενθαρρύνοντας τον μαθητή του να φτιάξει δικές του γέφυρες."*

3.2. ΓΙΑΤΙ ΕΥΕΛΙΚΤΗ ΤΑΞΗ;

Οι περισσότεροι δάσκαλοι, ακόμη και σήμερα, εμφανίζονται διστακτικοί, μπροστά στην εφαρμογή ενός πιο "ευέλικτου" τρόπου διδασκαλίας, μιας πιο ευέλικτης συμπεριφοράς μέσα στη τάξη. Ίσως, από το ένα μέρος είναι η αποκτημένη συνήθεια, που φυσικό είναι να είναι αρκετά δύσκολο να αποβληθεί εύκολα και από το άλλο οι αμφιβολίες, όπως και οι δυσκολίες της πρώτης αρχής. Το νέο, δυστυχώς, σε όλες τις εκδηλώσεις της ζωής φοβίζει. Τρομάζει η σκέψη μήπως γίνουν σφάλματα. Οι φόβοι αυτοί μπορούν να εξαφανιστούν με τη σωστή προετοιμασία και τη συνεργασία και τον εποικοδομητικό διάλογο με τους συναδέλφους της σχολικής μονάδας.

Γιατί ευέλικτη λειτουργία της τάξης; Είναι κατανοητό απ' όλους τους εκπαιδευτικούς της πρωτοβάθμιας, ότι μια παθητική παραμονή στο σχολείο στο παρελθόν είχε βέβαια αρνητικές επιδράσεις, που απαλείφονταν πολύ εύκολα όμως με τις συνθήκες εξωσχολικής ζωής στα παιχνίδια της γειτονιάς, τα γεμάτα φαντασία και δράση. Σήμερα το παιδί καλείται να συνεχίσει την παθητικότητα του σχολείου με την παθητικότητα του σπιτιού, με τα αναρίθμητα "μη" και "δεν πρέπει", που επιβάλλονται από το συμβιωτικό και ταυτόχρονα αποξενωτικό χαρακτήρα της πολυκατοικίας.

Αποτέλεσμα είναι το παιδί να φυλάει όλη την ενεργητικότητά του για τα διαλείμματα του σχολείου, όπου μπορεί εύκολα κανείς να διακρίνει την αγωνιώδη προσπάθεια που καταβάλλει για να κερδίσει λίγα λεπτά παιχνιδιού δημιουργικού.

Τελικά, το παιδί δεν έχει τις ευκαιρίες να δημιουργεί μέσα από το παιχνίδι, να μαθαίνει, αλλά αντιθέτως να παίζει και εκείνα τα λίγα λεπτά με άγχος, να είναι επιθετικό και απρόθυμο για συνεργασία και να φορτώνει, τις περισσότερες φορές, με επιπλέον προβλήματα τους εκπαιδευτικούς, που ανίσχυροι προσπαθούν να βρουν απαντήσεις στα ερωτήματα για την απείθαρχη συμπεριφορά των παιδιών.

Το παιδί καθημερινά είναι απομονωμένο, όπως είπαμε, μέσα στο όμορφο παιδικό δωμάτιο, ζει την απόλυτη μοναξιά. Όταν το βράδυ γυρίζουν οι γονείς του κουρασμένοι από τη δουλειά τους, δε θέλουν να συζητήσουν μαζί του, να μάθουν για τα τυχόν προβλήματά του, να παίξουν μαζί του, να το ακούσουν να φωνάζει, να τραγουδάει και ή το βάζουν για ύπνο ή του ανοίγουν την τηλεόραση ή παίρνει στα χέρια του το τηλεχειριστήριο του ηλεκτρονικού παιχνιδιού. Η έλλειψη διαλόγου μέσα στο σπίτι είναι η βασική αιτία που το παιδί "δραπετεύει" σε τεχνητούς κόσμους. Γονείς ψυχικά επιβαρημένοι με άγχος, ανασφάλεια, προβλήματα επικοινωνίας, δεν μπορούν να παίξουν με τα παιδιά τους, δεν μπορούν να συζητήσουν με τα παιδιά τους. Το διαρκές κυνηγητό, η πάλη με το χρόνο, τους γεμίζει άγχος. Το άγχος που τους οδηγεί στην πραγματική απομάκρυνσή τους από το παιδί.

Το σημερινό παιδί της πόλης, κυριολεκτικά, ζει μέσα στην απόλυτη μοναξιά, χωρίς επικοινωνία, χωρίς επαφή, ακόμη και με τα πρόσωπα που συζεί. Και η διάβρωση της ζωής του αρχίζει. Οι ίδιοι οι γονείς είναι αυτοί, που το υπερπροστατεύουν, το υποκαθιστούν, το ιδιοποιούνται. Του αφαιρούν το καλύτερο κομμάτι του εαυτού του, ανακόπτοντας τις αυθόρμητες εκδηλώσεις του κι εμποδίζοντάς το να σκεφθεί. Το μετατρέπουν σε ένα είδος μαριονέτας.

Η προσπάθεια ενεργοποίησης των μαθητών έχει πλέον διπλή αποστολή. Από τη μια μεριά εντάσσεται στη διδακτική επιταγή, ότι μόνο με την ενεργό δράση επιτυγχάνεται καλύτερα η απόκτηση της γνώσης και από την άλλη η ενεργός δράση παίζει ρόλο αντισταθμιστικό στο κοινωνικό φαινόμενο της αδρανοποίησης, που επέβαλαν οι τεχνολογικές και κοινωνικές συνθήκες της εποχής μας.

Τη σημασία της δράσης και της κίνησης του παιδιού για την όλη πνευματική και σωματική ισορροπία του τονίζει ιδιαίτερα η "Βιολογία της συμπεριφοράς". Η απραξία της τεχνολογικής επανάστασης σε συνδυασμό με την τάση της μοντέρνας Παιδαγωγικής, για την καταβολή όσο το δυνατόν μικρότερης προσπάθειας από τη μεριά των μαθητών, αποτελούν για τους εκπροσώπους της "Βιολογίας της Συμπεριφοράς" το μεγαλύτερο κίνδυνο για την κοινωνία μας, επειδή θεωρούν την απραξία ως γενεσιουργό αιτία της επιθετικότητας και της καταστροφικής μανίας του ατόμου.

Δείγματα αντίδρασης του νέου ατόμου σε αυτή την καταπιεστική θαλπωρή έχουμε σε εκδηλώσεις επικίνδυνης συμπεριφοράς, όπως αυτή διοχετεύεται στα ηλεκτρονικά παιχνίδια, στις καταστάσεις περιθωριοποίησης ή σε πράξεις έντονης συγκινησιακής εμπειρίας. Στην αδράνεια της σκέψης οφείλεται η παθητική, άκριτη πορεία του νέου ατόμου. Οδηγούμαστε κάθε μέρα όλο και περισσότερο, σε αλόγιστο κυνήγι γνώσεων, σε μια διαρκή και αγωνιώδη ενημέρωση πάνω σε χιλιάδες θέματα, που συνεχώς όμως ανατρέπονται, βελτιώνονται, αναθεωρούνται. Και μάλιστα μέσα από έναν απαρχαιωμένο τρόπο διδασκαλίας, μέσα από τον οποίο κατορθώνουμε να φιμώνουμε τον μαθητή και να τον οδηγούμε στην αποδοχή της αυθεντίας του κειμένου που περιλαμβάνει τη φερτή γνώση και να τον καταδικάζουμε έτσι σε μια σιωπή κατωτερότητας.

Πρώτος ο Σωκράτης ήταν αυτός που είπε, ότι ο καλύτερος τρόπος να αναζητήσει κανείς την αλήθεια, είναι να κάνει ερωτήσεις, να του δοθούν ερεθίσματα.

Θέλουν αλήθεια ευέλικτη διδασκαλία σε μία ευέλικτη τάξη, από έναν ευέλικτο δάσκαλο, όχι μόνο για δύο ώρες, αλλά για όλη τη διάρκεια της μαθητικής ζωής; Ποιοι όμως, είναι αλήθεια αυτοί που το θέλουν; Οι μαθητές ή οι γονείς, οι εκπαιδευτικοί ή τέλος η πολιτεία;

Τις τελευταίες δεκαετίες, όλες οι μεταρρυθμίσεις στο εκπαιδευτικό σύστημα, δεν έγιναν με γνώμονα το μαθητή, αλλά όλους τους άλλους παράγοντες που εμπλέκονται στον τομέα της παιδείας. Η γενική παιδεία εγκαταλείπεται και στη θέση της μπαίνει η ειδικευμένη παιδεία, με στόχο το κέρδος. Πώς ο νέος θα αποκτήσει ευέλικτη και κριτική σκέψη, πώς θα γίνει δημιουργικός και με ερευνητικό πνεύμα; Όμως αλήθεια τον θέλουνε το νέο έτσι;

Αν ρωτήσεις τους γονείς των παιδιών, θα σου πουν ότι δεν γνωρίζουν τι είναι "ευέλικτος δάσκαλος", αλλά θα σου απαντήσουν με σιγουριά ότι "καλός" δάσκαλος είναι αυτός που δίνει πολλές εργασίες σε φωτοτυπίες, παιδεύει το παιδί με "παπαγαλισμό" άπειρων γνώσεων, δεν ξοδεύει τον καιρό του σε μαθήματα που έχουν σχέση με την αισθητική αγωγή. Η τάξη θα πρέπει να λειτουργεί ως μια "καλοκουρδισμένη" τάξη φροντιστηρίου, όπου η ξερή γνώση και η παθητικότητα, παίρνει τη θέση της σκέψης, της ενεργητικότητας και η παλιά από "καθέδρας" θέση του δασκάλου επικρατεί αυτής του συντονιστή, συνερευνητή, συμβούλου, φίλου.

Ο δάσκαλος έτσι μετατρέπεται σε πομπό που μεταδίδει γνώσεις, πολλές φορές ξεπερασμένες, γιατί, όπως είπαμε, η εξέλιξη είναι αλματώδης. Είναι πομπός που εκπέμπει σε κλειστούς τις περισσότερες φορές δέκτες, που είναι τα χωρίς ενδιαφέρον παιδιά. Και έτσι φτάνουν τα παιδιά αυτά στην εφηβεία και ενώ μπορούν να λύσουν δύσκολες εξισώσεις και ανώτερα μαθηματικά, δεν μπορούν να επιλέξουν ένα καλό πρόγραμμα κινητής τηλεφωνίας, διακρίνοντας τα προτερήματά του και την ποιότητά του, παρά το διαλέγουν με βάση την "καλή", παραπλανητική διαφήμιση.

Δυστυχώς, πολλές φορές πρυτανεύει στους γονείς, όχι μόνο η άγνοια, αλλά και η τάση της απόρριψης της έννοιας αγωγή

133

του νέου ανθρώπου, σαν να είναι αυτή που θα τον εμποδίσει να προκόψει μέσα στην κοινωνία μας. Έχουν θαμπωθεί από την αριθμολαγνεία και την τεστομανία και αδυνατούν να διακρίνουν την αλήθεια πίσω από τους στατικούς μύθους. Οι γονείς είναι αυτοί που οδηγούν τα παιδιά τους να ενδιαφέρονται για καριέρα - κέρδος- κατανάλωση, που τα κάνουνε να νομίζουν ότι επιτυχία και ευτυχία είναι μόνο αυτά και τους εμπνέουν το φόβο για τη μοναξιά της αποτυχίας. Κρυμμένη είναι η ευτυχία, μόνο μέσα στον πραγματικά μορφωμένο άνθρωπο. Μια αλήθεια που φαίνεται ότι οι γονείς τη γνωρίζουν, αλλά απομακρύνονται απ' αυτή, ως ασύμφορη για το παιδί στη σημερινή εποχή.

Από την άλλη, ο σημερινός νέος ούτε κοιμάται για να βλέπει όνειρα, ούτε εκστασιάζεται για να έχει παραισθήσεις. Αγωνιά και αγωνίζεται σκυφτός για να βρει το δικό του στίγμα σε μια κοινωνία, που σχεδόν τον αντιμετωπίζει ως "ξένο". Μη θέλοντας να δώσει στο μέλλον του τις διαστάσεις του παρόντος, ενός παρόντος κατειλημμένου από τους ενήλικους, αντιστέκεται.

Και αν μπορούσε ο μαθητής της εποχής μας να ερωτηθεί, θα ήθελε να είχε απέναντί του έναν ευέλικτο δάσκαλο, να μπορεί να συμμετέχει σε διάφορες δραστηριότητες, όπως να αναπτύσσει διάλογο με τους συμμαθητές του, να διαβάζει, να ερευνά και να δουλεύει και σε επίπεδο ομάδας τάξης, αλλά και σε επίπεδο ομάδας εργασίας. Να εμπλέκεται σε διαδραστικές ενέργειες, ενώ ταυτόχρονα θα μαθαίνει να εφαρμόζει την ύλη του μαθήματος. Να αποφεύγει το απερίσκεπτο, το επιπόλαιο, να μη δέχεται τον αυθαίρετο δογματισμό καθημερινά, σα σύμβολο της προοδευτικότητας. Να μπορεί ο μαθητής του δημοτικού σχολείου να παίξει για να μάθει, να εκτονώσει δημιουργικά την ενεργητικότητά του.

Παιδί, παιδεία, παιχνίδι, σαφής η ίδια ρίζα που συνδέει αυτές τις τρεις λέξεις, δηλαδή τον άνθρωπο, τον πολιτισμό, τη δημιουργική έκφραση. Τι καλύτερο από το να μπορούσε να μάθει μόνο μέσα από το παιχνίδι. Να επικοινωνήσει με τους συμμαθητές του και τον δάσκαλό του, χωρίς διακριτούς ρόλους. Το παιδί της εποχής μας, που έχει λίγες ευκαιρίες να επικοινωνήσει και μέσα από την επικοινωνία να μάθει, ασφυκτιά και επιζητά το παιχνίδι και μέσα από το δημιουργικό παιχνίδι να μάθει.

Ο καθηγητής Γ.Μαρκαντώνης είπε: *Ό άνθρωπος έφτιαξε τον πολιτισμό του, κυριολεκτικά παίζοντας και μόνο αν θα το συνειδητοποιήσουμε , θα μπορέσουμε να κατανοήσουμε ότι το παιχνίδι είναι τόσο πρωταρχική ανάγκη, όσο και το σεξ. Παίζοντας, ζωγράφισαν οι προϊστορικοί μας πρόγονοι, τους Βίσονες στο σπήλαιο Αλταμίρα. Παίζοντας φτιάχτηκε η κουλτούρα...''*

Ο E. Erikson αναφέρει, ότι τα άτομα που διακρίνονται για την επιτυχία τους έπαιξαν στην παιδική τους ηλικία, και κυρίως κατόρθωσαν να διατηρήσουν και ως ενήλικοι μια διάθεση παιχνιδιού. Είπαμε, τα ευτυχισμένα παιδικά χρόνια διαρκούν μια ολόκληρη ζωή.

Από την άλλη υπάρχει και η πολιτεία με το ρόλο της. Για να μπορέσει ο δάσκαλος να λειτουργήσει σε ευέλικτο σχήμα, θα πρέπει αυτή να του δώσει ευκαιρίες επιμόρφωσης. Στα πλαίσια της δια - βίου κατάρτισης, να επιτευχθεί η άμεση επαφή του με την πανεπιστημιακή κοινότητα, γιατί μέχρι και σήμερα σε μεγάλο βαθμό η θεωρία είναι απομακρυσμένη από την πράξη. Να μπορέσει να δημιουργήσει με την ουσιαστική συμβολή των εκπαιδευτικών, διαθεματικό και ευέλικτο μαθησιακό υλικό, σύμφωνο με τα διεθνή πρότυπα και τις μοντέρνες παιδαγωγικές μεθόδους, στο οποίο όμως να δίνεται ιδιαίτερη έμφαση, όπως αναπτύχθηκε παραπάνω, η ανάδειξη της πολιτιστικής κληρονομιάς με ποικίλους τρόπους. Να μπορέσει τέλος, ο δάσκαλος να αξιολογήσει το έργο του με σκοπό την ανατροφοδότησή του και τη συνεχή εξέλιξή του, μέσα από τον έντονα παιδαγωγικό του προβληματισμό. Να πετύχει ο δάσκαλος να γίνει πλαστουργός της νέας γενιάς με τον παράλληλο εμπλουτισμό των γνώσεων και του ήθους της.

Αν το εκπαιδευτικό πρόγραμμα έχει αποκλειστικό σκοπό την ψυχοπνευματική ανάπτυξη του νέου και την ευτυχία του, καθώς και να τον προετοιμάσει να γίνει υπεύθυνος πολίτης, δηλαδή να μάθει να διεκδικεί τα δικαιώματά του, αλλά και να αναλαμβάνει τις ευθύνες του, τότε η καλύτερη τάξη που του ταιριάζει, είναι η ευέλικτη τάξη και ο καλύτερος δάσκαλος που μπορεί να ασχοληθεί με τον παράγοντα άνθρωπο, είναι ο ευέλικτος και δημιουργικός δάσκαλος.

Ένας δάσκαλος που δε θα έχει αγνοήσει τα δεδομένα για τον εγκέφαλο, που είναι το κέντρο της πνευματικής και συγκινησιακής ζωής του παιδιού.

Πριν από λίγα χρόνια, δεν υπήρχε η βεβαιότητα που υπάρχει σήμερα για ζητήματα που αφορούν το τομέα των Νευροεπιστημών, σχετικά με τον ανθρώπινο εγκέφαλο και κατά πόσο αυτό το αυτοδομούμενο και αυτορυθμιζόμενο όργανο, μέσα από ένα πολύπλοκο δίκτυο νευρωνικών διασυνδέσεων, αναζητά τα κατάλληλα ερεθίσματα από το εξωτερικό περιβάλλον.

Χαρακτηριστικά είχε πει ο Λωτρέ: *Έχουμε μπει στην εποχή της πολυπλοκότητας. Πρώτα όλα ήταν απλά. Σήμερα ζούμε σε μια περίοδο εκρήξεων γνώσης που μοιάζει πολύ στο βάθος μ' αυτό που έγινε στη φυσική, όταν άρχισαν να εντοπίζονται τα πρώτα στοιχειώδη σωματίδια. Αυτό ακριβώς κάνουμε και εμείς. Ψάχνουμε τα στοιχειώδη σωματίδια της νόησης."*

Σήμερα, ξέρουμε πια, ότι υπάρχει ένας "διάλογος" μεταξύ εγκεφάλου και περιβάλλοντος. Ο εγκέφαλος που μερικοί τον παρομοιάζουν σαν υπολογιστική μηχανή, αφού είναι μια μάζα από αλληλοσυνδεόμενα "καλώδια", τα νεύρα, με συνδέσεις τους. Ο διάλογος εγκεφάλου και περιβάλλοντος όμως θα είναι εποικοδομητικός, αν υπάρχει και σωστή διαχείριση των συναισθημάτων του ατόμου. Η έρευνα του Goleman, δείχνει ότι, αν το μικρό παιδί, μέσα από αυτό το διάλογο, μάθει από νωρίς πώς να αντιμετωπίζει το άγχος και το θυμό, πώς να υιοθετεί την οπτική του άλλου και να δείχνει σεβασμό, διατηρεί αυτές τις δεξιότητες προσαρμογής δια βίου. Οι ικανότητες αυτές αναπτύσσονται, από τη ψυχική ηρεμία και γνώση των δυνατοτήτων του παιδιού από το ίδιο, που πηγάζουν από τη διαδικασία του παιχνιδιού. Εδώ θα πρέπει να τονιστεί, ότι οι ικανότητες αυτές έχουν άμεση σχέση και με τις ακαδημαϊκές επιδόσεις του ατόμου.

Η γεμάτη λοιπόν δραστηριότητες, παιχνίδι και έρευνα, ευέλικτη τάξη, είναι το κατάλληλο περιβάλλον που το μικρό παιδί θα μπορέσει να δημιουργήσει πλούσιες νευρωνικές διασυνδέσεις, μεταξύ των νευρώνων και νευρωνικά κυκλώματα, τα οποία είναι απαραίτητα για τη λειτουργία διαφόρων δεξιοτήτων και ικανοτήτων του παιδιού. Σε αντίθετη περίπτωση νευρώνες που δε θα διεγερθούν, αργά ή γρήγορα, θα ατροφήσουν και θα εξαφανιστούν. Σύμφωνα με τη θεωρία του Hebb, όταν οι συνάψεις παραμένουν λειτουργικά αδρανείς, εκφυλίζονται, ενώ οι συνάψεις που ενεργοποιούνται σταθεροποιούνται μέσω ακριβώς της δραστηριότητάς τους. Ο "προγραμματισμένος κυτταρικός θάνατος", δηλαδή η μείωση στο ήμισυ των 200 δισεκατομμυρίων νευρώνων του εμβρύου, ο τρόπος δόμησης μεταξύ των νευρώνων, της "καλωδίωσης" του εγκεφάλου, ακολουθούν οδηγίες που αρχικά υπαγορεύονται από τα γονίδια. Αληθινές μαθησιακές εμπειρίες αρχίζουν να συσσωρεύονται μετά την ανάπτυξη της μνήμης. Όλες οι ικανότητες, οι δεξιότητες είναι στην πραγματικότητα αμέτρητες ενεργείς ομάδες νευρώνων με ακόμα πιο αμέτρητες συνάψεις μεταξύ των. Ο εγκέφαλος, σύμφωνα με την καθηγήτρια Ψυχολογίας Μ.Κάτσιου-Ζαφρανά, στο βιβλίο της με τίτλο "Εγκέφαλος και Εκπαίδευση", λειτουργώντας σε δύο επίπεδα ταυτόχρονα, απαντά σε ένα σύνολο αισθητηριακών ερεθισμάτων που επισυμβαίνουν την ίδια ώρα με τη διδασκαλία, τα παιδιά μπορεί να παρακολουθούν μια δραστηριότητα με προσοχή, αλλά παράλληλα μαθαίνουν ένα τεράστιο αριθμό πραγμάτων έμμεσα. Εδώ στηρίζεται και η ύπαρξη της διαθεματικότητας, ως κυρίαρχο στοιχείο του ευέλικτου προγραμματισμού μιας τάξης.

Τα δύο ημισφαίρια του εγκεφάλου δέχονται, οργανώνουν και επεξεργάζονται την πληροφορία κατά δύο διαφορετικούς τρόπους. Το αριστερό μισό του εγκεφάλου, το ονομαζόμενο και "μείζον ημισφαίριο", επεξεργάζεται πληροφορίες κατά τρόπο αναλυτικό γραμμικό. Στο ημισφαίριο αυτό βρίσκεται το κέντρο λόγου. Το δεξί ημισφαίριο επεξεργάζεται συνήθως γεωμετρικά σχήματα, εικόνες και μουσική. Επεξεργάζεται δηλαδή την πληροφορία κατά τρόπο που τα μέρη να αποκτούν το νόημά τους μέσω τον σχέσεων τους με τα άλλα μέρη. Βέβαια, τα δύο ημισφαίρια είναι συνδεδεμένα μεταξύ τους και ο εγκέφαλος λειτουργεί σαν σύνολο. Σύμφωνα λοιπόν, με τα επιστημονικά ευρήματα ένα θέμα μπορεί να διδαχθεί με πολύ πιο αποτελεσματικό τρόπο, εάν ερεθίζει ταυτόχρονα και τα δύο ημισφαίρια του εγκεφάλου.

Κατά τη διαδικασία της μάθησης, σύμφωνα με την καθηγήτρια, πολλά υποσυστήματα του εγκεφάλου εργάζονται ταυτόχρονα: αισθητηριακά, αισθηματικά, κινητικά και συστήματα συντονισμού. Είναι φανερό λοιπόν, ότι εάν ο τρόπος που παρουσιάζεται μια πληροφορία στον εγκέφαλο ερεθίζει περισσότερα του ενός υποσυστήματα, η μάθηση γίνεται πληρέστερη. Αν δηλαδή, ένας μαθητής προσπαθεί να αποστηθίσει ένα ποίημα, το αποστηθίζει γρηγορότερα αν το ποίημα είναι μελοποιημένο. Αν παράλληλα προβάλλονται και εικόνες σχετικές με το ποίημα, η αποστήθιση είναι ακόμη πιο εύκολη και νοηματικά πληρέστερη.

Σε άλλο σημείο του βιβλίου της, η καθηγήτρια Ζαφρανά, λέει και μας βοηθά να υποστηρίξουμε επιστημονικά τη λειτουργία της ευέλικτης τάξης:*Στο βαθμό που οι δάσκαλοι πετύχουν να δημιουργήσουν γέφυρες ανάμεσα στο περιεχόμενο του μαθήματος και στην ανθρώπινη εμπειρία, δημιουργώντας σύνθετες καταστάσεις με τη μορφή προβλημάτων που οι μαθητές καλούνται να λύσουν, δρώντας συχνά ομαδικά και συνδέοντας τη θεωρία με την πράξη, θα προσδώσουν νόημα και θα καταστήσουν πιο αποτελεσματική τη διαδικασία της μάθησης. Η αναζήτηση της γνώσης, συνδέεται με το ένστικτο της επιβίωσης, που είναι χαρακτηριστικό γνώρισμα του εγκεφάλου. Επίσης ο εγκεφαλός μας αλλάζει μορφολογικά και λειτουργικά, καθώς αλληλεπιδρά με άλλους ανθρώπους, μέσα σε ένα συγκεκριμένο περιβάλλον. Ο εγκέφαλος επιλέγει και ανακαλεί, πληροφορεί. Χρησιμοποιεί στρατηγικές επεξεργασίας της πληροφορίας, αναλυτικές και ολιστικές, προκειμένου να οργανώσει και να προσδώσει νόημα στα ερεθίσματα που δέχεται. Δηλαδή δρα ως οργανωτής. Λειτουργεί με βάση ἧρογράμματα"και επιδιώκει να συσχετίζει τα προσωπικά στοιχεία με τα εκάστοτε πλαίσια αναφοράς.*

Η εκπαίδευση, αν θέλει να είναι αποτελεσματική, θα πρέπει να δώσει στους μαθητές τη δυνατότητα να εκφράσουν τα δικά τους ἧρογράμματα"κατανόησης της πραγματικότητας και πάνω σε αυτή τη βάση να τους βοηθήσει να τα εμπλουτίσουν ή και να τα τροποποιήσουν κατάλληλα."

Ο εγκέφαλος επιλέγει ενεργά, προσέχει, οργανώνει, αντιλαμβάνεται, κωδικοποιεί και αποθηκεύει πληροφορίες. Επιτελεί μυριάδες λειτουργίες ταυτόχρονα και γρήγορα. Ο εγκέφαλος συνήθως, δε μαθαίνει, ούτε δέχεται και καταγράφει τις πληροφορίες, δεν είναι παθητικός δέκτης. Αντίθετα αντιλαμβάνεται και επεξεργάζεται και ερμηνεύει. Η μάθηση δεν είναι μια μονοδιάστατη, βαθμιαία διαδικασία. Η μάθηση είναι μια δημιουργική διαδικασία που έχει απόλυτη σχέση με τη ψυχική υγεία του παιδιού, η οποία μπορεί να επιτευχθεί με την ψυχαγωγία, το παιχνίδι, την ερευνητική ανακάλυψη, το θεατρικό παιχνίδι και τη δραματοποίηση. Ένα χαρούμενο και ευτυχισμένο παιδί μπορεί να μάθει και θα μάθει τα θετικά. Το δυστυχισμένο παιδί θα ενδιαφερθεί μόνο για τα αρνητικά.

Η ευέλικτη λοιπόν, η δημιουργική και γεμάτη ζωή τάξη, είναι αυτή που θα χαρίσει στα παιδιά ατέλειωτες ώρες χαράς, χαράς που πηγάζει μέσα από την πραγματική μάθηση. Ο εγκέφαλος δεν δόθηκε στο παιδί από ...λάθος. Δόθηκε με την ίδια σκοπιμότητα που δόθηκε και στα υπόλοιπα όντα και λειτουργεί όπως και σ΄ εκείνα. Μαθαίνει με τον ίδιο τρόπο, με την αναζήτηση, την επιβεβαίωση, την επανάληψη. Η μάθηση δεν είναι καταναγκασμός. Η μάθηση είναι μια απέραντη ευχαρίστηση και ικανοποίηση.

ΚΕΦΑΛΑΙΟ ΤΕΤΑΡΤΟ

ΤΑ "ΕΡΓΑΛΕΙΑ" ΣΤΑ ΧΕΡΙΑ ΕΝΟΣ ΕΥΕΛΙΚΤΟΥ ΔΑΣΚΑΛΟΥ

Εδώ και πολλές δεκαετίες η εκπαίδευση έχει γίνει βιβλιοκεντρική, με την έννοια ότι όλες οι δραστηριότητες στη διάρκεια της εκπαιδευτικής διαδικασίας, στηρίζονται στο επίσημο σχολικό εγχειρίδιο. Υπάρχει ο κίνδυνος όμως έτσι να μυθοποιηθεί η γνώση που προέρχεται από το σχολικό εγχειρίδιο, να έχουμε ελλιπή ανάπτυξη της δημιουργικότητας, καθώς και της κριτικής ικανότητας, ανισότητα στις ευκαιρίες μάθησης και τέλος προσφορά μονομερών και συχνά ελεγχόμενων απόψεων και γνώσεων. Δηλαδή έχουμε όλα τα συμπτώματα ενός ανησυχητικού και άκαμπτου συστήματος εκπαίδευσης.

Για τους παραπάνω λόγους, ο δημιουργικός και ευέλικτος δάσκαλος, έχει στα χέρια του εργαλεία δημιουργίας, μετατρέποντάς τα σε όχημα που οδηγεί στην πραγματική μάθηση. Αναπτυγμένα στις "γωνιές" της αίθουσας χρησιμοποιούνται σε όλη τη διάρκεια της εκπαιδευτικής διαδικασίας και συμμετέχουν με τρόπο δημιουργικό, σε μια σχέση αλληλεπίδρασης, ανάμεσα στα παιδιά, τη διδακτέα ύλη, τη γνώση.

Έτσι τα παιδιά ενθαρρύνονται να οδηγηθούν στον κόσμο της φαντασίας και της δικής τους πραγματικότητας, όπου θα μπορέσουν να εξερευνήσουν τα μονοπάτια της γνώσης, μιας γνώσης που θα πλαταίνει τους ορίζοντές τους και θα δίνει νέες διαστάσεις. Η βοήθεια που θα δοθεί στα παιδιά, μέσα από την επαφή τους με τα "εργαλεία", θα έχει περισσότερο καταλυτικό χαρακτήρα, παρά κατευθυντήριο. Αυτά είναι:

4.1. ΘΕΑΤΡΙΚΟ ΠΑΙΧΝΙΔΙ, ΔΡΑΜΑΤΟΠΟΙΗΣΗ, ΚΟΥΚΛΑ

Αν χρησιμοποιήσουμε το θεατρικό παιχνίδι και τη δραματοποίηση, μέσα στη "δεδομένη" διδακτέα ύλη και καθώς θα καταφέρουμε να δημιουργήσουμε κατάλληλα δρώμενα, θα έχουμε στα χέρια μας ένα καλό δυναμικό εργαλείο που τα οφέλη θα είναι πολλαπλά. Ένα εργαλείο απαραίτητο στο καιρό μας που χαρακτηρίζεται από το θέαμα που παρουσιάζει η τηλεόραση, αντικαθιστώντας η αυθεντία της τις προηγούμενες αυθεντίες. Ένα εργαλείο, που ο εκπαιδευτικός που θα το χρησιμοποιήσει, θα ελπίζει πια ότι θα μπορέσει να προκαλέσει την ευμένεια και την προσοχή των μαθητών - τηλεθεατών.

Στην αρχή της σχολικής χρονιάς τα παιδιά θα πρέπει να γνωριστούν μεταξύ τους και με το δάσκαλο τους, να "δεθούν" σαν ομάδα. Θα πρέπει τα παιδιά να καταλάβουν ότι πρέπει να εξαλειφθεί, σε όσο το δυνατόν μεγαλύτερο βαθμό, το ανταγωνιστικό πνεύμα. Ο ανταγωνισμός θα γίνει άμιλλα, μ' όλα τα στοιχεία ήθους που περιέχει ο όρος. Να γίνει κατανοητό ότι ο ανταγωνισμός είναι ανασταλτικός παράγοντας για τη δουλειά, ενώ η άμιλλα είναι θετικός. Να μπορέσουν να ακολουθήσουν σωστά τις οδηγίες του εμψυχωτή δασκάλου ή των μελών της ομάδας τους. Πολλές φορές τα παιδιά ζητούν συνεχώς εξηγή- σεις, ακόμα και για την πιο μικρή λεπτομέρεια. Έτσι, παρουσι- άζουν υποβαθμισμένο το νοητικό τους επίπεδο και δεν μπορούν να καταλάβουν, ούτε ακόμη και να ακούσουν. Η διαδικασία σταματά για συνεχείς εξηγήσεις και έτσι δεν πετυχαίνεται η συνέχεια της.

Γι' αυτό γίνονται πολλά παιχνίδια με το σώμα και τη φωνή, καθώς και παιχνίδια εμπιστοσύνης και επικοινωνίας, τα οποία θα βοηθήσουν στη συνειδητοποίηση της παρουσίας του άλλου.

Στην ομάδα συμμετέχει ενεργά και ο δάσκαλος, του οποίου ο ρόλος δεν είναι να εξουσιάζει την ομάδα ή να αποφασίζει για λογαριασμό όλων των άλλων, αλλά αντιθέτως ο ρόλος του είναι κυρίως συντονιστικός. Ο δάσκαλος είναι ο συμπαίκτης, ο συνεργάτης τους.

Τι πιο όμορφο από ένα δάσκαλο, που την πρώτη ημέρα της σχολικής χρονιάς, καλεί τα παιδιά να καθίσουν όλοι μαζί σε ένα μεγάλο κύκλο, να πιαστούν χέρι - χέρι, να αυτοσυστηθούν, να μιλήσουν για τα ενδιαφέροντά τους, να εκφράσουν τις απορίες τους, να γνωριστούν μακριά από τα θρανία; Να μιλήσουν με το δάσκαλό τους, που δε στέκεται όρθιος δίπλα στην έδρα του, αλλά με τον δάσκαλό τους που κάθισε δίπλα τους, πιάστηκε στον κύκλο τους, μίλησε και αυτός για τα ενδιαφέροντά του, εξέφρασε τις απορίες του, σαν ίσος προς ίσους, έθεσε τους στόχους της σχολικής χρονιάς μαζί τους, αφουγκράστηκε τα προβλήματά τους και τα συζήτησε. Τι πιο όμορφο από έναν δάσκαλο που την πρώτη ημέρα θα παίξει και θα τραγουδήσει με τα παιδιά του. Μέσα από τα μουσικά παιχνίδια και τα παι-

143

χνιδοτράγουδα, θα επιτευχθούν αβίαστα η ενεργοποίηση και η συμμετοχή των παιδιών σε ομαδικές δραστηριότητες, η συνεργασία και η ανάπτυξη της ομαδικότητας μέσα σε ένα ευχάριστο πραγματικά περιβάλλον. Σε ένα ευχάριστο περιβάλλον που ο δάσκαλος είναι πια ο άνθρωπός τους, αυτός που τα έπιασε, τα άγγιξε και πάνω απ' όλα έπαιξε μαζί τους.

Κατά την Dorothy Heathcode: *Η σπουδαιότητα της ικανότητας του εκπαιδευτικού έγκειται στο να δημιουργεί μια απελευθερωτική ατμόσφαιρα στην τάξη του, αλλάζοντας ο ίδιος ρόλο από πανειδήμονα σε συμπαίκτη, σύμφωνα με τον οποίο δε γνωρίζει πάντα το πώς για οτιδήποτε, αλλά παντρεύει τις ιδέες του με αυτές των παιδιών.*"

Θα πρέπει να τονιστεί, ότι η διάταξη των θρανίων, δεν αρκεί για να δουλέψει μια τάξη σε επίπεδο τάξης ως ομάδα, αλλά και σε ομάδες εργασίας. Όπως δεν αρκεί να χωρίσουμε τα παιδιά σε ομάδες και να δώσουμε όνομα σ' αυτές.

Αυτός είναι ο λόγος που την πρώτη εβδομάδα κυρίως, αλλά και καθ' όλη τη διάρκεια της σχολικής χρονιάς, λαμβάνουν χώρα δραστηριότητες θεατρικού παιχνιδιού, δραματοποίησης, στην ώρα της εκπαιδευτικής προσπάθειας μας κι όχι ξεκομμένο σε μια συγκεκριμένη ώρα του εβδομαδιαίου προγράμματος.

Το θεατρικό παιχνίδι, το οποίο επιχειρεί να ικανοποιήσει το παιδί, δημιουργεί συνθήκες απελευθέρωσης, χαράς, επικοινωνίας μέσα από τον αυθορμητισμό, τη λεκτική ή κινητική έκφραση, τη φαντασία, τη συνεργασία.

Είναι μία συνέχιση του παιχνιδιού του σπιτιού του, της γειτονιάς. Μην ξεχνάμε ότι το παιχνίδι είναι η πιο γνήσια και αυθόρμητη μορφή ενεργητικότητας και το μόνο μέσο για να ξεπεράσει το παιδί τις δυσκολίες που συναντά στην εξελικτική του πορεία. Το παιχνίδι είναι τρόπος ζωής, είναι επιθυμία για τη στιγμή που περνάει και αυτήν που ακολουθεί, είναι όρεξη για την ίδια τη ζωή. Για τον Ζαν Πολ Σαρτρ το παιχνίδι είναι μια δραστηριότητα κατά την οποία ο άνθρωπος ορίζει κανόνες και γι' αυτό αισθάνεται ελεύθερος να διαμορφώσει τις ενέργειές του σύμφωνα με τις αξίες και τους κανόνες που ο ίδιος έχει θέσει. Είναι αυτό που πειθαρχεί το πνεύμα, αναπτύσσει τη κρίση, το συλλογισμό, τη μνήμη και τέλος τη φαντασία. Το παιχνίδι αναπτύσσει τη συνεργατικότητα, την ευγενή άμιλλα, θέτει κανόνες αυστηρούς και απαράκλητους, τους οποίους τα παιδιά ακολουθούν πιστά. Για τον Vygotsky το παιχνίδι προκαλεί στα παιδιά ισχυρά κίνητρα μάθησης, δημιουργώντας ζώνες εγγύτερης ανάπτυξης, όπου δυνητικά μπορούν να υπερβούν το παρόν αναπτυξιακό τους επίπεδο.

Μέσα από το θεατρικό παιχνίδι, πετυχαίνουμε τη βελτίωση της εικόνας του μικρού μαθητή και ταυτόχρονα την άνοδο της αυτοπεποίθησής του, την καλύτερη προσαρμογή μέσα από το ξεπέρασμα τυχόν αναστολών του. Είναι σαν να βρίσκεται ανάμεσα στο όνειρο και την πραγματικότητα, είναι μια δραστηριότητα που το κάνει να κινείται μεταξύ του πλασματικού κόσμου του ονείρου και της πραγματικότητας.

Με τη δραματοποίηση τα παιδιά γίνονται μύστες στο μυστήριο της ανάληψης ρόλων, στην επικοινωνία, στην καλλιέργεια του λόγου και της αισθητικής και στην ενδυνάμωση του συναισθήματος. Μαθαίνουν να παίζουν το δικό τους ρόλο, κοινωνικό και θεατρικό, μέσα στην ομάδα. Τους δίνεται η ευκαιρία να υποδυθούν ένα χαρακτήρα με τόσο πάθος, ώστε να ταυτιστούν με το χαρακτήρα, να αισθανθούν όπως αυτός και να ξεφύγουν από τον εαυτό τους. Αυτή η διαδικασία μεταξύ των άλλων, προάγει και το αισθητικό ιδεώδες.

Με τον όρο δραματοποίηση εννοούμε τη μετατροπή, την ανάπλαση και επεξεργασία ενός αφηγηματικού υπάρχοντος κειμένου, μέσω δραματικού κώδικα (δραματική έκφραση, αυτοσχεδιασμός, αναπαράσταση με μίμηση) και την απόδοσή του από τα ίδια τα παιδιά. Εννοούμε δηλαδή, ότι τα παιδιά "κατασκευάζουν δράση", χωρίς όμως και να αποτελεί απαραίτητα αυτή η δράση θεατρική δράση.

Στη γωνιά του κουκλοθέατρου, που, εκτός από το κουκλοθέατρο υπάρχει διαμορφωμένος χώρος με μεγάλα μαξιλάρια ή καρεκλάκια, χώρος για ελεύθερη κίνηση των παιδιών, υπάρχει και το μπαουλάκι μας που κρύβει μέσα του ρούχα, πανιά πολλά και σε διάφορα μεγέθη και χρώματα, που άλλοτε γίνονται ποτάμια και βουνά, θάλασσα με θαλασσοταραχή και το μπαλάκι είναι το καράβι που θαλασσοδέρνει και άλλοτε φορώντάς τα παιδιά γίνονται λιοντάρια, πρίγκιπες και βασιλοπούλες, κάτοικοι ενός άλλου πλανήτη, όλα χρηστικά αντικείμενα που θα αξιοποιηθούν κατάλληλα και αυθόρμητα από τα παιδιά, κρουστά όργανα, μπαλάκια, λάστιχο που θα ενώνει κατά καιρούς όλα τα παιδιά και το δάσκαλο σε μια ομάδα, αφίσες και φωτογραφίες, αντίγραφα ζωγραφικών πινάκων, καθώς και το μαγνητόφωνο, αφού η μουσική και οι μουσικές δραστηριότητες είναι γνωστό ότι εξασκούνε την προσοχή, την αντίληψη και τη μνήμη, καθώς και τη δημιουργική φαντασία.

Δίπλα ακριβώς, τοποθετείται και το κουτί με τα χρώματα, τα πινέλα και τα μεγάλα χαρτιά. Τα παιδιά δουλεύουν τα χρώματα με το χέρι, το χέρι που αναπτύσσει τη σκέψη, και η σκέψη με τη σειρά της αναπτύσσει τη δεξιότητα. Στη γωνιά αυτή τα παιδιά θα κατασκευάσουν τις κούκλες, τις μάσκες τους, τις γιγαντοκούκλες, το σκηνικό για ένα θεατρικό δρώμενο. Το σώμα ελευθερώνεται, ο κάθε μαθητής κάθεται ελεύθερα στο χώρο, δεν καταπιέζεται, δεν αγχώνεται. Και εκεί που κάποιος θα νόμιζε ότι θα προκληθεί θόρυβος και αταξία, αντιθέτως υπάρχει ένα πειθαρχημένο κλίμα, ήρεμο, εκτονωμένο μέσα από τις πολυποίκιλες δραστηριότητες.

Σημαντικό εργαλείο στα χέρια του δασκάλου είναι και οι

κούκλες. Κούκλες που ή τις έχουν κατασκευάσει τα ίδια τα παιδιά ή τις έχει φέρει ο δάσκαλος και τις συστήνει σ' αυτά σαν καλούς του φίλους.

Οι κούκλες του κουκλοθέατρου, που σύμφωνα με την Περσεφόνη Σέξτου, μετατρέπονται σε ζωντανά μέσα, αναπτύσσουν πολύ εύκολα κώδικες επικοινωνίας με τα παιδιά. Μπορούν και συζητούν και παίζουν μαζί τους, τους διηγούνται παραμύθια, αλλά και καθημερινά βιώματά τους. Τα παιδιά ταυτίζονται μαζί τους, μιλούν ελεύθερα εκφράζοντας τα συναισθήματά τους και τις σκέψεις τους, επεξεργάζονται το γλωσσικό τους κώδικα και ταυτόχρονα ψυχαγωγούνται.

Στη διάρκεια της σχολικής χρονιάς, οι κούκλες αντικαθιστούν το δάσκαλο και γίνονται συντονίστριες, παροτρύνουν τα παιδιά να μιλήσουν, τις περισσότερες φορές είναι αυτές που με τη μεταφορά δικών τους καθημερινών βιωμάτων, γίνονται η αιτία προβληματισμών από μέρους των παιδιών και θα σταθούν ως αφορμή για την εκπόνηση ενός project. Τα παιδιά ξεχνούν τον δάσκαλο και αρχίζουν να συζητούν, να τραγουδούν, να παίζουν με τις κούκλες. Είναι τόσο μεγάλη η μαγεία της κούκλας, που ακόμη και να μην υπάρχει κουκλοθέατρο, τα παιδιά δεν βλέπουν το δάσκαλο που κινεί τις κούκλες, αλλά μόνο της κούκλες. Κάποιες στιγμές τα παιδιά μιλούν "μέσα" από τις κούκλες, εκφράζουν τα συναισθήματά τους, περνούν από το πραγματικό στο φανταστικό, απελευθερώνονται. Τη γωνιά του κουκλοθέατρου τη χρησιμοποιούν και στην παρουσίαση εργασιών τους. Αναλαμβάνουν πρωτοβουλίες και αναπτύσσουν έτσι την ικανότητα να επιλύουν τα προβλήματά τους ποικιλοτρόπως. Ντύνονται με τα πανιά και παίζουν τους ρόλους τους στη διάρκεια δραματοποίησης ενός λογοτεχνικού κειμένου, ενός ποιήματος, ενός τραγουδιού, μιας σκηνής βγαλμένης μέσα από το μάθημα της ιστορίας. Με τα παιχνίδια ρόλων τα παιδιά, αυξάνουν την ικανότητά τους να βλέπουν τα πράγματα μέσα από τη σκοπιά των άλλων. Παίζουν το έργο που έχουν γράψει οι ίδιοι, εκφράζουν τις σκέψεις τους, τα συναισθήματά τους, με τις κούκλες ή φορώντας οι ίδιοι μάσκες, αναπτύσσοντας την αφηρημένη σκέψη, το συμβολισμό και την εξέλιξη της δημιουργικής τους σκέψης.

Δραματοποίηση, θεατρικό παιχνίδι, κουκλοθέατρο, κούκλα, γίνονται εργαλεία στα χέρια του ευέλικτου δασκάλου, για να μπορέσει να κάνει να "ανθίσουν" ακόμη και εκείνα τα "λουλουδάκια" παιδιά, που διαφορετικά δε θα μπορούσαν, καθώς και να τα χρησιμοποιήσει σαν άριστα αναπτυξιακά μέσα, ενθαρρύνοντας τη συνεργασία και αποθαρρύνοντας την εγωκεντρική συμπεριφορά των παιδιών.

4.2. ΤΟ ΠΑΡΑΜΥΘΙ ΚΑΙ Η ΜΟΡΦΩΤΙΚΗ ΤΟΥ ΑΞΙΑ

Πολλές στιγμές της σχολικής χρονιάς ο δάσκαλος μετατρέπεται σε έναν πραγματικό παραμυθά, φορώντας το περίεργο καπέλο του, το καπέλο του παραμυθά και η γωνιά της βιβλιοθήκης μετατρέπεται σε ταξιδιάρικο τρενάκι, με οδηγό τον παραμυθά και ένα καλό βιβλίο.

Η φράση "μια φορά και ένα καιρό...", ασκεί μαγική δύναμη και έχει μεγάλη σημασία για το παιδί. Το παιδί από τη στιγμή εκείνη μεταφέρεται με τα φτερά της φαντασίας του σ' ένα θαυμαστό κόσμο, κόσμο γεμάτο αισιοδοξία, χαρά, αγάπη, ειρήνη.

Το παραμύθι συμβάλλει στην πολιτισμογνωσία, γιατί καθώς αναφέρεται στην ιστορία, τα ήθη και έθιμα εισάγει στο πνεύμα και στη ψυχή, τη γνώση διάφορων πολιτισμών και αποκτούν τα παιδιά λαογραφικές γνώσεις.

Το παραμύθι είναι ένα μέσο για τη γλωσσική ανάπτυξη του παιδιού. Το παιδί ευχαριστιέται να ακούει παραμύθια ή ακόμη και να τα διηγείται το ίδιο. Όταν διηγείται το δικό του παραμύθι ή ακόμη και το παραμύθι της ομάδας του, πετυχαίνει να χρησιμοποιεί πολλά στοιχεία του λεκτικού μας πλούτου και των εκφραστικών δυνατοτήτων που προσφέρει η γλώσσα μας. Και στις δύο αυτές περιπτώσεις του δίνονται ευκαιρίες να εμπλουτίσει το λεξιλόγιό του, να γίνεται ασυνείδητα κάτοχος του γλωσσικού μηχανισμού και να συνηθίζει στην ακριβή και σαφή διατύπωση διανοημάτων και συναισθημάτων.

Η γνώση της γλώσσας δεν αποτελεί απλά μόνο ένα εργαλείο επικοινωνίας, αλλά είναι καθοριστικό συστατικό της προσωπικότητας του ανθρώπου και της φυσιογνωμίας ενός λαού. Η γλώσσα δεν είναι ένα άψυχο πράγμα, αλλά ένας ζωντανός οργανισμός. Μέσα από τη γνώση της γλώσσας, στο παιδί, απεικονίζονται στοιχεία από την ιστορία, τη σκέψη, την καλλιέργεια του πολιτισμού μας.

Στα παραμύθια όλα έχουν ψυχή, αισθήσεις και βούληση. Έτσι, δεν τέρπουν μονάχα την παιδική ψυχή, αλλά ανταποκρίνονται στην παιδική ανάγκη και επιθυμία του παιδιού να ξεφύγει από την πεζότητα της ψυχρής πραγματικότητας.

Ο δάσκαλος θα πρέπει να κατέχει καλά το περιεχόμενο του παραμυθιού, ώστε να μπορεί να το διηγηθεί χωρίς διακοπές, επαναλήψεις, δισταγμό, με αποτέλεσμα να χαλαρώσει η προσοχή των μαθητών του. Η διήγηση θα πρέπει να είναι παραστατική, ζωντανή, ρέουσα, δραματική, να συνοδεύεται με μιμητικές κινήσεις και να χρησιμοποιεί ευθύ, αντί πλάγιου λόγου. Όπως επίσης θα πρέπει να αποφεύγει τις περιττές λεπτομέρειες, τις ηθικές κρίσεις επί των γεγονότων και τους χαρακτηρισμούς δρώντων προσώπων. Θα πρέπει να έχει νιώσει ο ίδιος πρώτα την ομορφιά του κειμένου, για να τη μεταδώσει στα παιδιά.

Στο τέλος, τα παιδιά οδηγούνται αυθόρμητα στη δραματοποίηση, στην εικονογράφηση της ιστορίας, στο γράψιμο ενός παράλληλου παραμυθιού ή απλώς συνεχίζουν την ιστορία και της δίνουν το δικό τους τέλος. Η πιστή δραματοποίηση μιας γνωστής ιστορίας, εμπεριέχει το πρόβλημα ότι τα παιδιά γνωρίζουν το τέλος εκ των προτέρων. Πολλές φορές, χρησιμοποιώντας λοιπόν, μια ιστορία σαν εκκίνηση, καλούνται τα παιδιά να σκεφθούν πώς θα την εξερευνήσουν, πώς θα την ξεκινήσουν, πώς θα διατηρήσουν ζωντανή κάποια δραματική ένταση. Άλλες φορές πάλι ο δάσκαλος, πριν διαβάσει την ιστορία, μπορεί να διαμορφώσει μια κατάσταση παρόμοια με εκείνη του παραμυθιού, να το δραματοποιήσουν ουσιαστικά χωρίς να το έχουν ακούσει και στο τέλος να διαβαστεί και τα παιδιά να εντυπωσιαστούν, γιατί θα έχουν την εντύπωση ότι είναι μέρος της ιστορίας, που τώρα πια γίνεται κτήμα τους. Με τους παραπάνω τρόπους, ο δάσκαλος πετυχαίνει να εισάγει στη διαδικασία της μάθησης το παιδί, με προσωπικό ενθουσιασμό και θέληση, να μάθει πιο εύκολα, να κατανοεί καλύτερα, να θέλει να μάθει να διαβάζει.

Η Virginia Havilant είπε: *Θα υπήρχε πλήρης στασιμότητα σ' όλες τις επιστήμες και στη τέχνη, δίχως την αχαλίνωτη φαντασία δημιουργικών ανθρώπων που, όπως φαίνεται, επηρεάστηκαν διαβάζοντας παραμύθια στην παιδική τους ηλικία."*

Στη γωνιά της βιβλιοθήκης, τα παιδιά, εκτός από το να ακούσουν ή να διαβάσουν τα παραμύθια, έχουν την ευκαιρία να διαβάσουν και βιβλία λογοτεχνικά ή βιβλία και περιοδικά με θέματα που τους ενδιαφέρουν πραγματικά, να αναζητήσουν "πηγές γνώσης" που θα χρησιμοποιήσουν στην ομαδική επεξεργασία ενός θέματος που θα τους απασχολήσει. Στη βιβλιοθήκη υπάρχουν και βιβλία, που στη διάρκεια της σχολικής χρονιάς, θα προστρέξει και ο δάσκαλος να τα συμβουλευτεί και έτσι με την συμπεριφορά του θα προτρέψει τα παιδιά να ζητήσουν στις δραστηριότητές τους απαντήσεις μέσα από τα βιβλία.

Η ένταξη της ανάγνωσης ολόκληρων λογοτεχνικών, με την ευρεία έννοια, βιβλίων, μέσα στην καθημερινή πρακτική του σχολείου, αφορά αρχικά μόνο το γλωσσικό μάθημα. Πολύ γρήγορα όμως αντιλαμβάνονται μαθητές και δάσκαλος, πως λόγω της ιδιότητας της λογοτεχνίας, να μιλά δηλαδή για όλα τα θέματα που απασχολούν τον άνθρωπο, θέματα που εντάσσονται παραδοσιακά στις γνωστικές περιοχές άλλων μαθημάτων, όπως της ιστορίας, της μελέτης περιβάλλοντος, των θρησκευτικών, η ανάγνωση βιβλίων δεν μπορεί να ανήκει σε ένα μάθημα, αλλά μπορεί να διαπεράσει όλο το σχολικό πρόγραμμα και να γίνει ουσιαστικό μέρος της σχολικής ζωής στο σύνολό της. Έτσι η λογοτεχνία πολύ γρήγορα γίνεται γέφυρα ανάμεσα στα γνωστικά αντικείμενα και τις διάφορες κοινωνικές και συναισθηματικές εμπειρίες που έχουν τα παιδιά.

Η υποχρεωτική ανάγνωση και εκμάθηση των σχολικών βιβλίων στερείται οποιουδήποτε κινήτρου, εκτός από το αίσθημα του καθήκοντος και το φόβο της εξέτασης. Η δημιουργία κινήτρων για ανάγνωση βασίζεται στα ενδιαφέροντα των παιδιών, αλλά και στη σύνδεση της ανάγνωσης με τις προσωπικές τους εμπειρίες τους.

Ο εμψυχωτής δάσκαλος, προσπαθεί ώστε να δημιουργείται στην τάξη ένα ιδιαίτερο νοηματοδοτικό περιβάλλον, το οποίο συνεχώς να προκαλεί ερωτήματα και προβλήματα, που θα αναδύονται και θα αποτελούν αντικείμενο συζήτησης και που θα μπορούν να απαντηθούν με την ενασχόλησή και την ανάγνωση βιβλίων. Πολλές φορές τα παιδιά δε διαβάζουν, γιατί δεν ξέρουν τι να αναζητήσουν μέσα από την ανάγνωση ενός βιβλίου. Ενός βιβλίου που είναι κιβωτός γνώσης, είναι μέσο έκφρασης, είναι λόγος. Σύμφωνα με τα στοιχεία του Εθνικού Κέντρου Βιβλίου, που είναι αποκαλυπτικά, ένα εντυπωσιακά μεγάλο ποσοστό, το 54,7% των ελλήνων δεν πιάνουν βιβλίο στα χέρια. Η αδιαφορία αυτή για το βιβλίο και η αντιμετώπισή του απασχολεί όλους, αλλά κυρίως τον εκπαιδευτικό κόσμο. Μια αδιαφορία που κινδυνεύει να οδηγήσει στην υποβάθμιση της πολιτιστικής ζωής. Φτωχαίνει ο λόγος των ανθρώπων, η γνώση γίνεται ενημέρωση, οι πνευματικές λειτουργίες περιορίζονται και ο προβληματισμός του ανθρώπου απουσιάζει. Ο δάσκαλος είναι αυτός που πρέπει να δημιουργήσει ευνοϊκό κλίμα για το ξύπνημα του ενδιαφέροντος των παιδιών για το βιβλίο και τη συνέχιση της πολιτιστικής του αποστολής. Να τα μετατρέψει σε ενεργητικούς αναγνώστες. Τα δικά του βήματα είναι αυτά που θα οδηγήσουν τα μικρά παιδιά στα μονοπάτια του βιβλίου, στα μονοπάτια που θα τους οδηγήσουν στην αλήθεια και στην ομορφιά της ζωής, στη διεύρυνση των πνευματικών οριζόντων τους.

Άλλωστε η λογοτεχνία είναι μία από τις ωραίες τέχνες. Η τέχνη του λόγου είναι κατ' αρχήν τέχνη των λέξεων, που εκδηλώνεται σε μορφή ποίησης και πεζογραφίας. Η λέξη είναι το απλούστερο στοιχείο του λόγου. Αν την λέξη την πάρουμε ξεχωριστά, δεν εκφράζει ένα ολόκληρο διανόημα ή ένα πλήρες συναίσθημα. Η ειδική συνάρτηση λέξεων σε μια έκφραση, μόνη αυτή είναι το πραγματικό κύτταρο του λόγου. Μια έκφραση περιέχει ένα ολόκληρο διανόημα και είναι δυνατό να θερμαίνεται από ένα συναίσθημα. Ας είναι λοιπόν ο δάσκαλος αυτός που θα τους οδηγήσει στον κόσμο των λέξεων, στον κόσμο του ποιητικού και πεζού λόγου και ας τολμήσουν τα παιδιά να γράψουν τα δικά τους πεζά ή ποιητικά κείμενα. Εν αρχή ην ο λόγος και ο λόγος είναι το βιβλίο και το βιβλίο είναι ο λόγος.

Η Louise Rosemblatt έχει την άποψη, ότι: " κάθε λογοτεχνικό

κείμενο εμπερικλείει μια φιλοσοφία ζωής. Διατυπώνονται εκεί κάποιες απόψεις για τη ζωή. Με το να διαβάζει κανείς ποικίλα λογοτεχνικά κείμενα, έρχεται σε επαφή με αλληλοσυγκρουόμενες απόψεις και θέσης για τη ζωή. Έτσι δίνεται στον αναγνώστη το κίνητρο για συζήτηση, οπότε μέσα από τη διαδικασία της αναζήτησης, μπορεί το άτομο να αναπτύξει μια καλύτερη και σωστότερη αντίληψη για τον κόσμο και τον εαυτό του".

4.3. Ο ΗΛΕΚΤΡΟΝΙΚΟΣ ΥΠΟΛΟΓΙΣΤΗΣ

Τα τελευταία χρόνια στην εκπαιδευτική πραγματικότητα, έχουν εισβάλει δυναμικά και στον τομέα της εκπαίδευσης οι Τεχνολογίες Πληροφορίας και Επικοινωνίας. Οργανώθηκαν πλέον, στα περισσότερα σχολεία, εργαστήρια πληροφορικής, όπου τα παιδιά μαθαίνουν να επεξεργάζονται γραπτά κείμενα, να ζωγραφίζουν μέσα από προγράμματα. Μαθαίνουν ακόμη, πώς να ψάχνουν για χρήσιμα στοιχεία και πληροφορίες, σχετικές και χρήσιμες για τα μαθήματα και τις μελλοντικές αναζητήσεις, μέσα από το διαδίκτυο. Έχουν πρόσβαση σε δεδομένα και πληροφορίες σε παγκόσμιο ιστό. Κατά τη γνώμη μου η αξεπέραστη μοναδικότητα του Η/Υ είναι ότι παρέχει τις ίδιες ευκαιρίες πρόσβασης στη λήψη και επεξεργασία πληροφοριών σε όλα τα παιδιά, ανεξάρτητα με το οικονομικοκοινωνικό τους υπόβαθρο σε όλα τα πλάτη και μήκη της γης. Εργαστήρια πληροφορικής είναι διαθέσιμα πλέον για δράσεις ακόμη και e-learning στα περισσότερα σχολεία.

Είναι εκπληκτική η ευχέρεια και η ταχύτητα με την οποία διαδίδεται η πληροφορία. Είναι γνωστό ότι η ανάπτυξη της τεχνολογίας οφείλεται κυρίως στην επιστημονική γνώση. Επομένως αν διαδίδεται εύκολα η γνώση, τότε και η τεχνολογία αυτοσυντηρείται και βελτιώνεται. Γίνεται κύκλος. Έτσι λοιπόν η τεχνολογία φρόντισε να δημιουργήσει τους ηλεκτρονικούς υπολογιστές, και τώρα μπορούν όλοι οι νέοι άνθρωποι να βλέπουν πιο εύκολα και γρήγορα γενικές, αλλά κυρίως ειδικές πληροφορίες. Οι πληροφορίες αυτές θα μετατραπούν σε γνώσεις, αφού περάσουν πρώτα μέσα από τις γνωστές οδούς μάθησης που περιγράψαμε στα προηγούμενα κεφάλαια. Γνώσεις ωφελιμιστικού χαρακτήρα, που δεν βασίζονται όμως στην αυτονομία και τη δημιουργικότητα εκείνων που τις κατέχουν. Οι Η/Υ είναι ισχυρά μέσα αποθήκευσης και επεξεργασίας της ανθρώπινης γνώσης, που μπορεί ο νέος άνθρωπος να κάνει κτήμα του εύκολα και γρήγορα. Υπάρχει όμως ο ορατός κίνδυνος τα παιδιά να γίνουν "δούλοι" του καινούριου εργαλείου και να γίνουν θύματα της νοοτροπίας του πνευματικού νεοπλουτισμού, που μας κάνει να πιστεύουμε ότι, αν κάτι δεν έχει σχέση με computer, είναι δεύτερης κατηγορίας. Αλίμονο αν επικρατήσει αυτή η αντίληψη. Ο υπολογιστής θα πρέπει να περάσει στη συνείδηση των παιδιών, σαν εργαλείο και μόνο, χωρίς θεοποίηση, υποταγμένος στην σκέψη τους και όχι το αντίθετο. Ο ηλεκτρονικός υπολογιστής λειτουργεί και πράττει σύμφωνα με τον προγραμματισμό του, πίσω από τον οποίο βρίσκεται ο ανθρώπινος νους. Είναι ένα, όντως, εξελιγμένο εργαλείο και ένα συμπλήρωμα των δυνατοτήτων του ανθρώπου, από τις οποίες εξαρτάται απόλυτα. Δεν είναι βέβαια δυνατόν να αποκλείσουμε τις νέες τεχνολογίες από το σχολείο, είναι δυνατόν όμως να βάλουμε όρια και να μάθουμε τους μαθητές μας να αντιμετωπίζουν κριτικά τις εφαρμογές τους. Όπως είναι δυνατόν να τους διδάξουμε ότι κανένα εργαλείο και κανένα μέσο δεν αξίζει τόσο, όσο οι ίδιοι και πως όλα αυτά είναι δημιουργήματα του ανθρώπου προορισμένα να τον υπηρετούν και όχι να τον σκλαβώνουν.

Εστιάζοντας την προσοχή μας στην νέα τεχνολογία, γίνεται αντιληπτό από όλους μας πως η πληροφορία έχασε μέρος από την παραδοσιακή της αξία, ενώ αντίθετα ενισχύθηκε ο ρόλος της πρόσβασης σ' αυτήν. Η ικανότητα συσσώρευσης τεράστιας ποσότητας πληροφοριών σε ελάχιστο, σχεδόν μηδαμινό χώρο και η άμεση πρόσβαση σ' αυτές καθιστούν τις γνώσεις που αποκτώνται με τον τρόπο αυτό ανεπαρκείς και πρόσκαιρες, όσο αξιόλογες κι αν είναι φαινομενικά. Οι περισσότερες γνώσεις που αποκτήθηκαν μέσα από τον Η/Υ είναι καταδικασμένες να παραμείνουν προσωρινά και μόνο στον εγκέφαλο, κυρίως του φανατικού χρήστη, και γρήγορα να αντικατασταθούν από άλλες, που με τόση ταχύτητα, τόσο όγκο και τόση ευκολία μας παρέχει η συσκευή. Στη βασική λοιπόν εκπαίδευση η αλόγιστη χρήση του Η/Υ, περισσότερο μοιάζει με κατάρα, παρά με ευλογία. Ανάμεσα στον υπολογιστή και στο μαθητή δεν δημιουργούνται δεσμοί φιλίας, αλλά εξάρτησης. Δεν υπάρχει καμιάς μορφής ψυχική επικοινωνία, ούτε συναισθηματική επαφή, που για τα παιδιά είναι χρήσιμη όσο και το οξυγόνο. Είπε ο Πλάτων πριν από 2500 χρόνια : "Στη βάση κάθε απόκτησης και μεταβίβασης γνώσεως υπάρχει ο έρως: ο έρως για το διδασκόμενο αντικείμενο που αναγκαστικά περνά μέσα από την ιδιαίτερη ουσιαστική σχέση μεταξύ διδάσκοντος και διδασκομένου".(Κ. Καστοριάδης, La fin de l'historie)

Ο δάσκαλος άνθρωπος χρειάζεται περισσότερο από κάθε άλλη φορά, αλλά σε ένα νέο ρόλο. Είναι αυτός που επιλέγει τα προγράμματα, ώστε να παρέχεται η κατάλληλη μόνο πληροφορία, αποτρέποντας έτσι την εμφάνιση των νέων μορφών εξάρτησης τής εποχής μας.

Το πιο σημαντικό αντεπιχείρημα σε αυτούς που υποστηρίζουν την αντικατάσταση του δασκάλου από έναν εικονικό δάσκαλο, είναι η ολοκληρωμένη παιδαγωγική αντίληψη του σύγχρονου δασκάλου, ο οποίος προσφέρει γενική καλλιέργεια, ψυχική και πνευματική και ουσιαστική μόρφωση στους μαθητές του και μέσα από αυτή τη σημαντική προσφορά μπορεί να αντιμετωπιστεί η ηλεκτρονική κατατονία και οι άμεσες συνέπειες αυτής, δηλαδή η εξάρτηση και η παθητικοποίηση. Αφού το μηχάνημα δεν έχει ψυχή, αυτός που μαθαίνει από το μηχάνημα δε θα έχει και αυτός ποτέ ψυχή.

Μετατρέπεται ο ηλεκτρονικός υπολογιστής, στα χέρια του δημιουργικού δασκάλου σε εργαλείο έκφρασης, διερεύνησης και αναζήτησης. Στηρίζει την προσπάθειά του, να γίνει πιο αποτελεσματικός, χρησιμοποιώντας τον ως εποπτικό μέσο, σαν εργαλείο παραγωγής παιδαγωγικών βοηθημάτων. Η διδασκαλία με τη χρήση του, βοηθά στην ανάπτυξη των νοητικών δεξιοτήτων, του σχηματισμού και της διάκρισης εννοιών, με στόχο την επίδοση των μαθητών στο σχολείο. Είναι μια προγραμματισμένη διδακτική παρέμβαση, με τη σύγχρονη συμβολή του δασκάλου, η οποία έχει ως απώτερο στόχο και την παρουσίαση των νέων τεχνολογιών στα παιδιά και τη δημιουργία θετικής στάσης απέναντί τους.

Οι βουβοί και σκονισμένοι χάρτινοι χάρτες, αντικαθιστώνται από τους ηλεκτρονικούς χάρτες, ένα πιο ρεαλιστικό βοήθημα, αφού αποτυπώνει την πραγματικότητα με περισσότερα στοιχεία (τοπογραφικά σχέδια, φωτογραφίες ιστορικών μνημείων, αποτύπωση πανίδας, χλωρίδας). Η εικόνα και ο ήχος, σε συνδυασμό με παράλληλες δραστηριότητες, δίνουν τη δυνατότητα στα παιδιά να μπορούν να ακούσουν και να συζητήσουν, να αναλύσουν, να καταγράψουν παρατηρήσεις. Τα μορφωτικά μηνύματα που εκπέμπονται, επειδή συνδυάζουν την εικόνα με το λόγο, αποκτούν ιδιαίτερα αυξημένη αποτελεσματικότητα.

Τα παιδιά μαζί με το δάσκαλο χρησιμοποιούν τον υπολογιστή και για να επεξεργαστούν δραστηριότητες που έχουν άμεση σχέση με τη φωνή και τον ήχο. Συνεντεύξεις, συζητήσεις, αφηγήσεις, παρακινούν τους μαθητές να μελετήσουν τη γλώσσα τους, τη μεταφορά του προφορικού λόγου σε γραπτό, την εντόπιση εκφραστικών λαθών, εκμεταλλευόμενοι το πλεονέκτημα της γρήγορης επεξεργασίας δεδομένων ήχου με ειδικά προγράμματα μέσα από τον υπολογιστή. Μιλούν και καταγράφεται η ομιλία τους με τη μορφή κειμένου. Ενός κειμένου που θα πρέπει να επεξεργαστεί από τα παιδιά, με τη βοήθεια του δασκάλου τους. Και αυτό γιατί είναι γνωστό, ότι ο γραπτός λόγος είναι δυσκολότερος από τον προφορικό. Ο προφορικός είναι πιο άμεσος. Ο γραπτός λόγος, επειδή είναι προσχεδιασμένος, είναι περισσότερο επιμελημένος από τον προφορικό και το ύφος του λιγότερο αυθόρμητο. Το ύφος του ποικίλει από απλούστερο και πιο οικείο, σε περισσότερο επεξεργασμένο και επίσημο.

Εικόνες, ήχος, κείμενα, συσσωρευμένη και αποθηκευμένη γνώση, γίνονται προσιτά σε όλους και μπορούν να μάθουν πιο εύκολα.

Υπάρχουν ήδη στη διάθεση του δασκάλου και των μαθητών, παραγωγές πακέτων μάθησης- εκπαιδευτικών CD-ROMs και ταυτόχρονα τα σχολεία είναι συνδεδεμένα στο Διαδίκτυο. Η προσφορά του Διαδικτύου στη διδασκαλία, όπως ακόμη και άλλων εφαρμογών, δε σημαίνει και την παιδαγωγική αξιοποίησή τους, γιατί θα πρέπει να υπάρχει πάντα το σχέδιο -πλάνο διδασκαλίας, ώστε οι μαθητές να καταλήγουν παίχτες της μάθησης και όχι απλοί θεατές. Η μάθηση από το διαδίκτυο και τα πακέτα μάθησης δε θα πρέπει να μετατρέπονται σε μια μοναχική δραστηριότητα ή σε μια τυποποιημένη παρουσίαση πληροφοριών, με κινούμενες εικόνες και πολύχρωμα γραφικά.

Τα παιδιά μιας δημιουργικής τάξης δεν αρκούνται ποτέ σ'

αυτά που βλέπουν και ακούν, αλλά ψάχνουν να βρουν και να εξηγήσουν τα αίτια των γεγονότων, κρίνουν και αμφισβητούν την αξιοπιστία των πληροφοριών που παίρνουν μέσα από τα εκπαιδευτικά προγράμματα, πριν τις αποδεχτούν.

Τα παιδιά παρουσιάζουν ακόμη τις εργασίες τους χρησιμοποιώντας το PC και τον projector, πιο αποτελεσματικά, αφού έχουν στη διάθεσή τους εξαιρετικά προηγμένο τρόπο παρουσίασης με βίντεο, ήχο, κείμενα, εικόνες, παραστάσεις, ομιλία και φυσικά στο τέλος διαλογική συζήτηση.

Εκτός λοιπόν από τα βιβλία της βιβλιοθήκης, τα οποία είναι αναπόσπαστα βοηθητικά στοιχεία της μάθησης, έρχεται να προστεθεί ακόμη ένα εργαλείο, που οι μαθητές και ο δάσκαλος θα το χρησιμοποιήσουν για να ψάξουν άλλα στοιχεία και εναλλακτικές απόψεις, στα πλαίσια μιας αμφίδρομης και διαδραστικής επικοινωνίας και να μετατρέψουν σε ακόμη πιο ελκυστική την εξερεύνηση στα μονοπάτια της γνώσης. Αυτό που μοσχοβολά είναι όμως το βιβλίο. Ο υπολογιστής είναι και θα είναι άοσμος.

4.4. Ο ΡΟΛΟΣ ΤΩΝ ΓΟΝΕΩΝ

Στο τέλος αυτού του κεφαλαίου δεν θα πρέπει να παραλείψω τη συμμετοχική δύναμη των γονέων των μαθητών της τάξης, η οποία είναι και το πιο σημαντικό "εργαλείο" στα χέρια του δασκάλου.

Οι γονείς από απλοί επισκέπτες την ώρα της πρωινής προσευχής και την ώρα του διαλείμματος στο φράχτη του σχολείου, πρέπει να μεταβληθούν σε ενεργά πρόσωπα της σχολικής ζωής της τάξης, η οποία μέσα από αυτή την συνεργασία αποκτά δυναμισμό και πολυδιάσταση. Είναι δυνατόν να αποτελέσουν μια μεγάλη ομάδα συνεργατών του δασκάλου και των μαθητών και έτσι να διευρυνθούν οι διαστάσεις της μορφωτικής δράσης, η οποία βασίζεται στα ερεθίσματα που προσφέρει ο κόσμος έξω από το σχολείο και είναι προβληματισμοί της ευρύτερης κοινωνίας. Να έρθουν κοντά στο δάσκαλο και τα παιδιά και να συμμετέχουν ενεργά στις δραστηριότητες που γίνονται μέσα και έξω από τους τοίχους του σχολείου, αφού η μάθηση δεν είναι "φυλακισμένη" μέσα στους τέσσερις τοίχους.

Ο δάσκαλος στις συναντήσεις του με τους γονείς παρουσιάζει και αναπτύσσει τους στόχους και το πλάνο - σχεδιασμό των ενοτήτων που θα επεξεργαστούν αυτός και τα παιδιά, όπως αποφασίστηκαν από την ολομέλεια των παιδιών με τη συμμετοχή του δασκάλου προηγούμενα και τους καλεί να είναι συμπαραστάτες των παιδιών σ' αυτή την προσπάθειά τους.

Στις συναντήσεις αυτές δε δίνονται συνταγές, ούτε γίνονται αναρίθμητες παρατηρήσεις. Στις συναντήσεις αυτές ο δάσκαλος θα ακούσει τους γονείς, θα αφουγκραστεί τις αγωνίες τους. Θα αναπτύξει, στη συνέχεια, ο ίδιος ή και άλλος επιστημονικός - συνεργάτης παιδαγωγικά θέματα, που θα μπορέσουν να δώσουν απαντήσεις στις απορίες τους και τις αγωνίες τους.

Σε άλλο σημείο του βιβλίου τονίστηκε η συμβολή της οικογένειας στην αγωγή του νέου, αφού η βιολογική γενετήσια σχέση μεταβάλλεται σε πνευματική και μάλιστα εξαρτάται η πνευματική αυτή σχέση, σε μεγάλο βαθμό, από το ιδιότυπο των προσωπικοτήτων της οικογένειας και από το πνεύμα που επικρατεί σ' αυτή. Αυτός είναι ο λόγος που στις συναντήσεις θα επικρατεί περισσότερο το στοιχείο της προσπάθειας επίλυσης προβλημάτων στις σχέσεις γονέων, παιδιού και σχολείου.

Οι ενημερωμένοι γονείς είναι αυτοί που θα αναπτύξουν

σχέση εμπιστοσύνης με το δάσκαλο και τους μαθητές της τάξης και δε θα αμφισβητήσουν ποτέ τις προθέσεις τους. Θα γίνουν συμπαραστάτες στον αγώνα των παιδιών τους. Ενός αγώνα που δίνουν για να μπορέσουν προσεγγίσουν τη γνώση, νιώθοντας αυτοπεποίθηση και αισιοδοξία, νιώθοντας τη χαρά της δημιουργίας και την επιβεβαίωση του εαυτού τους.

Επί πλέον, γνωρίζοντας οι γονείς πιο καλά και από κοντά, πώς λειτουργεί ένα ευέλικτο σχολείο και τι άλλο μπορεί να προσφέρει πέρα από το αυτονόητο που είναι η μάθηση, είναι βέβαιο ότι θα ματαιώσουν μερικές από τις εξωσχολικές δραστηριότητες του παιδιού τους, διακρίνοντας ότι είναι πλέον περιττές. Αυτομάτως το παιδί κερδίζει λίγο ακόμη ελεύθερο χρόνο, πού θα τον αξιοποιήσει πιο παραγωγικά. Πώς; Παίζοντας.

ΚΕΦΑΛΑΙΟ ΠΕΜΠΤΟ

ΟΙ ΜΑΘΗΤΕΣ ΜΙΑΣ ΕΥΕΛΙΚΤΗΣ ΤΑΞΗΣ

Όπως ήδη έχει γραφεί, όλες οι μεταρρυθμίσεις που είχαν σα σκοπό τη βελτίωση του εκπαιδευτικού συστήματος, ήταν ετεροβαρείς και αφορούσαν κυρίως τους εκπαιδευτικούς και όχι αυτούς για τους οποίους προορίζονταν και που είναι το μαθητικό δυναμικό αυτού του τόπου. Όλες οι μεταρρυθμίσεις μιλούσαν για τα εξεταστικά συστήματα κυρίως, ενώ λιγότερο ενδιαφέρονταν για το αυτονόητο, τι θα κάνουμε δηλαδή για να φτάσουμε ως εκεί. Το αποτέλεσμα είναι γνωστό. Ενώ οι μαθητές μας κουράζονται περισσότερο από τους συνομήλικούς τους άλλων αναπτυγμένων χωρών, είναι πίσω από όλους αυτούς. Το γιατί είναι προφανές. Είναι η μετωπική και άκαμπτη μέθοδος διδασκαλίας που ακολουθείται για δεκαετίες, συνεπικουρούμενη από την ανεπάρκεια των σχολικών κτιρίων. Είναι ακόμη που τα σχολεία ζητούν περισσότερα από όσα είναι ικανά να δώσουν.

Μια σοβαρή προσπάθεια γίνεται, τα τελευταία χρόνια, με την εισαγωγή καινοτόμων προγραμμάτων, που εφαρμόζονται και που φαίνεται ότι αφορούν πρώτα τον μαθητή και μετά όλους τους άλλους παράγοντες της εκπαίδευσης.

Στη διάρκεια της εκπαιδευτικής διαδικασίας και σχεδόν καθημερινά αντιμετωπίζει ο δάσκαλος δικαιολογίες από τα παιδιά του, για τη μη εκτέλεση των καθηκόντων τους, σχετικά με τη σχολική εργασία τους. "Δεν πρόλαβα, γιατί είχα άλλες εξωσχολικές δραστηριότητες", "δε μπόρεσα, γιατί δυσκολεύτηκα", "δε μπόρεσα γιατί δεν είχα τον απαιτούμενο χρόνο να ψάξω για πληροφορίες", είναι μερικές δικαιολογίες που ο κάθε δάσκαλος αντιμετωπίζει. Αλλά αντιμετωπίζει κι άλλες πιο ειλικρινείς, όπως: "κουράστηκα, γι' αυτό δεν έκανα τίποτα", "ήθελα να παίξω, βρήκα την ευκαιρία και έπαιξα". Δυστυχώς, μέχρι και σήμερα στο σχολείο, στην τάξη, αυτά τα παιδιά, αντιμετωπίζονται με την τιμωρία και τους περιορισμούς του τύπου "κάθισε στο διάλειμμα να ασχοληθείς με την επίλυση της άσκησης που ξέχασες".

Από τη συμπεριφορά των γονέων και από το περιβάλλον που θα επικρατεί στη σχολική τάξη, θα εξαρτηθεί το πόσο τα παιδιά θα γίνουν φιλαλήθη, υπάκουα, υπομονετικά με ισχυρή βούληση κι αυτοπεποίθηση στη ζωή, θα έχουν ή όχι πρωτοβουλία, θα καινοτομούν ή θα μιμούνται και θα συμπεριφέρονται σαν ζωντανά κύτταρα ενός ολοζώντανου οργανισμού, που είναι το σχολείο.

Άλλωστε, η φύση του παιδιού, οι ανάγκες της σύγχρονης ζωής και η κοινωνική ανάπτυξη, είναι οι όροι που ρυθμίζουν το ζήτημα της αγωγής και εφόσον οι όροι αυτοί συνεχώς εξελίσσονται, απαιτούν προσαρμογή της αγωγής απέναντί τους. μόνο που η αγωγή θα πρέπει να προηγείται.

Μια δημιουργική και καινοτόμα τάξη, με έναν δάσκαλο συνεργάτη, φίλο των παιδιών, που προσπαθεί μαζί τους, είναι η τάξη και ο δάσκαλος που θα δώσει στα παιδιά κίνητρα, ώστε αυτά να μη προβάλλουν δικαιολογίες και να είναι υπεύθυνα, μα πάνω απ' όλα ευτυχισμένα.

Τα σχολικά προγράμματα έχουν γίνει κατά τέτοιο τρόπο, ώστε σε μια δεδομένη ηλικία τα παιδιά οφείλουν να αποκτήσουν ένα συγκεκριμένο ποσό γνώσεων. Το βάρος της ύλης και της ποσότητάς της, κάποια στιγμή, θα πρέπει να μπει στη ζυγαριά μαζί με τον πραγματικό σκοπό της αγωγής.

Για να μπορέσουν τα παιδιά να ανταποκριθούν με τον ίδιο τρόπο στη μεγάλη ποσότητα ύλης, θα έπρεπε όλα να έχουν τις ίδιες δυνατότητες μνήμης, φαντασίας, κατανόησης. Θα έπρεπε όλα να είναι πάντοτε και σε κάθε στιγμή της σχολικής χρονιάς σε κατάσταση, ώστε να αντιλαμβάνονται, να επεξεργάζονται και να αφομοιώνουν με τον ίδιο τρόπο. Από τη ψυχολογία γνωρίζουμε ότι δεν είναι δυνατόν να εργάζονται όλα τα παιδιά με ταχύτητα και τρόπο μονότονο, όπως μια μηχανή.

Το κάθε παιδί έχει πάρει από τη φύση τις ικανότητες, τις κλίσεις, τις προδιαθέσεις του, δηλαδή ένα ορισμένο δυναμικό. Αυτό το δυναμικό ο δάσκαλος που θα λειτουργεί μέσα σε μια δημοκρατική και δημιουργική τάξη, θα το πάρει και με προσπάθεια πότε συνειδητή, πότε ασυναίσθητη, θα το εξελίξει, θα το μορφοποιήσει και τελικά θα το θέσει στην υπηρεσία του ατόμου, που αποτελεί και το φυσικό του φορέα.

Υπάρχουν παιδιά, που στα χρόνια της πρώτης ανάπτυξης, παρουσίασαν υστέρηση, δε μίλησαν γρήγορα, δεν περπάτησαν στην ηλικία που περπατούν τα περισσότερα, ή αντιμετώπισαν κάποια ασθένεια ή ατύχημα, με αποτέλεσμα να παρουσιάζουν αργή πορεία στην κατάκτηση της γνώσης, κυρίως αργούν να διαβάσουν, να γράψουν. Τα παιδιά αυτά κάνουν ό τι μπορούν, μα το υπόστρωμά τους είναι ανεπαρκές. Μέσα από την ομαδική εργασία θα μπορέσουν και αυτά να προσφέρουν, χωρίς δισταγμό και χωρίς απογοητεύσεις, γιατί έχουν την απόλυτη ανάγκη να υποστηριχθούν, για να μπορέσουν να προχωρήσουν. Και η υποστήριξη που επιζητούν θα προέλθει από τους ίδιους τους συμμαθητές τους.

Στην αντίπερα όχθη βρίσκονται τα χαρισματικά ή ταλαντούχα παιδιά. Είναι το 5% του γενικού παιδικού πληθυσμού που διαθέτει εξαιρετικά υψηλές ικανότητες σε έναν ή περισσότερους γνωστικούς τομείς, που παρουσιάζει επίκτητες διανοητικές ικανότητες και ειδικές δεξιότητες. Παιδιά που, όσο παράξενο και αν φαίνεται, έχουν χαμηλές επιδόσεις στο σχολείο ή ακόμη κατά τη διάρκεια της εφηβείας εγκαταλείπουν τις σπουδές τους. Ανεπαρκής ή λανθασμένη παιδαγωγική προσέγγιση δημιουργεί αρνητικό υπόβαθρο στον ψυχικό κόσμο αυτών των παιδιών, επειδή καταπιέζεται η ανάπτυξη των υψηλών νοητικών τους ικανοτήτων.

Υπάρχουν άλλα παιδιά που είναι επιμελή, ευσυνείδητα, που δεν μπορούν όμως να προσαρμοσθούν στους ρυθμούς της τάξης ή της ομάδας τους. Δυσκολεύονται εκεί που οι άλλοι, που δεν είναι ανώτεροί τους, μα που είναι απλώς διαφορετικοί, τελειώνουν εύκολα το έργο τους. Η ψυχίατρος Minkowska, γνωστή για τις έρευνές της πάνω στα παιδικά έργα ζωγραφικής, έσκυψε με ενδιαφέρον πάνω σ' αυτά τα παιδιά. Προσπάθησε να τα κατανοήσει, όχι από τα λόγια τους, μα μέσα από τα σχέδια, που είχαν φυσικά το προσωπικό τους ύφος. Στα παιδιά αυτά που τα ονόμασε "αισθητηριακά παιδιά", οι αισθήσεις τους μοιάζουν με κεραίες, που τους συνδέουν με τον κόσμο και που τους φέρνουν άφθονες εικόνες, στις οποίες δεν μπορούν πάντοτε να δώσουν μια μορφή και δεν μπορούν να τις εκφράσουν.

Τα παιδιά αυτά δεν είναι φυγόπονα, ούτε αφηρημένα, ούτε απρόσεκτα. Ωστόσο τις περισσότερες φορές "σέρνονται" στην ουρά της τάξης τους. Και έχει κανείς την εντύπωση, πως ενδιαφέρονται παρά πολύ για το χρόνο που διαθέτουν. Ένα ζήτημα, φέρνει ένα άλλο ζήτημα κι έτσι ποτέ δεν τελειώνουν.

Διαπιστώνουμε ότι είναι στοργικά, ευαίσθητα, προσηλωμένα στο έργο της ομάδας τους, δεμένα με το δάσκαλο και δεμένα με τα μέλη της ομάδας. Έχουν όμως ανάγκη, περισσότερο από άλλα παιδιά, από μια ατμόσφαιρα χαρούμενη και γεμάτη κατανόηση, που προσφέρει η μάθηση μέσα από το θεατρικό παιχνίδι, το παιχνίδι. Αντίθετα δε μπορούν να λειτουργήσουν σε ατμόσφαιρα αδιαφορίας και αυστηρότητας. Επίσης, έχουν ανάγκη από μια αφομοιώσιμη διδασκαλία, όπου θα χρησιμοποιηθούν τα εξαίρετα όργανα που διαθέτουν, οι αισθήσεις τους, χωρίς να νιώθουν πώς βαραίνει επάνω τους ο καταναγκασμός της ώρας.

Άλλα παιδιά κατηγορούνται ότι είναι τεμπέλικα. Είτε να ντυθούν πρόκειται, είτε να διαβάσουν τα μαθήματά τους, δεν τελειώνουν ποτέ. Μερικά από τα παιδιά αυτά δεν είναι σίγουρα για τον εαυτό τους, βασανίζονται από ένα αίσθημα κατωτερότητας. Από έλλειψη εμπιστοσύνης στον εαυτό τους γεμίζουν το χρόνο με μικρολεπτομέρειες, που τους φαίνονται απαραίτητες. Άλλα παιδιά αργούν να τελειώσουν, γιατί φοβούνται τη συμμετοχή τους σε καινούριες δραστηριότητες. Και άλλα απ' αυτά επαναπαύονται ότι κάποιος άλλος θα φέρει σε πέρας την εργασία. Η ενθάρρυνση να αναλάβουν πρωτοβουλίες μέσα στην ομάδα και να μπορέσουν να τελειώσουν στην αρχή απλές εργασίες και στη συνέχεια πιο σύνθετες, είναι ο μόνος τρόπος να ξεφύγουν, χωρίς να το καταλάβουν, από τη δυσκολία, αποκτώντας βαθμιαία εγρήγορση και αφύπνιση του ενδιαφέροντός τους για πραγματική μάθηση.

Μια άλλη κατηγορία είναι τα παιδιά που οι γονείς τους είναι υπέρμετρα φιλόδοξοι και αυτά με τη σειρά τους με διάφορες προσπάθειες, τις περισσότερες φορές επιτυχείς, αγωνίζονται να ικανοποιήσουν τις αυξημένες απαιτήσεις που έχουν γι' αυτά οι γονείς τους. Όμως η καθημερινή αυτή ώθηση των φιλόδοξων γονέων, δεν αφήνει στα παιδιά χρόνο για ανάπαυση και για λίγο παιχνίδι, που τόσο ωφέλιμο είναι, όπως τονίστηκε πολλές φορές, για την ψυχοπνευματική τους ανάπτυξη. Αντίθετα όλη την ημέρα παρακολουθούν σειρά εξωσχολικών δραστηριοτήτων, που οι περισσότερες είναι άσκοπες.

Στα παιδιά αυτά κάθε επιτυχία των συμμαθητών τους διεγείρει στη ψυχή τους φόβο και φθόνο. Μικρή δε τυχαία αποτυχία τα οδηγεί σε απογοήτευση και σε εκδηλώσεις αντικοινωνικές. Και οι μέχρι τότε έπαινοι από τους γονείς μετατρέπονται σε επίπληξη και προσβολή και από εκείνη τη στιγμή υπάρχει η πιθανότητα η κατάσταση προόδου των παιδιών να μεταβληθεί απότομα. Αν και πάλι η φιλόδοξη προσπάθεια επιτύχει το σκοπό της, παρ' όλα αυτά η ψυχική ανάπτυξη, η διαμόρφωση της προσωπικότητας δεν επιτεύχθηκε, γιατί το ελατήριο που ώθησε αυτά τα παιδιά δεν ήταν αυτό που έπρεπε παρά ήταν η άκρατη φιλοδοξία που είναι αχόρταγη, ανικανοποίητη και παραβλέπει τις ορθές μεταξύ των ανθρώπων σχέσεις.

Βασανίζονται τα παιδιά αυτά από το συναίσθημα υπεροχής, το οποίο, όπως και το συναίσθημα της κατωτερότητας, αποκλίνουν από το φυσιολογικό. Και είναι τα παιδιά που συντρίβονται κυριολεκτικά, κάτω από το βάρος που δημιουργούν οι υπέρμετρες προσδοκίες, που λαμβάνουν το χαρακτήρα της απαίτησης των γονέων και όταν μεγαλώσουν, το πιθανότερο είναι να μην μπορέσουν να πετύχουν σε κανένα τομέα της ζωής τους, γιατί θα έχουν ήδη αντιδράσει και θα έχουν εγκαταλείψει τις προσπάθειες τους.

Σύγκλιση μεταξύ του ατομικού και κοινωνικού "εγώ", δε θα υπάρξει παρά μόνο σε μια τάξη, όπου επικρατεί το ομαδικό πνεύμα και που επιτυγχάνεται το "εγώ" να γίνει "εμείς", με σκοπό την πραγμάτωση στόχων που έθεσε η ομάδα.

Παιδιά επίσης, που θέλουν να μεγαλώσουν την ταυτότητά τους, απαντώντας σε κάθε ερώτηση που θέτει ο δάσκαλος, απλά για να απαντήσουν και με αυτό τον τρόπο να κάνουν αισθητή την παρουσία τους, συναντά συχνά κάποιος μέσα σε μια τάξη. Η απάντηση που δίνουν, τις περισσότερες φορές είναι άστοχη. Όταν θα δουλέψουν σε ομάδα, η οποία εκ των πραγμάτων δεν επιτρέπει αύξηση ταυτότητας κανενός μέλους της και αντιθέτως περιορίζει αυτές τις εξάρσεις, λόγω της συνεργασίας που επιβάλλει και της κοινής συνεισφοράς, θα βοηθηθούν ώστε να τοποθετήσουν τον εαυτό τους στα σωστά πλαίσια.

Παιδιά προερχόμενα από μια παραδοσιακού τύπου διδασκαλίας τάξη, με άκριτη απομνημόνευση πληροφοριών και χωρίς πραγματική επεξεργασία αυτών που θα τα οδηγούσε στην αληθινή απόκτηση γνώσης, και που τώρα βρέθηκαν σε ένα ευέλικτο περιβάλλον, είναι άλλη μια μεγάλη κατηγορία παιδιών, που καλείται να αντιμετωπίσει ο διαφορετικός, καινοτόμος τρόπος διδασκαλίας της ευέλικτης διαθεματικής προσέγγισης της γνώσης. Τα παιδιά αυτά δε διαθέτουν κριτική σκέψη και δε μπορούν να ξεχωρίσουν μέσα από τα σχολικά εγχειρίδια και από άλλες πηγές, αυτά που πραγματικά τους ενδιαφέρουν. Χαρακτηριστικό είναι, ότι ενώ γνωρίζουν πολύ καλά το μάθημα, δεν μπορούν να απαντήσουν σε απλή ερώτηση που αφορά τμήμα αυτού, όπως επίσης δεν μπορούν να συνδυάσουν απλές έννοιες.

Και αυτό γιατί οι γνώσεις είναι επιφανειακές, προερχόμενες από αποστήθιση και χωρίς καμιά τεχνική, γιατί δεν κατέχουν την τεχνική της μελέτης, να εντοπίζουν δηλαδή το κέντρο βάρους του μαθήματος και να αξιολογούν τις προεκτάσεις του.

Να μπορούν να κατανοούν ακόμη κανόνες και ορισμούς και ακόμη καλύτερα να μπορούν να διατυπώνουν μόνα τους ορισμούς. Μέσα από το άνοιγμα των πνευματικών οριζόντων τους, στο νέο περιβάλλον, επιτυγχάνεται λοιπόν, η απομάκρυνσή τους από τη ρηχή και επίπεδη εκμάθηση, κατά την οποία ο εγκέφαλος δεν έχει αναπτύξει μηχανισμούς πραγματικής εκμάθησης, που είναι απαραίτητοι για την αληθινή αφομοίωση της σχολικής ύλης.

Τέλος, μέσα σε κάθε τάξη υπάρχουν και παιδιά που προέρχονται από οικογένειες που τα υπερπροστατεύουν. Τα παιδιά αυτά, ενώ γνωρίζουν, απομονώνονται, είναι δειλά και δε συμμετέχουν όσο πρέπει σε καμιά δραστηριότητα, γιατί βρίσκονται έξω από την προστατευτική ασπίδα των γονέων τους και αισθάνονται ευάλωτα. Αυτή η λανθασμένη εντύπωση θα μπορέσει να καταπολεμηθεί, μέσα από τις αρχές που διέπουν τη συνεργατική μάθηση και θα μπορέσουν οι μαθητές να αποκτήσουν την απαιτούμενη αυτοπεποίθηση και θα πετύχουν έτσι να απομακρυνθούν από τον κλοιό του γονικού εγκλωβισμού.

Μερικοί γονείς έχουν υιοθετήσει με υπέρμετρο ενθουσιασμό το παιδαγωγικό κήρυγμα "της αγωγής δια της ελευθερίας". Δηλαδή στο ότι τα παιδιά δεν πρέπει να καταναγκάζονται και να υποκύπτουν στη θέληση των άλλων, αλλά αντιθέτως να αφήνονται ελεύθερα να ακολουθούν ανεμπόδιστα τις φυσικές τους κλίσεις και ροπές, όσον ενοχλητικές και αν είναι αυτές για τα άλλα παιδιά. Η υιοθέτηση αυτών των αρχών από τα παιδιά δεν τα καθιστά πραγματικά ελεύθερα, αλλά στην ουσία τα μετατρέπει σε άναρχα, χωρίς κανένα σεβασμό στην κοινωνική ομάδα που ανήκουν, την ομάδα της τάξης. Η πραγματική ελευθερία στα παιδιά θα προέλθει όχι από τα ατομικά και εγωιστικά ένστικτα, αλλά από την πνευματική τους ανόρθωση, από την εσωτερική τους ελευθερία. Στοιχείο της πνευματικής τους ωρί-μανσης είναι η ανάπτυξη του κοινωνικού συναισθήματος, της δημόσιας αρετής. Ο δεσμός που συνδέει τα παιδιά μεταξύ τους, είναι το μέσον που τα κάνει ικανά να αλληλοκατανοούνται, να αποκτούν ψυχική επαφή και να κινούνται ο ένας αρμονικά με τον άλλον. Σε μια τάξη που υπάρχει ελευθερία και όχι αναρχία, υπάρχουν κανόνες και υποχρεώσεις που τους επέβαλε το σύνο-λο της ομάδας, που απουσιάζει η "αυθεντία" του δασκάλου, μπορούν τα παιδιά αυτά να κατανοήσουν τα πραγματικά όρια της ελευθερίας ενός ατόμου.

Όλα τα παιδιά επιζητούν την αξιολόγηση των προσπαθειών τους. Μια αξιολόγηση δίκαιη και ενθαρρυντική. Δε θα πρέπει να λείπει ή να είναι σπάνιο, το "μπράβο", από το λεξιλόγιο του κάθε δασκάλου, όπως και το χαμόγελο και η επιβράβευση της κάθε προσπάθειας. Πόσο σημαντικό είναι αλήθεια να πει ένας δάσκαλος στα παιδιά του πόσο τα αγαπά και πόσο ενδιαφέρεται γι' αυτά και παράλληλα να τα αγγίξει και να έρθει κοντά τους.

Θα πρέπει να καταλάβουν οι μαθητές, ότι εργάζονται και ότι αξιολογείται η προσπάθειά τους αυτή, με σκοπό τον εντοπισμό κάποιων αδυναμιών τους και την σωστή αντιμετώπισή τους, για να μπορέσουν να χτίσουν το δικό τους αύριο, για την προσωπι-κή τους μόρφωση κι όχι για να ευχαριστήσουν τους γονείς τους με την καλή βαθμολογία. Και έτσι η επιμέλεια και η πρόοδος στο σχολείο παύει να είναι άμεσα, αλλά απλώς έμμεσα ένα είδος αγοραπωλησίας με τους γονείς τους.

Ο δάσκαλος μπορεί να τα βοηθήσει στην κατεύθυνση αυτή, αν τους αποκαλύψει τις πραγματικές τους ικανότητες και εμβα-θύνει στο ψυχικό τους κόσμο.

Έχει διαπιστωθεί, ότι η στάση των γονέων και του δασκά-λου, τη στιγμή που δίνεται ο σχολικός έλεγχος, είναι πολύ σπουδαία και μπορεί να δώσει στα παιδιά όρεξη για εργασία και πρόοδο. Ένας έλεγχος που δεν θα χαρακτηρίζει την πρόοδο των παιδιών με αριθμητικά σύμβολα ή με τα πρώτα γράμματα της αλφαβήτου, αλλά που θα επιμετρά περιγραφικά και με συγκεκριμένη αιτιολόγηση την ανάπτυξη των δεξιοτήτων και ικανοτήτων τους.

Αν οι γονείς δε δώσουν την απαιτούμενη προσοχή και δείξουν αδιαφορία, δίνουν λάθος μηνύματα στα παιδιά. Τα παιδιά καταλαβαίνουν λανθασμένα ότι δεν αξίζει να προσπαθούν και έτσι στρέφουν τα ενδιαφέροντά τους σε άλλες κατευθύνσεις.

Αντίθετα μια ενημέρωση των γονέων με την ταυτόχρονη παρουσία των παιδιών τους είναι αναγκαία, γιατί τονίζει τη σοβαρότητα της συγκεκριμένης ενέργειας και έχει θετική επίδραση επάνω τους.

Είναι φανερό λοιπόν, ότι η συμμετοχική, ερευνητική με εναλλακτικές μορφές εργασία, που προσφέρει μια ευέλικτη τάξη, είναι ωφέλιμη και αποδοτική για τους περισσότερους τύπους μαθητών, αφού θα κρατηθεί ζωντανό το ενδιαφέρον τους για μάθηση .

ΚΕΦΑΛΑΙΟ ΕΚΤΟ

ΑΠΟ ΤΗΝ ΕΥΕΛΙΚΤΗ ΤΑΞΗ
ΣΤΟ ΕΥΕΛΙΚΤΟ ΣΧΟΛΕΙΟ

Σχολείο. Μια λέξη που παράγεται από την αρχαία λέξη σχόλη, που σημαίνει αργία, ευκαιρία, ανάπαυλα. Σχολείο, κατάληξη - ειο, ο χώρος ξεκούρασης, ανάπαυλας, χαλάρωσης, χώρος που δίνει ευκαιρία. Στις σχολές των αρχαίων φιλοσόφων η γνώση δινόταν μέσα από διαλογική συζήτηση και τα ερεθίσματα που τους έδινε η φύση ήταν η αρχή της αναζήτησης της γνώσης. Ταυτόχρονα, μέσα στη φύση, μπορούσαν να πετύχουν και την ηρεμία της ψυχής, τη συναισθηματική γαλήνη ώστε η επαφή δασκάλου μαθητή να είναι η καλύτερη δυνατή. Ο Αριστοτέλης έλεγε ότι η σχέση αυτή είναι: *ένας ηθικός τύπος φιλίας που δεν στηρίζεται πάνω σε καθορισμένους όρους: δίνει τα δώρα της, ή κάνει οτιδήποτε άλλο σαν να επρόκειτο για ένα φίλο."* Το απο- τέλεσμα ήταν ο νέος άνθρωπος να μορφώνεται αβίαστα και όχι να εκπαιδεύεται. Να είναι το σχολείο πραγματική διασκέδαση και για το δάσκαλο και για το μαθητή. Να παρέχει και χρόνο για παιδεία πέρα από το χρόνο που δίνει για εκπαίδευση.

Αλήθεια, έχει σήμερα καμιά σχέση το λεγόμενο σύγχρονο σχολείο με την αρχική του σημασία; Αποτελεί τη φυσική του συνέχεια και εξέλιξη ή υπέστη τόσες αλλοιώσεις, ώστε τελικά να πάρει την αντίθετη μορφολογική και λειτουργική φυσιογνωμία; Είναι σήμερα το σχολείο ο χώρος που τα παιδιά μπορούν να αποκτήσουν μόρφωση μέσα από μια δημιουργική και ευχάριστη ατμόσφαιρα και να ζήσουν έτσι τη χαρά μιας πολυεπίπεδης συνεργασίας;

Δυστυχώς, ακόμη και σήμερα το σχολείο με τις συντηρητικές μεθόδους, τα "σφιχτά" προγράμματα, τις εξετάσεις, τις συσσωρευμένες γνώσεις μέσα από κλειστά και δογματικά σχολικά εγχειρίδια και τέλος τη διδασκαλία-διαδικασία της "μεταφύτευσης", μοιάζει περισσότερο με "φυλακή" της σκέψης, της γνώσης, της μόρφωσης παρά με μια πηγή, όπου ρέει ακατάπαυστα η φιλομάθεια και η μάθηση. Ένα σχολείο που παρέχει εξειδικευμένη εκπαίδευση, ικανή να ανταπεξέλθει στις τεχνικές και οικονομικές απαιτήσεις, ένα σχολείο "εργαλειακής" γνώσης δεν παρέχει παιδεία που είναι κάτι παραπάνω από τη στεγνή εκπαίδευση, γιατί η παιδεία έχει επιπλέον το άρωμα της ψυχικής και πνευματικής ανάτασης. Εκπαίδευση επιδέχεται και ένας σκύλος, παιδεία όμως όχι.

Ο εκπαιδευτικός ενός συντηρητικού σχολείου είναι αυτός που έχει σκοπό να δημιουργήσει μια βάση δεδομένων συνθηκών, που θα επιτρέπουν στο μαθητή του να αναπτύξει συγκεκριμένες πρότυπες αντιδράσεις. Ο εκπαιδευτικός καθοδηγητής και συνεργάτης ενός δημιουργικού ευέλικτου σχολείου είναι αυτός που αποβλέπει στην ενθάρρυνση μιας αμοιβαίας σχέσης που θα προάγει τη μάθηση.

Η παιδική ηλικία, που δεν είναι σε καμιά περίπτωση μικρογραφία της ώριμης ηλικίας, όπως ίσως νομίζουν μερικοί, αλλά είναι εξαιρετικά πλούσια και σπουδαία, περιμένει μέσα από το σχολείο την προοδευτική ηθική και πνευματική εξέλιξή της, που δεν είναι καθόλου ευθύγραμμη. Η πορεία της εξέλιξης περνάει από στάδια και από αυτά τα στάδια φτάνει μέσα από το σχολείο ο νέος άνθρωπος να μπορεί να ζήσει μια πλήρη και πρωτότυπη ζωή, και έτσι η ζωή του να μπορεί να έχει ενότητα και αυτονομία.

Σχολείο λοιπόν, θα πρέπει να είναι μια επίσημη οργανωμένη κοινότητα, η οποία θα έχει ως σκοπό να δίνει στους νέους ανθρώπους ευκαιρίες μόρφωσης με ενεργητική συμμετοχή. Και όχι να προσπαθεί να εμφυτεύσει στα παιδιά ότι η διδασκαλία ενός αντικειμένου είναι μάθηση, η ιεραρχική προαγωγή του είναι μόρφωση, το απολυτήριο μιας εκπαιδευτικής βαθμίδας μια μορφή χειρισμού της αγοράς ή ακόμη και απόδειξη των ικανοτήτων και δεξιοτήτων.

Το σχολείο που μπορεί να δημιουργήσει, θα αφήσει τη φαντασία του παιδιού να στραφεί προς την αξία και όχι προς την οποιαδήποτε υποταγή στην κοινωνία που ζει και μεγαλώνει. Για να επιτευχθεί αυτό θα πρέπει να υπάρξει "ταίριασμα" μεταξύ του δασκάλου και του μαθητή, με ισχυρά κίνητρα και την παράλληλη ψυχική επαφή. Τη ψυχική επαφή που δε θα αποκτηθεί μονάχα με το υλικό, αλλά με την αγάπη. Και αγάπη σημαίνει να μπορεί να αποδεχθεί ο παιδαγωγός το παιδί σε οποιαδήποτε σωματική, πνευματική και ψυχική κατάσταση βρίσκεται αυτό. Το παραδέχομαι, στο σχολείο, σημαίνει δέχομαι το παιδί με τον χαρακτήρα του ή και την μειονεξία του και το φέρομαι με τον ίδιο τρόπο που συμπεριφέρομαι στα υπόλοιπα παιδιά. Δε συγκρούομαι, δεν απορρίπτω, δε διαχωρίζω, δεν απομονώνω. Πέρα από αυτά που μας χωρίζουν, υπάρχει μια πρωτογενής ενωτική δύναμη, είμαστε άνθρωποι. Η σχέση δασκάλου μαθητή δεν περιορίζεται μόνο στην πνευματική διαπαιδαγώγηση, αλλά στην κοινή πεποίθηση ότι η σχέση τους είναι ανεκτίμητη και μοναδικό προνόμιο και για τους δύο.

Στο σχολείο συναντιούνται παιδιά που έχουν κοινές ανησυχίες, κοινά ερωτηματικά ή ακόμη και προσωπικές απορίες και ζητούν όλα αυτά τα παιδιά τις δυνατότητες δημιουργίας και προσωπικής αναζωογόνησής τους, μέσα από την πραγματική και όχι μεθοδευμένη και κατευθυντήρια αναζήτηση, έτσι ώστε να μπορούν να συσχετίζουν έννοιες ελεύθερα και να περιμένουν τη χαρά της έκπληξης μέσα από την πραγματική γνώση. Ο δάσκαλος του σχολείου αυτού δεν είναι ο κύριος και η κυρία, η αυθεντία του παρελθόντος, αλλά είναι ο εμπειρότερος της τάξης και είναι πιο πολύ ο συντονιστής, παρά ο κυρίαρχος. Η μάθηση δεν είναι αποτέλεσμα της διδασκαλίας. Η μάθηση είναι αποτέλεσμα της προσωπικής αναζήτησης, το σχολείο μπορεί μόνο να μάθει στο νέο άνθρωπο πώς να μαθαίνει.

Το σχολείο δεν είναι ο τόπος όπου μπορούν να πουληθούν προϊόντα, με την μορφή εκπαιδευτικών πακέτων, στους καταναλωτές - μαθητές, μαθαίνοντας τους να προσαρμόζουν τις επιθυμίες τους στις εμπορεύσιμες αξίες και μετατρέποντάς τους από παραγωγούς σε καταναλωτές της ίδιας τους της γνώσης. Πακέτα πουλούν τα φροντιστήρια, που είναι το έσχατο κατάντημα της παιδείας μας. Έτσι το μόνο που θα πετύχουν όλοι όσοι εμπλέκονται στη διαδικασία μάθησης των νέων, θα είναι να χάσουν οι νέοι μας την ανεξάρτητη σκέψη τους, τη δημιουργική φαντασία τους, την επιθυμία τους να μάθουν μέσα από τη γεμάτη χαρά παραγωγική διαδικασία του εκπαιδευτικού παιχνιδιού, που ίσως αποτελεί και τη μοναδική μέθοδο εισαγωγής σε σύνθετα συστήματα και τη φυσιολογική τάση τους για μάθηση και τέλος, το κυριότερο, χάνοντας παράλληλα και την ανεπανάληπτη παιδική ηλικία. Άλλωστε, αν κάποιος δέχεται ότι τα ευτυχισμένα παιδικά χρόνια διαρκούν μια ολόκληρη ζωή, θα πρέπει να δεχθεί ότι και τα ευτυχισμένα σχολικά χρόνια κάνουν καλύτερη αυτή τη ζωή.

Φυσικά το σχολείο δε θα αναρωτιέται τι πρέπει να μάθει ο μαθητής του, αλλά πώς θα φτάσει να μάθει μέσα από την άμεση επαφή του με αντικείμενα, με ανθρώπους, με καταστάσεις, μέσα από ένα σύστημα αξιών, που κάποια στιγμή ίσως είναι ικανός να έρθει και σε διαφωνία, ακόμη και σε ρήξη μαζί τους. Να μπορέσει να δημιουργήσει μια κουλτούρα, όχι μαζική και ανώνυμη, αλλά μια κουλτούρα με βαθιά θεμέλια, στηριγμένη στο παρελθόν και στο παρόν, βασισμένη στην ανθρώπινη ύπαρξη, χωρίς ο άνθρωπος του αύριο να φορά τη μάσκα της τελειότητας μιας μηχανής, ενός ρομπότ.

Ο ευέλικτος, δημιουργικός δάσκαλος, μπορεί να δημιουργήσει το περιβάλλον προαγωγής κριτικής και ταυτόχρονα ελεύθερης σκέψης. Όμως για να επιτευχθεί ο στόχος του, θα πρέπει τα παιδιά να αναζητήσουν πηγές γνώσης και έξω από τους τέσσερις τοίχους της αίθουσας, να έρθουν σε επαφή με τον κόσμο γύρω τους, τον πραγματικό κόσμο. Έτσι λοιπόν ο δάσκαλος και τα παιδιά θα πρέπει να ανοιχτούν πρώτα στο περιβάλλον του σχολείου τους, το οποίο αν είναι σκληρό και τυπικό, θα τους αποκλείσει. Ευέλικτος δάσκαλος και παιδιά με ευέλικτη σκέψη, δε μπορούν να λειτουργήσουν σε ένα περιβάλλον ακαμψίας και απομόνωσης, αλλά σ΄ ένα περιβάλλον ελαστικό και ευμετάβλητο, ανοιχτό στα ερεθίσματα και στις προκλήσεις της εποχής, σε ένα πραγματικά σχολείο δημιουργίας.

Το ευέλικτο σχολείο, με τη σειρά του, θα ανοίξει την πόρτα του στην κοινωνία και θα επιτρέψει έτσι στους μαθητές του να εξερευνήσουν τα μονοπάτια της και να μάθουν να είναι ευπροσάρμοστοι στις συνθήκες της, να αλλάζουν εύκολα και να μπορούν στη συνέχεια να εντάσσονται στις απαιτήσεις της. Ένα ευέλικτο σχολείο που θα αναθεωρήσει τις παραδοσιακές μορφές οργάνωσής του και θα αλλάξει εξολοκλήρου την οργανωτική και επικοινωνιακή δομή του. Ένα σχολείο που θα αποκτήσει κίνηση και "θόρυβο" λειτουργικό.

Ο σημερινός νέος θα πρέπει να προετοιμαστεί για να μπορέσει να ανταπεξέλθει στις απαιτήσεις του σήμερα και του αύριο. Ο νέος θα πρέπει να μάθει να εργάζεται σε ομάδες εργασίας, να θέτει το ατομικό συμφέρον στο συμφέρον της ομάδας. Να είναι ευέλικτος, να ακούει προσεκτικά, να αναλύει τις γνώμες των άλλων και να μπορεί ύστερα από ερευνητική διεργασία να αποφασίζει. Να μπορεί αργότερα, μέσα από την δια βίου εκπαίδευση να είναι πάντα ενημερωμένο και ενεργητικό στέλεχος και τέλος να μπορεί να αλλάξει επάγγελμα, αν χρειαστεί, με την ίδια επιτυχία, που έκανε το προηγούμενο. Να σημειωθεί ότι οι νέοι θα κληθούν στην εργασιακή τους ζωή, να αλλάξουν τουλάχιστον δυο επαγγέλματα και γι' αυτό θα πρέπει να είναι έτοιμοι να ανταποκριθούν στο πνεύμα και στις προκλήσεις της νέας εποχής. Ο Γ. Ιορδανίδης λέει ότι: *Το μέλλον για τα παιδιά κρύβει λιγότερες καριέρες δομημένου είδους. Αυτοί που θα πετύχουν πρέπει να αποκτούν συνεχώς νέα προσόντα, καθώς οι υπάρχουσες ικανότητες θα παραγκωνίζονται."* Νέος ειδικευμένος αποκλειστικά σε ένα τομέα, σε μια δεξιότητα, εφοδιασμένος με "επαγγελματικές αποκλειστικά γνώσεις, δε θα μπορέσει να ανταπεξέλθει στη ραγδαία ανάπτυξη και θα θεωρηθεί αργά ή γρήγορα ξεπερασμένος και μη παραγωγικός.

Άρα ένα ευέλικτο σχολείο είναι ένα παραγωγικό σχολείο, χρήσιμο στην κοινωνία όσο και απαραίτητο. Είναι αυτό που απελευθερώνει τη φαντασία και τη βούληση του νέου ανθρώπου, δίνει χρόνο για σκέψη , δείχνει το τρόπο για τη δημιουργία της κατανόησης και γίνεται η αρχή για να μπορέσει ο νέος να αντιμετωπίσει ένα μέλλον, σίγουρα πολύ διαφορετικό από το παρελθόν. Το παραδοσιακό σχολείο δε μπορεί να αντέξει το βάρος της αλλαγής, της ανανέωσης, και για το λόγο αυτό είναι πάντα πίσω από την εποχή του.

Θα μπορούσαμε να παρομοιάσουμε το σχολείο που δημιουργεί ευκαιρίες στα παιδιά, με τον ανθρώπινο οργανισμό. Ο ανθρώπινος οργανισμός έχει συστήματα, έχει κύτταρα, έχει αίμα και για να ζήσει απαραίτητο είναι το οξυγόνο. Ως συστήματα θα μπορούσαμε να θεωρήσουμε το σχολικό περιβάλλον, τα αναλυτικά προγράμματα, τη διοίκηση, τα διδακτικά βιβλία, τα εποπτικά μέσα τη μεθοδολογία και τις διδακτικές προσεγγίσεις. Ως κύτταρα το δάσκαλο και τους μαθητές και ως οξυγόνο τους γονείς και το ευρύτερο κοινωνικό σύνολο. Ο οργανισμός για να είναι υγιής και να παράγει έργο θα πρέπει όλα τα επιμέρους όργανά του να είναι υγιή και να λειτουργούν αρμονικά μεταξύ τους. Άρα όλα τα παραπάνω που αποτελούν τον οργανισμό - σχολείο, θα πρέπει να είναι υγιή και να συνεργάζονται για να παράγουν έργο.

Ένα έργο που πολύ δύσκολα θα μπορούσαμε να εκτιμήσουμε το μέγεθος του και την αξία του, γιατί όπως και το έργο που παράγει ο ανθρώπινος οργανισμός, έτσι και το έργο αυτό χαρακτηρίζεται από ζωή. Δεν είναι το σχολείο οργανισμός στάσιμος και μετρήσιμος σ' όλες του τις παραμέτρους. Δεν είναι μια μηχανή που γνωρίζουμε και μπορούμε να εκτιμήσουμε με ακρίβεια από πριν το έργο που θα παραγάγει. Το μόνο που μπορούμε να θεωρήσουμε ως δεδομένο είναι, ότι το σχολείο δίνει εφόδια και μέσα απ' αυτά προκαλεί αλλαγές που τροφοδοτούν και ταυτόχρονα επηρεάζουν, διαμορφώνουν και μετασχηματίζουν την κοινωνία. Άλλωστε το αποτέλεσμα εκτείνεται σε βάθος χρόνου, πράγμα που δεν επιτρέπει την ακριβή μέτρησή του. Αν και νιώθουμε την ανάγκη να αξιολογήσουμε μια σημαντική επένδυση, όπως αυτή της εκπαίδευσης, συνήθως περιορίζουμε αυτή τη προσπάθεια στην αξιολόγηση της επίδοσης του μαθητή και στο βαθμό απόκτησης δεξιοτήτων απ' αυτόν. Δεν αξιολογείται κανείς άλλος, ούτε ο εκπαιδευτικός, ούτε το εκπαιδευτήριο, παρά μόνο ο δύστυχος μαθητής.

Ο ανθρώπινος οργανισμός νιώθει ικανοποίηση καθώς παράγει έργο. Στο σχολικό οργανισμό όταν έχουμε ικανοποίηση των αναγκών των μαθητών και των εκπαιδευτικών, καθώς και των άλλων παραγόντων, τότε έχουμε αποτελεσματική λειτουργία.

Αν ένα κύτταρο αλλοιωθεί, αν ένα όργανο ασθενήσει, τότε ο ανθρώπινος οργανισμός αρρωσταίνει. Το ίδιο που γίνεται στον άνθρωπο, γίνεται και στο σχολείο. Αν κάποιος παράγοντας δεν εργαστεί, δεν αποδώσει έργο, τότε αυτό ασθενεί, δεν είναι ικανό να παράγει, να αποδώσει τελικό προϊόν, που είναι η επιτυχής παροχή γνώσεων και η ευρύτερη μόρφωση του νέου ανθρώπου.

Ψυχή του σχολικού οργανισμού είναι ο Διευθυντής της σχολικής μονάδας και τις περισσότερες φορές η επιτυχία αφενός εξαρτάται απ' αυτόν και αφετέρου από τον τρόπο που ασκεί την εξουσία. Είναι, άλλωστε, ο άνθρωπος που δέχεται πιέσεις από τις εσωτερικές διαδικασίες και από τις εξωτερικές του συστήματος. Είναι αυτός που καλείται να ενώσει τελικά τον κόσμο του σχολείου με την κοινωνία.

Στον εκπαιδευτικό κόσμο προκαλεί ακόμη και σήμερα, ο όρος manager, όταν χρησιμοποιείται αντί του όρου διευθυντής. Ο Everard μας δίνει ξεκάθαρα τι μπορεί να περιμένει κάποιος από έναν manager, όχι απαραίτητα της εκπαίδευσης, αλλά της ελεύθερης αγοράς. Θα πρέπει λοιπόν, σύμφωνα με τον Everard, ο manager να προκαλεί αλλαγές, γνωρίζοντας όμως ακριβώς τι επιδιώκει μ' αυτές, να ασκεί υπεύθυνη διαχείριση των διαθέσιμων πόρων και να τους αξιοποιεί για την επίτευξη των στόχων, να προάγει την αποτελεσματικότητα στην εργασία που γίνεται και να αναζητά συνεχόμενη βελτίωση, να είναι υπεύθυνος για την απόδοση της μονάδας που προΐσταται για τη διαχείρισή της και τέλος να δημιουργεί κατάλληλο κλίμα, έτσι ώστε οι εργαζόμενοι που διοικεί να είναι πρόθυμοι να δώσουν τον καλύτερο εαυτό τους.

Σύμφωνα με τα παραπάνω μπορεί ένας manager της αγοράς να είναι και ο manager εκπαίδευσης. Όμως στο σημείο αυτό θα πρέπει να τονιστεί ότι ο διευθυντής μιας δημιουργικής σχολικής μονάδας, όπως είναι η ευέλικτη, δεν έχει σαν τελικό στόχο την παραγωγή ενός καλού και εύχρηστου αντικειμένου, ούτε τη μεθοδική εκπαίδευση, αλλά την πολύπλευρη μόρφωση του νέου ανθρώπου. Άνθρωπος η πρώτη του ύλη, άνθρωπος το τελικό προϊόν, άνθρωποι και όχι μηχανές αυτοί που θα παράγουν το έργο.

Ο manager εκπαίδευσης πρώτα απ' όλα θα πρέπει να είναι δάσκαλος, να έχει διδάξει, να έχει ο ίδιος χρησιμοποιήσει τις μεθόδους προσέγγισης, ο ίδιος να έχει συντάξει εκπαιδευτικό πρόγραμμα και να το έχει εκπονήσει με επιτυχία, τέλος να έχει αγαπήσει τα παιδιά. Φυσικά και θα πρέπει να έχει διοικητικά χαρίσματα. Αλλά όχι μόνο, θα πρέπει να έχει κατανοήσει ότι για να διοικήσει είναι απαραίτητο να γνωρίζει κανόνες διοίκησης και συντονισμού ανθρώπινου δυναμικού, κανόνες management.

Κυρίως όμως θα πρέπει να είναι ένας δημοκρατικός ηγέτης. Η έννοια της ηγεσίας έχει μεγάλη σημασία για την αποτελεσματική διεύθυνση μιας ευέλικτης σχολικής μονάδας. Δε θα πρέπει να εννοηθεί η σύλληψη της έννοιας αυτής, ως η επιβολή ενός ατόμου σε ένα άλλο. Ο ηγέτης κατευθύνει και δε διατάζει. Είναι αυτός που μπορεί να δημιουργήσει όραμα, έτσι ώστε να αποκτήσει η σχολική μονάδα τη δική της κουλτούρα, τη δική της ταυτότητα και ταυτόχρονα να εμπνέει και να μπορεί να μεταμορφώνει τη συνηθισμένη ζωή του σχολείου σε ζωή με δημιουργική πνοή. Να παρέχει κίνητρα στο εκπαιδευτικό προσωπικό, να δίνεται σ' αυτό αίσθηση υπεροχής και να το τοποθετεί στο επίκεντρο του ενδιαφέροντος, σ' αντίθεση με το γραφειοκράτη διευθυντή. Να είναι αυτός που θα δέσει το σχολείο ως ολότητα. Ο διευθυντής ενός ευέλικτου δημιουργικού σχολείου είναι προϊστάμενος μεταξύ ίσων. Κατευθύνει χωρίς να θέτει περιορισμούς, στηρίζει και ενθαρρύνει πρωτοβουλίες των εκπαιδευτικών, με αποτέλεσμα το διδακτικό προσωπικό να συνεργάζεται αρμονικά και με αίσθημα επαγγελματικής ευθύνης.

Ο διευθυντής του ευέλικτου σχολείου θα πρέπει να είναι επιχειρηματίας και διαπραγματευτής. Θα σκέφτεται ως επιχειρηματίας για να μπορέσει να αναζητήσει αποτελεσματικά ευκαιρίες ανάπτυξης για να βελτιώσει τους όρους λειτουργίας της σχολικής μονάδας και ως διαπραγματευτής για να μπορέσει να διατηρήσει μεταξύ των παραγόντων εκπαίδευσης τις απαιτούμενες ισορροπίες με σωστούς χειρισμούς, να αποτελέσει το συνδετικό κρίκο και να δημιουργήσει έτσι ένα πλέγμα πληροφοριών μεταξύ του εσωσχολικού και εξωσχολικού περιβάλλοντος. Να χτιστεί έτσι η θετική εικόνα του σχολείου και να δοθεί η απαιτούμενη προσοχή από το εξωσχολικό κοινωνικό περιβάλλον προς αυτό.

Τις περισσότερες φορές, μέσα στο απρόσωπο συγκεντρωτικό σύστημα διοίκησης που επικρατεί στις ημέρες μας, στη δυσκίνητη και αρτηριοσκληρωτική μηχανή της εκπαίδευσης, συναντά κανείς όχι διευθυντές δημιουργικούς και ευαίσθητους στα μηνύματα της εποχής μας, αλλά αντίθετα διευθυντές που φαίνεται να είναι "μοναχικοί" και "ανίσχυροι", όπως τονίζει ανάμεσα στα πολλά αποτελέσματα της έρευνάς της η Παπαναούμ.

Υπάρχουν διευθυντές οι οποίοι προέρχονται μέσα από συνδικαλιστικές οργανώσεις και ασκούν εξουσία στους εκπαιδευτικούς, τους ίδιους εκπαιδευτικούς που στο παρελθόν τους επέλεξαν για να τους αντιπροσωπεύσουν. Διευθυντές που αποτελούν μια ομάδα όχι δημιουργίας και αναβάθμισης των εκπαιδευτικών πραγμάτων, αλλά μέλη μιας οργανωμένης κομματικής ομάδας που ξέρει να μοιράζει την εξουσία και αυτό είναι το μοναδικό προσόν τους. Δύστυχο σχολείο.

Σήμερα χρειάζεται ο τόπος μας αντίθετα, διευθυντές που θα μπορούν να καταθέτουν την κάθε στιγμή ταυτότητα, ψυχή, παιδεία, σεβασμό στον άνθρωπο και στον επιστήμονα δάσκαλο. Να είναι προϊστάμενοι μεταξύ ίσων, με χαμηλό βαθμό κατευθυντικής στάσης και περιορισμών και να μπορούν να συνδυάσουν τις οργανωτικές διαδικασίες με τις διαπροσωπικές σχέσεις, με στόχο τους να αυξήσουν το βαθμό ικανοποίησης του διδακτικού προσωπικού και να συμβάλλουν γενικότερα στην επαγγελματική ανάπτυξη και την καλύτερη εμπλοκή στα δρώμενα του σχολείου.

Η δημιουργία του οράματος μιας σχολικής μονάδας δεν είναι όμως έργο μόνο του διευθυντή, αλλά κυρίως του εκπαιδευτικού προσωπικού. Είναι αποτέλεσμα μιας αμφίδρομης σχέσης μεταξύ τους. Για να φτιάξουν το δικό τους όραμα, το δικό τους όνειρο, θα πρέπει να γνωρίζουν το παρελθόν της σχολικής μονάδας, να έχουν ολοκληρωμένη εικόνα των μερών της, να κατέχουν το πώς λειτουργούν τα μέρη αυτά και φυσικά καλή γνώση του κοινωνικού περιβάλλοντος.

Είναι δεδομένο ότι η σχολική μονάδα θα πρέπει να φροντίσει για την εφαρμογή της εθνικής εκπαιδευτικής πολιτικής, όμως παράλληλα μπορεί και πρέπει να διαμορφώσει και την εσωτερική εκπαιδευτική πολιτική. Δηλαδή μέσα στα πλαίσια των γενικών στόχων να θέσει τους δικούς της στόχους.

Οι εσωτερικοί στόχοι θα τεθούν μέσα από τον προγραμματισμό. Ο προγραμματισμός θα περιλαμβάνει το ύφος, τους στόχους της σχολικής μονάδας και την ποιότητα που θεωρείται και στοιχείο της κουλτούρας της. Αφορά αυτός το διδακτικό και εκπαιδευτικό έργο, την πολιτιστική προσέγγιση των νέων, τα καινοτόμα εκπαιδευτικά προγράμματα, τη συνεργασία με φορείς, την εκπροσώπηση του σχολείου, την υλικοτεχνική υποδομή. Καθορίζει ακόμη και τα άτομα που θα συμμετέχουν σε κάθε στάδιο του προγραμματισμού. Ο στρατηγικός σχεδιασμός θα πρέπει λοιπόν να ακολουθείται από τον επιχειρησιακό, που είναι αυτός που θα ορίσει το μέσον και το χρόνο πραγμάτωσης των στόχων.

Ο προγραμματισμός έργου σχολικής μονάδας αποσκοπεί στην αποσαφήνιση της φιλοσοφίας του προγράμματος, την ικανοποίηση των εκπαιδευτικών αναγκών, τη συμβολή όλων των παραγόντων στην παιδική ανάπτυξη και τέλος στην εύρυθμη λειτουργία της σχολικής μονάδας με τη δημιουργία και διατήρηση ενός κλίματος απαραίτητου για την τήρηση πειθαρχίας. Η ύπαρξη διαλόγου μεταξύ των μελών, που απαρτίζουν το σχολικό περιβάλλον, ενθαρρύνει την υιοθέτηση μιας κοινής γραμμής δράσης με απώτερο σκοπό την ολόπλευρη ανάπτυξη των νέων ανθρώπων.

Η ορθολογική διαδικασία με διάλογο μέσα από τη λειτουργία του Συλλόγου των Διδασκόντων και του Σχολικού Συμβουλίου, εξασφαλίζει σε μεγάλο βαθμό τη δέσμευση να αναλάβουν τις υποχρεώσεις τους και να φέρουν σε τέλος το έργο που αναλαμβάνουν στην αρχή της σχολικής χρονιάς.

Σύμφωνα με την εκπαιδευτική νομοθεσία, έργο του Συλλόγου των Διδασκόντων είναι η χάραξη κατευθύνσεων για την καλύτερη λειτουργία του σχολείου, για την οποία είναι υπεύθυνος, καθώς και την καλύτερη εφαρμογή της εκπαιδευτικής πολιτικής με συγκεκριμένες εκπαιδευτικές δραστηριότητες. Με την έναρξη των μαθημάτων προγραμματίζει αυτές τις εκπαιδευτικές δραστηριότητες για όλο το σχολικό έτος.

Όλες οι εκπαιδευτικές δραστηριότητες που προγραμματίζονται, η εφαρμογή τους και η αξιολόγηση αυτών, επιτυγχάνουν την αναβάθμιση της ποιότητας του εκπαιδευτικού. Διαπιστώνεται έτσι η ανάγκη επιμόρφωσης, που γίνεται τις περισσότερες φορές από τους εκπαιδευτικούς της σχολικής μονάδας. Το χώρο, όπου συγκεντρώνονται οι εκπαιδευτικοί της σχολικής μονάδας, θα μπορούσαμε να τον παρομοιάσουμε με μια μηχανή, η οποία για να λειτουργήσει θα πρέπει να λειτουργήσουν τα γρανάζια της και το κάθε γρανάζι να δίνει κίνηση, ζωή, "θόρυβο" λειτουργικό στο άλλο. Η μηχανή - γεννήτρια είναι ο Σύλλογος των Διδασκόντων με τις αποφάσεις του και το κάθε γρανάζι η κάθε τάξη με τον υπεύθυνο εκπαιδευτικό της.

Η κατάρτιση ενός σχεδίου δράσης για όλη τη σχολική χρονιά με τη συνδρομή όλων των εκπαιδευτικών και η ανάρτησή του σε εμφανές μέρος του γραφείου των δασκάλων προκαλεί μια σειρά διεργασιών γόνιμων.

Έτσι λοιπόν στην αρχή ορίζονται οι σκοποί και οι στόχοι της σχολικής χρονιάς που θα οδηγήσουν στην αναβάθμιση του εκπαιδευτικού έργου, μέσα στα πλαίσια της εκπαιδευτικής νομοθεσίας. Στη συνέχεια και αφού ορισθεί το θέμα ή τα θέματα που θα απασχολήσουν μαθητές και δασκάλους, θα αναλάβει η κάθε τάξη να εκπονήσει ένα μέρος του προγραμματισμού.

Σε επόμενη συνεδρίαση αναλύονται και καταγράφονται οι επιμέρους στόχοι και σκοποί των προγραμμάτων που θα εφαρμόσει η κάθε τάξη χωριστά και γίνεται ένα πλάνο συνεργασίας μεταξύ τμημάτων, έτσι ώστε το ένα "γρανάζι" να κινεί το επόμενο. Δεν υπάρχουν έτσι στεγανά μεταξύ των δράσεων των τάξεων και υπάρχει μια συνεχής αλληλεπίδραση και αναπτύσσεται ένα πνεύμα συνεργασίας και συλλογικότητας. Συζητούνται οι μέθοδοι διδασκαλίας για καλύτερη αντιμετώπιση των διδακτικών προβλημάτων και προτείνονται προς συζήτηση καινοτόμοι τρόποι και μέθοδοι.

Σε συνεδρίαση του Σχολικού Συμβουλίου, όπου συμμετέχουν εκτός του Συλλόγου των Διδασκόντων και τα μέλη του Διοικητικού Συμβουλίου του Συλλόγου Γονέων, καθώς και ο εκπρόσωπος της Τοπικής Αυτοδιοίκησης, καταγράφονται οι τυχόν ελλείψεις σε υλικοτεχνική υποδομή που είναι απαραίτητη για την υλοποίηση του προγράμματος και καθορίζεται ο τρόπος εξεύρεσης πόρων για την απόκτησή τους και ενημερώνεται όπως είναι φυσικό και η Σχολική Επιτροπή, η οποία είναι υπεύθυνη για τον εφοδιασμό του σχολείου, με όλα τα μέσα που είναι απαραίτητα για τη λειτουργία του. Οι γονείς σε πολλές περιπτώσεις θα προσφέρουν τις υπηρεσίες τους σε εθελοντική βάση και θα τους δοθεί η ευκαιρία έτσι να χρησιμοποιήσουν ικανότητες και γνώσεις που δε θα μπορούσαν σε άλλη περίπτωση να τις αξιοποιήσουν.

Το σχέδιο δράσης περιλαμβάνει σε τακτά διαστήματα την αξιολόγησή του με σκοπό να προλάβει τυχόν ανεπιθύμητα αποτελέσματα και να καρπωθεί πιθανή επανατροφοδότηση του με καινούρια στοιχεία. Βέβαια αφού το σχέδιο δράσης θα είναι αναρτημένο στο γραφείο, ακόμη και την ώρα του διαλείμματος προκαλεί για συζήτηση και αναζήτηση τρόπων προσέγγισης των επιμέρους θεματικών ενοτήτων και δημιουργείται κλίμα υψηλών προσδοκιών με σαφή μαθησιακό προσανατολισμό.

Ο χώρος που οι εκπαιδευτικοί συνεδριάζουν θυμίζει εργαστήριο περισσότερο, παρά ένα γραφείο τυπικό μιας υπηρεσίας. Υπάρχει χώρος αρχειοθέτησης των εκπαιδευτικών φακέλων που περιλαμβάνουν προγράμματα και υλικό προηγούμενων δραστηριοτήτων. Υπάρχει ακόμη ο ηλεκτρονικός υπολογιστής, απαραίτητο εργαλείο όχι μόνο για τη δημιουργία και το σχεδιασμό εκπαιδευτικών προγραμμάτων, αλλά και για την επιστημονική και επαγγελματική τους αναβάθμιση, μέσα από ιστοσελίδες του διαδικτύου. Μια πλούσια βιβλιοθήκη συμπληρώνει με τη σειρά της τα κενά των ατομικών βιβλιοθηκών που διαθέτουν οι εκπαιδευτικοί, αλλά και η τεκμηρίωση κάποιων δραστηριοτήτων τους μέσα από την ενημερωμένη βιβλιογραφία είναι απαραίτητη. Η βιβλιοθήκη περιέχει και τον περιοδικό τύπο εκπαιδευτικής ενημέρωσης, όπου οι εκπαιδευτικοί μπορούν να αναζητήσουν πληροφόρηση για τα πορίσματα επίκαιρων ερευνών και μέσα από άρθρα για όλες τις καινοτόμες δράσεις που προτείνονται από την εκπαιδευτική κοινότητα, να φιλτράρουν και να μεταφέρουν στην εκπαιδευτική πράξη, ό,τι πιο σύγχρονο, ό,τι πιο ωφέλιμο.

Με την εκπόνηση του ετήσιου σχεδίου δράσης και μέσα από τις συνεχείς συναντήσεις επανατροφοδότησης του προσωπικού, πετυχαίνεται μια ουσιαστική, συνεχής και ευέλικτη μορφή επιμόρφωσης, αφού η ανταλλαγή απόψεων, βιωμάτων και γνώσεων είναι ο πιο εποικοδομητικός τρόπος αυτοεξέλιξης του εκπαιδευτικού προσωπικού Οι εκπαιδευτικοί της πράξης καλούνται με αυτό τον τρόπο να εμπλακούν στη διαδικασία σχεδιασμού, πραγμάτωσης και αξιολόγησης της κάθε παιδευτικής δραστηριότητάς τους.

Μια συνεχής διαδικασία που έχει σαν στόχο τη συνεχή επαγγελματική ανάπτυξή τους, για να μπορούν να ανταποκρίνονται σε ικανοποιητικό βαθμό στις απαιτήσεις του σύνθετου και πολύπλευρου ρόλου τους. Να δουλέψουν όχι ως άτομα, αλλά μέσα σε ομάδα και να δεχτούν τις θετικές επιδράσεις της. Άλλωστε οι ίδιοι οι εκπαιδευτικοί είναι αυτοί που θα καλέσουν τους μαθητές τους να σχεδιάσουν και να εκπονήσουν projects

- σχέδια εργασίας, με ομάδες εργασίας. Αν το εκπαιδευτικό προσωπικό του σχολείου εκπονήσει ένα γενικό ή πολλά και μικρής διάρκειας projects, τότε είναι σίγουρο ότι κλίμα κοινής δημιουργικής προσπάθειας θα διαπεράσει τους τέσσερις τοίχους του γραφείου και θα κατακλύσει το περιβάλλον του σχολείου, αφού το ψυχολογικό και κοινωνικό κλίμα του σχολείου επιδρά στους τομείς μάθησης και ανάπτυξης. Αν οι δάσκαλοι έχουν μετατρέψει σε εργαστήριο το γραφείο τους, τότε και οι μαθητές θα μεταμορφώσουν την ψυχρή και γκρίζα αίθουσά τους σε εργαστήριο αναζήτησης της γνώσης. Αν οι δάσκαλοι εργάζονται σε ομάδα, τότε και οι μαθητές θα γίνουν μια μεγάλη ομάδα εργασίας. Μέσα από την οργάνωση σχολικών δραστηριοτήτων, όπου εμπλέκονται μαθητές διαφορετικών τάξεων, αισθάνονται έντονα ότι ανήκουν στο σχολείο και ότι είναι αυτοί για τους οποίους υπάρχει. Σαν μια γροθιά οι εκπαιδευτικοί με το διευθυντή και τους γονείς θα αγωνιστούν για μια παιδεία των νέων μας, που δεν θα ανάγεται αποκλειστικά στην εκπαίδευση, αλλά που θα την περικλείει, για μια βαθύτερη και ευρύτερη έννοια, αυτή της βιωματικής γνώσης και της υπεράσπισης των πολιτιστικών αξιών μας.

Οι επιστημονικές ανησυχίες των δασκάλων, που εκφράζονται μέσα από το πλάνο εργασίας τους, είναι η αφετηρία για μια συνεχή ενδοσχολική επιμόρφωση με την παράλληλη συνδρομή του Σχολικού Συμβούλου και εξωτερικών συμβούλων ή και συνεργατών. Μέσα από τις επιμορφωτικές- παιδαγωγικές συναντήσεις, μπορεί να γίνει ανταλλαγή πολύτιμης εμπειρίας και εμπεριστατωμένων γνωμών και απόψεων. Να λυθούν απορίες, να διαλυθούν σοβαρές πλάνες και να δοθούν ισχυρά μορφωτικά ερεθίσματα και ορθές κατευθύνσεις. Να εμπεδωθεί η πίστη και ο ενθουσιασμός στο αποστολικό έργο τους και να τους παρέχεται σε τακτά διαστήματα η ευκαιρία συλλογικής αντιμετώπισης των εκπαιδευτικών τους προβλημάτων. Με αυτό τον τρόπο πετυχαίνεται να δοθεί ευκαιρία πραγματικής παιδείας που είναι μια διαδικασία επίμονη και ισόβια, στους εκπαιδευτικούς της σχολικής μονάδας, οι οποίοι στη διάρκεια της εισαγωγικής πανεπιστημιακής εκπαίδευσής τους απέκτησαν μεν συγκεκριμένες γνώσεις, χαρακτηριστικά και τρόπους, καθώς και ερεθίσματα, αλλά δεν ολοκλήρωσαν την ουσία της παιδείας τους μέσα από την εμπειρία και την πνευματική αναζήτηση, που θα τους καταστήσει ικανούς και με μεγάλο βαθμό ετοιμότητας σε επιχειρούμενες καινοτομίες.

Μέσα από το σχεδιασμό, τον προγραμματισμό, την οργάνωση, την εκτέλεση, προκύπτει και η ανάγκη του ελέγχου, ως φυσική συνέπεια. Ο έλεγχος είναι αυτός που θα βοηθήσει τους εκπαιδευτικούς της σχολικής μονάδας να πραγματοποιήσουν τους στόχους του προγραμματισμού, που ίσως στην πορεία και για καλύτερα αποτελέσματα επαναπροσδιοριστούν. Υπάρχει, αλλά σε όχι ικανοποιητικό βαθμό η αξιολόγηση που διενεργείται από ιεραρχικά ανώτερα ιστάμενα άτομα και έχει ως σκοπό την ευθυγράμμιση των εκπαιδευτικών προς τις κατευθύνσεις και τις επιλεγμένες πολιτικές ενός συγκεντρωτικού και μη ευέλικτου εκπαιδευτικού συστήματος. Όταν είναι και ο μοναδικός τρόπος αξιολόγησης, τότε εμφανίζεται ο ατομισμός και δεν υπάρχει το συλλογικό πνεύμα, που προάγει τη συνειδητοποίηση των αδυναμιών και την ανάπτυξη πρωτοβουλιών, παραμερίζοντας το "εγώ" και προβάλλοντας το "εμείς".

Ο έλεγχος του πλάνου εργασίας φέρει ως αποτέλεσμα την εσωτερική αξιολόγηση, που μπορεί να συμπλέει με την εξωτερική. Η σχολική μονάδα θα μπορεί έτσι να βελτιώνει συνεχώς τα δεδομένα και να αναπτύσσει δυναμικά καινοτόμες δράσεις, μέσα από τη συνεργασία και να ανταποκρίνεται καλύτερα στις ιδιαίτερες απαιτήσεις και ανάγκες της. Με την επαφή της σχολικής μονάδας με άλλες όμορες, θα αποφευχθεί η εσωστρεφής διάθεση που μπορεί να αναπτυχθεί. Η συνεργασία με άλλες σχολικές μονάδες και σε επίπεδο επιμόρφωσης, αλλά και σε πλάνο εργασίας, θα δώσει την ευκαιρία στους εκπαιδευτικούς και στους μαθητές μιας περιοχής να αναπτύξουν μια δυναμική που θα οδηγήσει με μαθηματική ακρίβεια στην παραπέρα διεύρυνση του εκπαιδευτικού ορίζοντα και των πεδίων γνώσης και κοινωνικής συμπεριφοράς. Αυτό είναι το ευέλικτο σχολείο, και στόχος του είναι να αποδώσει στην κοινωνία νέους σκεπτόμενους, χαρούμενους και έτοιμους να δημιουργήσουν.

ΜΕΡΟΣ ΤΡΙΤΟ

Από τη θεωρία στην πράξη

ΚΕΦΑΛΑΙΟ ΠΡΩΤΟ

Η ΠΡΑΞΗ...

Αφορμή και αφετηρία του παραπάνω πονήματος ήταν η προσπάθειά μου ως εκπαιδευτικού πράξης, να συνδέσω την επιστημονική έρευνα, μέσα από τη μελέτη της θεωρητικής βιβλιογραφίας, με την εκπαιδευτική πρακτική. Η πολλαπλότητα των φαινομένων της διδασκαλίας και μάθησης απαιτεί διεπιστημονική προσέγγιση των μαθημάτων, τα οποία με τη σειρά τους ορίζουν το πλούσιο περιεχόμενό τους. Απαιτείται ο επαναπροσδιορισμός των σχεδιασμών, η ευέλικτη διαδικασία προσέγγισης της γνώσης και αναζήτησής της, περισσότερο από κάθε άλλη εποχή σήμερα, γιατί ο παλιός κόσμος των εκπαιδευτικών αξιών και διαδικασιών εξαντλείται κάτω από τις απαιτήσεις της σύγχρονης ζωής και κυρίως του τομέα της τεχνολογίας.

Η κεντρική ιδέα όλης της παραπάνω μελέτης, δηλ. του ευέλικτου σχολείου, που είναι σύνολο συνεργαζόμενων οπωσδήποτε, επί μέρους τάξεων, μαζί με τους κοινωνικούς τους εταίρους, είναι μια προσωπική θεωρία, είναι το πιστεύω μου ότι το παιδί πρέπει να μαθαίνει αβίαστα μέσα από το παιχνίδι, όπως επίσης ότι κύριο μέλημά μας είναι να το μάθουμε πώς να μαθαίνει. Κτίζοντας πάνω στο παρελθόν το μέλλον της πατρίδας μας θα πρέπει να κτίσουμε το μέλλον της μέσα από τα δημιουργικά μυαλά των νέων μας. Νέων που διψούν για ουσιαστική μάθηση. Υποστηρίζω ότι τα παιδιά μπορούν και πρέπει να σκέφτονται, να οικοδομούν τις γνώσεις και όχι να καταγράφουν πληθώρα πληροφοριών, σαν να καταθέτουν άκριτες γνώσεις στο μυαλό τους.

Η πλήρης, μεθοδική και επεξεργασμένη παρατήρηση και περιγραφή των όσων συμβαίνουν στη σχολική πράξη ήταν τα προηγούμενα χρόνια ο δρόμος που οδηγήθηκα αβίαστα στη δια-τύπωση της προσωπικής θεωρίας μου. Μια προσωπική θεωρία που προωθεί την γνωστική, κοινωνική και ηθική αυτονομία του παιδιού, στο οποίο δίνονται οι ευκαιρίες να αναπτύξει στάσεις και δεξιότητες, που προωθεί την ανάπτυξη διαπροσωπικών σχέσεων σεβόμενη παράλληλα την πολιτισμική προέλευση του μικρού παιδιού και τα δικαιώματά του, που ικανοποιεί την ανά-γκη του για αγάπη και φροντίδα, καθώς και για αποδοχή, ασφά-λεια και χαρά. Ένα πιστεύω τέλος, που από τα αποτελέσματά του, φάνηκε ότι μεγιστοποίησε τη μάθηση. Μια προσέγγιση σε επίπεδο μεθοδολογίας που δεν είναι αντίθετη προς την επίση-μη εκπαιδευτική πολιτική, ούτε προς τους σκοπούς και τους στόχους που θέτουν τα επίσημα αναλυτικά προγράμματα, ούτε ακόμη έξω από τα επίσημα σχολικά βιβλία, τα οποία χρησιμο-ποιούνται στις πραγματικές τους διαστάσεις.

Το ερώτημα που γεννιέται στα χείλη του κάθε ενδιαφερόμε-νου εκπαιδευτικού είναι, αν πραγματικά μπορεί να εφαρμοστεί στην πράξη εύκολα. Η απάντηση στο ερώτημα αυτό έρχεται μέσα από το τελευταίο κεφάλαιο αυτού του βιβλίου, όπου παραθέτονται μερικά παραδείγματα εφαρμογής σε επίπεδο τάξης, αλλά και σχολικής μονάδας, αφού το θέμα είναι να μπορέσει όλο το σχολείο να συνεργαστεί.. Είναι εφαρμόσιμη πλήρως και το μόνο που απαιτεί από τον μεν εκπαιδευτικό είναι η καλή προετοιμασία, η φαντασία, η επιστημονική αυτοεξέλιξη και η αγάπη για το παιδί, από δε την πολιτεία, ο εκσυγχρονισμός των βιβλίων.

Η τάξη μου τα τελευταία δεκαπέντε χρόνια θυμίζει εργαστήριο, υπάρχει τάξη στην αταξία, τα παιδιά κινούνται ελεύθερα και ταυτόχρονα υπάρχουν αποδεκτοί από όλους μας τρόποι επιβολής της πειθαρχίας. Η τιμωρία είναι σπανιότατη και επιβάλλεται από τους συμμαθητές. Είναι ενδεικτική αλλά αποτελεσματική. Κάθε στιγμή η τάξη θυμίζει την κυψέλη, όπου εργάτριες μέλισσες φτιάχνουν το μέλι της γνώσης.

Τα παιδιά μέσα από το κουκλοθέατρο, τη δραματοποίηση, το θεατρικό παιχνίδι, αλλά και την αναζήτηση πληροφοριών από βιβλία ή από ηλεκτρονική καταχώρηση πληροφοριών, κτίζουν λιθαράκι- λιθαράκι το δικό τους προφίλ, το προφίλ που θα τους συνοδεύει σε όλη τους τη ζωή. Η μάθηση σ' αυτά τα παιδιά περνά από τα χέρια τους, τα αυτιά τους, τα μάτια τους, όλο το σώμα τους, αλλά και την ψυχή τους και μετουσιώνεται σε γνώση ζωής. Το "εγώ" σταματά να υπάρχει και αντικαθιστάται από το "εμείς". Η ομάδα δουλεύει για όλους και για τον καθένα χωριστά. Ο λευκός πίνακας - οργανόγραμμα γεμίζει όχι από απλές γνώμες, αλλά από στόχους που θέτουν τα παιδιά και αναλαμβάνουν όλα μαζί να τους πετύχουν. Γράφουν, σβήνουν, επανατοποθετούνται πάνω σε απόψεις λανθασμένες για τα μέσα επίτευξής τους, ψάχνουν και βρίσκουν μέσα από τη συζήτηση και τη μελέτη καινούριους δρόμους προσέγγισης των στόχων τους. Ο πίνακας που τους βοηθά να οργανωθούν, παίρνει ζωή από τα ίδια τα παιδιά, γεμίζει από τα λόγια τους, τις σκέψεις τους, τα σχέδιά τους, ακόμη και τις ζωγραφιές τους, που αποδίδουν μέσα από το σχέδιο τα πιστεύω τους. Και πάνω από όλα - και το τονίζω για ακόμη μια φορά - το παιδί χαίρεται, διασκεδάζει. Και αυτό είναι μεγάλη παρακαταθήκη, δεδομένου πλέον ότι χαρούμενα και ξέγνοιαστα παιδικά χρόνια κάνουν ευτυχισμένους ενήλικες.

Η αρχή που διέπει όλο τον προγραμματισμό, κάθε χρόνο, είναι να μη δίνω στα παιδιά τίποτα έτοιμο απ' αυτά που μπορούν να καταφέρουν μόνα τους με τις δικές τους δυνάμεις, ίσως να τα βοηθώ μόνο με καταλυτική καθοδήγηση κι όχι κατευθυντήρια. Μια τέτοια καθοδήγηση που να ανοίγει τους ορίζοντες, να δίνει νέες διαστάσεις στη γνώση.

Με τον όρο "πλευρικός τρόπος σκέψης", που χρησιμοποιείται από τον de Bono, διαχωρίζεται ο παραδοσιακός τρόπος σκέψης από τη σκέψη που περικλείει μέσα της τη δημιουργικότητα, τη φαντασία. Μια σκέψη που μας βοηθά να επανεξετάζουμε τα δεδομένα και να μη θεωρούμε ότι υπάρχει μια μόνο δυνατή λύση σ' ένα πρόβλημα, αλλά να ψάχνουμε το ίδιο θέμα μέσα από πολλές παράπλευρες οδούς. Και βέβαια οι δυο τρόποι δεν είναι αντιτιθέμενοι τρόποι σκέψης, είναι αλλιώτικοι, αλλά οπωσδήποτε συμπληρωματικοί.

Τα παιδιά της τάξης μου δεν προέρχονται πάντα από μια τάξη που κατά την προηγούμενη χρονιά ήταν δημοκρατικά οργανωμένη. Αυτός είναι ο λόγος που από την αρχή έχω να αντιμετωπίσω ερωτήσεις από τους μαθητές μου που με αναγκάζουν και με οδηγούν να δώσω περιττές οδηγίες για την οργάνωσή τους σε ατομικό και ομαδικό επίπεδο. Πολλές φορές η συχνότητα και η επιμονή των παιδιών είναι τόσο μεγάλη, ώστε στην αρχή να προκαλείται ανησυχία, όταν δεν υπάρχουν λεπτομερείς και ταυτόχρονα αναλυτικές οδηγίες από μέρους μου. Για να μετατραπούν από παθητικοί δέκτες σε άτομα που οδηγούνται βαθμιαία σε αξιοποίηση των δυνάμεων τους, φροντίζω οι πρώτες εργασίες να έχουν κάποιο ενδιαφέρον, να είναι ευχάριστες και οι απαιτήσεις τους να είναι μέσα στα πλαίσια των δυνατοτήτών τους. Κάθε φορά να οδηγούνται σε κάτι καινούριο που κτίζεται πάνω στο παλιό και να γεύονται την επιτυχία. Η χαρά που δίνει στα μικρά παιδιά η αίσθηση της επιτυχίας, μέσα από αρμοδιότητες που γνωρίζω ότι μπορούν να τις εκπληρώσουν, τα βοηθά να κερδίσουν τη θέση τους στη δική τους τάξη και αργότερα στη ζωή τους. Μια επιτυχία που την κέρδισαν, την προκάλεσαν οι ίδιοι με τις δικές τους δυνάμεις και προσπάθειες και μέσα από δικές τους πρωτοβουλίες.

Όπλο μου στις δυσκολίες είναι η ενθάρρυνσή τους να πάρουν αποφάσεις από την πρώτη κιόλας ημέρα, να αναλάβουν πρωτοβουλίες, ελεύθερα και μέσα από συζήτηση. Την πρώτη ημέρα είναι μακριά από τα θρανία τους, είμαι μακριά από την έδρα μου, καθόμαστε σε έναν κύκλο όλοι μαζί, αγγίζουμε ο ένας τον άλλο, πιανόμαστε και δενόμαστε μεταφορικά σε μια γροθιά. Και εκεί παίρνουν τις πρώτες αποφάσεις τους, ζυγίζουν τις επιλογές τους, προβληματίζονται και σκέφτονται για το τι θέλουν και δε θέλουν. Εγώ δέχομαι τις αποφάσεις τους, αλλά και ταυτόχρονα τους δίνω ερεθίσματα για να ξεφύγουν από την εγκατεστημένη εμπειρία τους, της καθοδηγούμενης και δασκαλοκεντρικής αντίληψης διδασκαλίας. Σε όλη τη διάρκεια της χρονιάς γίνεται συζήτηση πάνω στα προβλήματά τους, ανάλογα με το θέμα σε επίπεδο τάξης, σε επίπεδο ομάδας ή ακόμη και σε ατομικό.

Βέβαια κανένας μας δε διαθέτει το μαγικό ραβδάκι, ώστε να μπορέσει να κάνει όλα τα παιδιά ξαφνικά συνεργάσιμα, υπεύθυνα και ικανά να μπορούν να εργαστούν ομαδικά, αφήνοντας το "εγώ" στην άκρη.

Τοποθετώντας τα θρανία ανά δύο αντικριστά, δε σημαίνει ότι επειδή τα παιδιά θα καθίσουν το ένα απέναντι από το άλλο, θα δουλέψουν και σε ομάδες. Η ομαδοποίηση δε μπορεί να γίνει από τη μια στιγμή στην άλλη, γιατί υπάρχει μεγάλη ανταγωνιστικότητα τις περισσότερες φορές ανάμεσα στα παιδιά. Ανταγωνισμός που τις περισσότερες φορές είναι κανόνας και δυστυχώς σε μεγάλο βαθμό ανασταλτικός για τη δουλειά. Συγκρούσεις ακόμη και για το χώρο που έχουν στο τραπέζι τους, το μαρκαδόρο που όλοι θέλουν ξαφνικά το ίδιο χρώμα, είναι οι πιο συνηθισμένες τις πρώτες ημέρες. Ακόμη και όταν τους πω να γράψουν τις σκέψεις πάνω σε ένα θέμα τους πρώτα ατομικά και μετά να αποφασίσουν σε επίπεδο ομάδας για το κοινό κείμενό τους, βλέπω με έκπληξη να ορθώνονται "τείχη" ανάμεσά τους από κασετίνες, βιβλία, ακόμη και τσάντες.

Η εργασία σε ομάδες επιτυγχάνεται σταδιακά και γι' αυτό την πρώτη κυρίως εβδομάδα είναι έντονα τα παιχνίδια γνωριμίας και τα παιχνίδια εξοικείωσης, που βοηθούν στην ένωση των μελών της ομάδας. Ασχολούνται με εργασίες και δραστηριότητες που θα τα βοηθήσουν να προσεγγίσουν δημιουργικά προβλήματα, να βρίσκουν σταδιακά όλο και πιο πρωτότυπες ιδέες και λύσεις και να αποδέχονται τις απόψεις των άλλων. Δεν δουλεύουν σε ομάδα τα παιδιά μετά από δική μας εντολή. Δουλεύουν σε ομάδα, μετά από διεργασία ένταξης και στη συνέχεια σε ομάδες συνεργασίας. Από τη μεριά μου δεν πρέπει να πιέσω τα παιδιά, αλλά αντίθετα να παραδέχομαι τις απόψεις τους και να τα κάνω να παραδεχθούν ότι δεν υπάρχουν μοναδικές "σωστές" απαντήσεις. Προσπαθώ σε όλη τη διάρκεια της σχολικής χρονιάς να δημιουργήσω κλίμα όπου ο προβληματισμός και η ευθύνη είναι στοιχεία του. Χρειάζεται επιμονή, υπομονή από μέρους μου συνεχώς, για να μπορέσω να δώσω να καταλάβουν τα παιδιά ότι μπορούν να συναντούν δυσκολίες, να κάνουν λάθη, να αποτυχαίνουν, αλλά μέσα από όλα αυτά μπορούν να μάθουν, να κατακτήσουν τη σφαίρα της γνώσης. Να μη βιώνουν καθημερινά το βάρος της καλής και άριστης επίδοσης. Να μάθουν ότι η αποτυχία και το λάθος δεν είναι ντροπή, ότι υπάρχουν πολλές ακόμη ευκαιρίες και ότι είναι δεδομένη η ενθάρρυνση, η προτροπή και η παραδοχή από το συνεργάτη και βοηθό δάσκαλό τους.

Αφού μάθουν να κινούνται όλα τους στα πλαίσια του "εμείς", θα είναι έτοιμα να ανακαλύψουν, να ερευνήσουν, να προγραμματίσουν, να αποφασίσουν. Μέσα από την ομαδική εργασία παράγεται ένα κοινό προϊόν, μια ομαδική σύνθεση, που είναι κάτι αλλιώτικο και παραπάνω από ένα απλό άθροισμα απόψεων. Η κατανόηση της ύλης των μαθημάτων προχωρά, βασιζόμενη στη διευρυμένη προσέγγιση και παύει να είναι το πρόβλημα του δασκάλου. Όλα τα χρόνια που δίδαξα έτσι και που ήταν πολλά, δεν είχα πρόβλημα με το χρόνο και την ύλη.

Στο ερώτημα πολλών συναδέλφων για το χρόνο προετοιμασίας από μεριάς του δασκάλου, η απάντηση είναι ότι ο δάσκαλος μπορεί να έχει στη διάθεσή του προτάσεις και σχεδιασμούς άλλων συναδέλφων του, που τις αντλεί από το αρχείο του σχολείου του, όπως επίσης έχει στη διάθεσή του την πλούσια επιστημονική βιβλιογραφία της Σχολικής Βιβλιοθήκης του σχολείου του. Επειδή όμως όλα αυτά δεν είναι συνταγές και επειδή η διδασκαλία απαιτεί την προσωπική του πινελιά δημιουργίας, να φτιάξει το δικό του σχέδιο δράσης που θα το εμπλουτίσει με τους μαθητές του, θα πρέπει να προετοιμαστεί ίσως μέσα στο χρόνο των καλοκαιρινών διακοπών του. Δηλαδή δεν υπάρχει μια πυξίδα που οδηγεί όλους τους δασκάλους , αλλά ο κάθε δάσκαλος ξεχωριστά χρησιμοποιώντας τη δική του πυξίδα πορεύεται το δικό του δρόμο και φτάνει στον προορισμό του μέσα από διαφορετικές διαδρομές. Αυτός είναι ο λόγος που το προσωπικό ενός σχολείου θα πρέπει όσο είναι δυνατόν να παραμένει σταθερό, καθώς και μετά τον απολογισμό και την αξιολόγηση έργου της προηγούμενης σχολικής χρονιάς, να γίνεται ο προγραμματισμός της επόμενης σχολικής χρονιάς, τουλάχιστον σε ότι αφορά την κατανομή των τάξεων, την παράδοση της βιβλιογραφίας και των φακέλων εργασίας που διαθέτει το σχολείο.

Ο προγραμματισμός δε είναι απόλυτος. Συνεχώς αναθεωρείται και συνεχώς υπάρχει προβληματισμός για το πώς μπορεί να προχωρήσει πιο αποτελεσματικά και η κάθε μέρα κρύβει τις δικές της εκπλήξεις. Παρουσιάζει απόκλιση και βελτίωση. Πολλές φορές για τα παιδιά ο προγραμματισμός δημιουργεί ανησυχίες, γιατί αντιμετωπίζουν πολλά και καινούρια ταυτοχρόνως, έξω από τα καθιερωμένα πλαίσια που ήξεραν, όπως το περιεχόμενο των εργασιών, η δομή του μαθήματος. Αυτός είναι ο λόγος που γίνεται προγραμματισμός ανοιχτός ευμετάβλητος και όχι κλειστός και συμπαγής. Προγραμματισμός που δεν είναι άκαμπτος και σε όλα του τα στάδια επιδέχεται τροποποιήσεις και βελτιώσεις. Επιτυχία θα είναι, αν στο τέλος της χρονιάς τα παιδιά θα μπορούν να βγάλουν μόνα τους τη δομή και το πρόγραμμα των μαθημάτων της επόμενης χρονιάς, δηλαδή τους νέους στόχους και να σκεφτούν για τους τρόπους που θα τους προσεγγίσουν, έστω και κατά προσέγγιση.

ΚΕΦΑΛΑΙΟ ΔΕΥΤΕΡΟ

ΤΑ ΠΡΩΤΑ ΒΗΜΑΤΑ ΣΤΟ ΔΗΜΟΤΙΚΟ ΣΧΟΛΕΙΟ... Α΄ ΤΑΞΗ

Το παιδί έρχεται στο δημοτικό σχολείο. Μπαίνει μέσα από μια μεγάλη πόρτα την πρώτη ημέρα σ' ένα χώρο τόσο άγνωστο, αλλά και τόσο γνωστό σ' αυτό. Άγνωστο γιατί όλα είναι τώρα διαφορετικά από τις εικόνες που είχε μέσα του από τη ζωή του στο μικρό νηπιαγωγείο. Γνωστό από αυτά που άκουγε τόσο καιρό από τους γονείς του και τους μεγαλύτερους ηλικιακά φίλους του.

Η είσοδος του παιδιού στο σχολείο αποτελεί ένα σημαντικό στάδιο της ζωής του και είναι στενά συνδεδεμένη με μια σειρά από μεταβολές του φυσικού και κοινωνικού περιβάλλοντός του. Με το "άνοιγμα" της πόρτας του σχολείου το παιδί πρέπει να αναπροσαρμόσει μια σειρά από μηχανισμούς θεώρησης και αντιμετώπισης συνθηκών στο χώρο του σχολείου και να προσαρμοστεί γλωσσικά.

Το παιδί έρχεται προετοιμασμένο από το νηπιαγωγείο για ένα σχολείο φιλικό και ζεστό. Ένα σχολείο στο οποίο θα διδάσκεται όχι μόνο γνώσεις, αλλά και αρχές - τρόπους ζωής, από ένα δάσκαλο που στο βλέμμα του διακρίνει την αγάπη.

Στα χρόνια της προσχολικής αγωγής και στην πρώτη χρονιά της πρωτοβάθμιας συνθέτονται και σταθεροποιούνται, όπως λέχθηκε ήδη, στον εγκέφαλο των παιδιών τα νευρωνικά δίκτυα και είναι εξαιρετικά χρήσιμο να δημιουργούνται μέσα σ' ένα περιβάλλον πλούσιο σε ερεθίσματα κάθε είδους και με ευκαιρίες να εξερευνήσουν το περιβάλλον αυτό και να το κατανοήσουν. Ένα περιβάλλον που να είναι έτοιμο την κάθε στιγμή να προσφέρει γνώσεις, τότε που το παιδί θα τις αποζητά και θα τις χρειάζεται. Αποτελεί όμως το δημοτικό σχολείο τη φυσική συνέχεια του νηπιαγωγείου;

Ο ελαστικός τρόπος διαβίωσης του παιδιού της νηπιακής ηλικίας διακόπτεται την πρώτη κιόλας ημέρα απότομα με την είσοδό του στο δημοτικό σχολείο. Αυτός τώρα γίνεται πιο συστηματικός, με διαστήματα τακτικής ροής. Όπως το πρωινό ξύπνημα, η προσέλευση και η παραμονή του στο σχολείο, τα διαλείμματα, η εργασία στο σπίτι, ο περιορισμένος χρόνος για παιχνίδι και ελεύθερη απασχόληση.

Ο εξωσχολικός χρόνος των μικρών παιδιών εμφανίζεται τώρα πια υπερπρογραμματισμένος και υπερφορτωμένος και τις περισσότερες φορές εμφανίζεται ως συμπληρωματικός χρόνος της σχολικής μάθησης, αποδυναμωμένος από το εγγενές χαρακτηριστικό της αυτοδιάθεσης και της επιλογής. Όλες αυτές οι νέες δραστηριότητες αποτελούν για πολλούς μαθητές μια καινούρια κατάσταση.

Η αίθουσα του σχολείου είναι για το παιδί της Α΄ τάξης μια καινούρια πραγματικότητα που του περιορίζει την έως χθες ελευθερία του και συνήθη διαβίωσή του. Η τόσο διαφορετική, από το Νηπιαγωγείο, διανομή και κατανομή των θέσεων της αίθουσας, το περιορισμένο οπτικό πεδίο και γενικά ο εξοπλισμός και η επίπλωσή της αποτελούν μια νέα χωροταξική εικόνα. Το μικρό εμβαδόν τις περισσότερες φορές της σχολικής αίθουσας και ο συνήθως μεγάλος αριθμός μαθητών των ελληνικών τάξεων κάνουν δύσκολη τη πολύωρη διαβίωση του παιδιού και του δασκάλου.

Ακόμη και ο ομαδικός τρόπος χρήσης των βοηθητικών χώρων του σχολείου και η ποιότητά τους μπορεί να αποτελεί για πολλούς μια καινούρια εμπειρία με απροσδιόριστες προεκτάσεις.

Με την είσοδο του παιδιού στο δημοτικό σχολείο, διαφοροποιούνται και οι κοινωνικές σχέσεις του, που τώρα είναι περισσότερο εξισωμένες και πολυδιάστατες. Καθορίζονται τώρα πια από τα καθήκοντα και τις υποχρεώσεις τα δικαιώματα και τις διεκδικήσεις, τον ανταγωνισμό και τη συνεργασία, τις δραστηριότητες στην ομάδα και την τάξη.

Τέλος, το παιδί της Α΄ τάξης είναι δυνατό να δεχθεί περιορισμούς και στην έκφρασή του, όπως ήδη έχει τονιστεί. Οι περιορισμοί αυτοί απορρέουν αφ' ενός μεν από τις νέες κοινωνικές σχέσεις που ισχύουν στην τάξη και στο σχολείο, αφετέρου δε από την απαίτηση της διδασκαλίας για σαφή και ορθή διατύπωση περιεχομένων. Το σχολείο χρησιμοποιεί και εφαρμόζει τη γλώσσα των μεσαίων κοινωνικών τάξεων. Παιδιά κατωτέρων κοινωνικών τάξεων, παιδιά παλιννοστούντων γονέων και οικονομικών μεταναστών είναι δυνατόν να έχουν και τέτοια προβλήματα, προβλήματα γλωσσικής προσαρμογής.

Έτσι λοιπόν, τις περισσότερες φορές, το παιδί με το "άνοιγμα" της πόρτας του δημοτικού σχολείου καλείται να ζήσει το διαφορετικό, το άγνωστο.

Η προαναγνωστική και προγραφική φάση έχει αρχίσει για το παιδί της Α΄τάξης , ήδη από τη νηπιακή ηλικία. Από την ηλικία αυτή η επαφή του νηπίου με τα αντικείμενα ενεργοποίησε τη νόησή του, έχει αυξήσει την περιέργειά του και έχει αναπτύξει την αντιληπτική του ικανότητα. Στην προσχολική ηλικία το παιδί έχει προσεγγίσει φυσικά τόσο τη γλώσσα, όσο και τα μαθηματικά.

Διαπίστωσα όμως με λύπη μου, ότι δεν υπάρχει φυσική συνέχεια της μαθησιακής προσπάθειας, με την ευρύτερη έννοια του όρου, του νηπιαγωγείου. Αυτή ανακόπτεται βίαια σταματώντας τον αυθορμητισμό και την καλή διάθεση του παιδιού.

Ακόμη διαπίστωσα πως το βασικό πρόβλημα της σχολικής εκπαίδευσης, είναι πώς θα συνδυαστεί η διδασκαλία με το δημιουργικό χαρακτήρα της ανθρώπινης νόησης και τη μάθηση σαν ανακάλυψη που αβίαστα συνέβαινε μέχρι την ώρα της εισόδου του παιδιού στο Δημοτικό Σχολείο.

Μελετώντας με προσοχή τα προγράμματα του νηπιαγωγείου διαπίστωσα ακόμη, ότι, εμείς οι δάσκαλοι γνωρίζουμε ελάχιστα γι' αυτά, ελάχιστα για τους σκοπούς και στόχους του νηπιαγωγείου, καθώς και ότι αγνοούμε ότι οι μικροί μαθητές μας είναι προετοιμασμένοι για ένα σχολείο δημοκρατικό που είναι ένας βασικός στόχος αγωγής, ιδιαίτερα της προσχολικής.

Στους μικρούς μαθητές η ομαδοσυνεργατική διδασκαλία δεν είναι άγνωστη ως μέθοδος. Ήδη στο νηπιαγωγείο τα παιδιά έχουν δουλέψει στις ομάδες "φωλίτσες".

Ακόμη και οι γωνιές εργασίας δεν είναι άγνωστες σ' αυτά. Όταν αναφέρθηκα στην προσαρμογή του παιδιού στο χώρο της σχολικής αίθουσας, είχα υπόψη μου την "γκρίζα" αίθουσα και όχι μια αίθουσα χρωματιστή και στολισμένη. Μια αίθουσα επιστημονικά οργανωμένη, μια τάξη εργαστήριο, με τη γωνιά του βιβλίου, τη γωνιά των μαθηματικών, τη γωνιά του κουκλοθεάτρου, με τη γωνιά του παραμυθά, το μπαούλο με τα υλικά του θεατρικού παιχνιδιού, με τα θρανία φωλίτσες.

Επίσης, λαμβάνοντας υπόψη ότι σε αυτή την ηλικία η αντίληψη του παιδιού είναι ανθρωπομορφική, εγωκεντρική, εποπτική και συνδεδεμένη με τα πράγματα και τα αντικείμενα, μπορεί να εφαρμοστεί με επιτυχία η διαθεματική προσέγγιση των μαθημάτων που ορίζει το αναλυτικό πρόγραμμα και παλιότερα ονομαζόταν "ενιαία συγκεντρωτική διδασκαλία".

Και βέβαια το παιδί έχει διδαχθεί με αυτό τον τρόπο και στο νηπιαγωγείο, μελετώντας τις ενότητες των τεσσάρων εποχών, της ιστορίας των αριθμών, της ιστορίας της γειτονιάς, της μελέτης του ανθρώπινου σώματος.

Υποστηρίζω λοιπόν, ότι δεν θα πρέπει να αρχίσει κάτι καινούριο για το παιδί κατά την πρώτη ημέρα στο δημοτικό σχολείο. Αντίθετα, να πιστέψει ότι είναι μια συνέχεια της προσπάθειάς του για μάθηση και ανακάλυψη, μια συνέχεια των ήδη γνωστών μονοπατιών του από το νηπιαγωγείο.

Βασικό ρόλο σ' όλη τη διάρκεια του προγράμματος που βασίζεται στο ότι υπάρχει φυσική συνέχεια, έπαιξαν οι δύο κούκλες, ο Πέπο και η Φρουφρού, το χάρτινο αυτοκινητάκι του Πέπο με τις αστείες ρόδες- αρβύλες, το θεατρικό παιχνίδι, η δραματοποίηση, ο "παραμυθάς". Βέβαια η αίθουσα μετατράπηκε σε εργαστήριο με αναπτυγμένες τις γωνιές του παραμυθιού, του κουκλοθέατρου το οποίο πήρε τη μορφή τηλεόρασης, του παιχνιδιού. Τα θρανία έγιναν φωλίτσες και η έδρα μου μετατράπηκε σε πάγκο εργασίας.

Βασικό ρόλο στην Α΄τάξη παίζουν ακόμη, τα παιχνίδια γνωριμίας και επαφής και ένωσης των μελών της ομάδας, κυρίως τις τέσσερις πρώτες εβδομάδες.

Η κούκλα είναι ένα ζωντανό μέσο που αναπτύσσει πολύ εύκολα επικοινωνία με τα παιδιά. Είναι πειστικό και ευχάριστο μέσο. Σαν χαρακτήρας η κούκλα είναι καλός, άδολος, καθόλου εγωιστικός. Η κούκλα δεν προσβάλλει, δεν ταπεινώνει και όταν μιλάει πείθει εύκολα. Αυτό εκμεταλλεύτηκα και εισήγαγα στη διδασκαλία μου τις δυο κούκλες, οι οποίες κινούνται σ' ένα διαμορφωμένο από εμένα αυτοσχέδιο κουκλοθέατρο που έχει τη γνώριμη σ' αυτά μορφή της τηλεόρασης.

Ακόμη σ' αυτή τη γωνιά υπάρχει και το μπαούλο με τα παιχνίδια τους (αυτοκινητάκια, κούκλοι, τουβλάκια) που έφεραν μαζί τους από το σπίτι τη δεύτερη ημέρα και τα χρησιμοποιήσαμε στη διδασκαλία των μαθηματικών.

Χρησιμοποίησαν τα παιδιά τα παιχνίδια τους στη διδασκαλία των μαθηματικών, γιατί υποστηρίζω ότι το παιδί πρέπει να ενθαρρυνθεί και μέσα σε μια κατάλληλη ατμόσφαιρα να συλλογιστεί, να αποδείξει ή να υπερασπίσει τις λύσεις που δίνει στους συμμαθητές του και να αναπτύξει την ιδέα ότι τα μαθηματικά δεν πρέπει να τα αποστηθίζεις, γιατί είναι τάχα αυθαίρετα και ακατανόητα. Τι πιο καλό από το να μάθει το παιδί μαθηματικά με τα παιχνίδια του. Να τα ταξινομήσει, να τοποθετήσει τα αυτοκινητάκια στο γκαράζ που έφτιαξε μαζί με τους φίλους του, να δει ότι δεν χωρούν, να αφαιρέσει, να πουλήσει έπιπλα από ένα κουκλόσπιτο και να διδαχθεί έτσι το κέρδος ή το χάσιμο...

Για να καταφέρω να αναπτύξω αυτόνομη σκέψη δεν πρέπει να δίνω έτοιμη απάντηση στον προβληματισμό. Πρέπει να βοηθώ το παιδί να παίρνει θέση, να υποστηρίζει την άποψή του, ειδικά όταν είναι διαφορετική από τις αντιλήψεις των άλλων. Μόνο έτσι ενεργοποιείται η ευφυΐα του και ξεδιπλώνονται όλες οι ικανότητες.

Τι πιο καλό να μάθει να λύνει τα πρώτα απλά προβλήματα μέσα στο παντοπωλείο της γειτονιάς, μέσα στο ψιλικατζίδικο ή την ώρα της γυμναστικής σε συνεργασία με τον εκπαιδευτικό ειδικότητας, σε καθημερινές δηλαδή καταστάσεις.

Από τη μελέτη της θεωρίας του Πιαζέ για τον αριθμό διαπιστώνεται ότι τα παιδιά δε μαθαίνουν την αριθμητική, αλλά κυριολεκτικά την οικοδομούν μόνα τους, την επαναεφευρίσκουν. Αν τα παιδιά προσθέτουν και αφαιρούν αριθμητικές ποσότητες με ενεργητικό τρόπο και κατ' επανάληψη στα πλαίσια των ευκαιριών που δίνονται καθημερινά μέσα στην τάξη, στα παιχνίδια και στα προβλήματα - ιστοριούλες που καταλαβαίνουν, θα θυμούνται τα αποτελέσματα αυτών των νοητικών ενεργειών και θα αποκτήσουν την ικανότητα να διαβάζουν και να γράφουν τα συμβατικά μαθηματικά σημεία.

Τα παιδιά εργάστηκαν σε ομάδες, αλλά και ατομικά. Παρατηρήθηκε ότι στο σχηματισμό ομάδων το πρώτο κριτήριο επιλογής ήταν η κοινωνική έλξη. Να σημειωθεί ότι οι μετακινήσεις ήταν ελεύθερες, αλλά προηγούνταν συζητήσεις για τους λόγους που οδηγούσαν σ' αυτές, τόσο με τα μέλη της ομάδας, όσο και με εμένα.

Η σχολική επίδοση δε φάνηκε να έπαιξε σημαντικό ρόλο. Συνάντησα τα παιδιά με τις καλύτερες επιδόσεις μοιρασμένα σε όλες τις ομάδες. Επίσης παρατήρησα ότι ηγετικές τάσεις στην ομάδα παρουσίασαν τα παιδιά που απολάμβαναν μεγαλύτερης κοινωνικής αποδοχής γενικότερα.

Ο προγραμματισμός με προσανατολισμό τη μάθηση μέσα από το παιχνίδι και το κουκλοθέατρο, αξιολογήθηκε και στηρίχθηκε η αξιολόγηση αυτή στα εξής:

1) αν συνεχίσθηκε και στο σχολείο ο φυσικός τρόπος εκμάθησης της γλώσσας.

2) αν έμαθαν τα παιδιά να ακούν, να ρωτούν και να εκφράζονται με απλότητα στις ποικίλες μορφές επικοινωνίας,

3) αν κατάφεραν να μπορούν να συλλαμβάνουν στην αρχή διαισθητικά κι έπειτα συστηματικά, μέσα από το πλήθος των συγκεκριμένων περιπτώσεων, τους κανόνες που διέπουν τη λειτουργία του συστήματος της γλώσσας και να ασκούνται, εφαρμόζοντάς τους στην πράξη.

4) στο βαθμό απόκτησης της δεξιότητας της γραφής και της προοδευτικής άσκησης στο γραπτό λόγο, ώστε να εκφράζονται και γραπτά με ευχέρεια, σαφήνεια, πληρότητα και δημιουργικότητα. Εδώ θα πρέπει να τονιστεί το πόσο σημαντική ήταν η τήρηση ημερολογίου από τα παιδιά κατά τη διάρκεια του 2ου εξαμήνου.

5) στο βαθμό απόκτησης του μηχανισμού ανάγνωσης, ώστε με ευχέρεια να διαβάζουν, να αντιλαμβάνονται και να βιώνουν το περιεχόμενο ενός κειμένου, να χρησιμοποιούν πρόσθετες πηγές πληροφοριών, να απολαμβάνουν την καλαισθησία των λογοτεχνικών κειμένων και τελικά να αγαπήσουν το βιβλίο.

6) στη συνειδητοποίηση από το παιδί, μέσω των ενεργειών και των πράξεων του με τα αντικείμενα, των ποσοτικών σχέσεων και το πέρασμά του από την πρακτική νοημοσύνη στην εννοιακή νοημοσύνη και τέλος στην ανάπτυξη της λογικομαθηματικής σκέψης. Βέβαια εδώ θα πρέπει να τονιστεί ότι κατά τη διάρκεια της αξιολόγησης του προγράμματος μετρήθηκε και ο βαθμός απόκτησης της εκτέλεσης των βασικών μαθηματικών πράξεων μέσα στη δεκάδα.

Δεν μπορώ να γνωρίζω κατά πόσο θα μπορέσω, μέσα από το γραπτό λόγο, χωρίς τη βοήθεια της περιγραφής, μέσα από τις κινήσεις, τις εκφράσεις προσώπου, τις κούκλες μου και τα αυτοσχέδια τις περισσότερες φορές τραγούδια μας, να σας μεταφέρω νοερά μέσα στην τάξη και να παρακολουθήσουμε όλοι μαζί δυο ημέρες μιας ευέλικτης και δημιουργικής α΄ τάξης.

Πάμε λοιπόν όλοι μαζί να συναντήσουμε τα χαρούμενα προσωπάκια των παιδιών της πρώτης ...

Η ημέρα ξεκινά με το κουκλοθέατρο. Εμφανίζεται ο Πέπο και καλεί τα παιδιά να φωνάξουν τη φίλη του Φρουφρού. Αυτά χαρούμενα αρχίζουν και φωνάζουν τη φίλη του Πέπο να έρθει δίπλα του. Αφού εμφανιστεί η Φρουφρού, ο Πέπο γεμάτος ενθουσιασμό της λέει για το παραμύθι που έμαθε από τη γιαγιά του. Και αρχίζει να της λέει το παραμύθι Όι μουζικάντες." Η Φρουφρού μαζί με τα παιδιά ακούει προσεκτικά το παραμυθάκι. Μάλιστα αν κάνουν φασαρία τους καλεί με τον τρόπο της να κάνουν ησυχία. Πριν τελειώσει ο Πέπο το παραμύθι η Φρουφρού φεύγει χωρίς να την καταλάβει αυτός, τα παιδιά τον φωνάζουν, αλλά αυτός συνεχίζει και κάνει ότι δεν τα ακούει... και με το τέλος του παραμυθιού ακούγεται η μουσική από το δίσκο Ἡ ορχήστρα των ζώων." Εμφανίζεται ταυτόχρονα στη σκηνή του κουκλοθέατρου η σύντροφος του Πέπο με δυο πιατίνια και τα κτυπά όταν ακούει τον αντίστοιχο ήχο και του λέει ότι οι μουζικάντες της ιστορίας του σίγουρα δε θα ήξεραν να παίζουν τόσο καλή μουσική! Ακολουθεί ένας μικρός διάλογος για να μπορέσουν τα παιδιά να μάθουν μερικά για τα μουσικά όργανα. Δείχνουν στα παιδιά μερικά χάρτινα όργανα και στο τέλος τους δείχνουν το τρομπόνι, το μουσικό όργανο που το σχήμα του μοιάζει με την προγραφική άσκηση που θα κληθούν να γράψουν στη συνέχεια. Συζητούν για τον ήχο, τον οποίο έχω φροντίσει να απομονώσω και στη συνέχεια μιλάνε για το σχήμα του. Η Φρουφρού τους καλεί με το δακτυλάκι τους να σχηματίσουν στον αέρα το σχήμα. Στη συνέχεια και για δυο λεπτά τους καλούν, αφού κλείσουν τα μάτια τους, να ακούσουν μουσική, τη μουσική του παραμυθιού.

Όταν ανοίγουν τα ματάκια τους, εγώ ήδη έχω πάρει το ταμπουρίνο μου και είμαι έτοιμη να τους δώσω την πρώτη εντολή.

Είμαστε όλοι όρθιοι και πιανόμαστε ο ένας πίσω από τον άλλον και γινόμαστε τρενάκια. Κινούμαστε όπως το σχήμα του τρομπονιού. Αφήνουμε τα χεράκια μας και γινόμαστε φίδια που τεντωνόμαστε και κουλουριαζόμαστε. Σηκωνόμαστε και περπατούμε μέσα στο λιβάδι, κόβουμε τα αγριολούλουδα με τα χέρια μας τεντωμένα. Αρχίζει όμως να βρέχει και ανοίγουμε τις ομπρέλες μας. Καθόμαστε και απολαμβάνουμε τη βροχή."

Τα παιδιά ηρεμούν και τα καλώ να πάνε στις φωλίτσες - ομάδες τους. εκεί τους περιμένουν από την αρχή της ώρας οι δακτυλομπογιές και χαρτί του μέτρου. Τους καλώ σε ομάδες να προσπαθήσουν να φτιάξουν σαν ομάδα μια μεγάλη κόκκινη, μια κίτρινη και μια πορτοκαλί. Τους καλώ δηλαδή να κάνουν ομπρέλες που τα χερούλια τους μοιάζουν με την προγραφική άσκηση, καθώς και τις έννοιες μικρό μεγάλο και τέλος το συνδυασμός χρωμάτων, γιατί δεν υπάρχει πορτοκαλί χρώμα και θα πρέπει έστω τυχαία να αναμείξουν τα χρώματα.

Φροντίζω να είναι η τελευταία δραστηριότητα για να έχουμε ευκαιρία να καθαρίσουμε τις φωλίτσες μας, χωρίς να ενοχλήσουμε ιδιαίτερα τις άλλες τάξεις του σχολείου μας.

Μετά το διάλειμμα τους καλώ να συμπληρώσουμε τις σελίδες του βιβλίου μας με την αντίστοιχη προγραφική άσκηση. Σε όλη τη διάρκεια της προσπάθειας ακούνε κλασική μουσική.

Στο τέλος της ώρας τους λέω ότι θα πρέπει να αφήσουν τις φωλίτσες τους και να με περιμένουν την επόμενη ώρα καθισμένοι επάνω στη μοκέτα, αφού πρώτα βγάλουν τα παιχνιδάκια τους από το μπαούλο της τάξης. Τα παιχνίδια τους αυτοκινητάκια και κούκλες, θα πρέπει να σημειωθεί ότι τα έχουν φέρει από την αρχή της σχολικής χρονιάς μαζί με άλλα υλικά. Όλα αναρωτιούνται αν ήρθε η ώρα του παιχνιδιού...

Πραγματικά, αρχίζοντας η τέταρτη ώρα, όλα νομίζουν ότι θα αρχίσουν να παίζουν. Τους αφήνω με αυτή την εντύπωση, αλλά αρχίζω παίζοντας μαζί τους να καθοδηγώ το παιχνίδι τους. Τους ζητώ να χωρίσουν στα δυο στεφάνια που έχω τοποθετήσει στη μέση της μοκέτας, τις κούκλες στο σπίτι τους και τα αυτοκίνητα στο γκαράζ (ταξινόμηση αντικειμένων με βάση γενικά χαρακτηριστικά). Στη συνέχεια τους καλώ να βάλουν τα αυτοκίνητα σε ομάδες με βάση το χρώμα τους και τις κούκλες με βάση το χρώμα των ρούχων. Τα χωρίζουμε μετά με βάση το μέγεθος(ταξινόμηση αντικειμένων με βάση το χρώμα, το σχήμα, το μέγεθος). Στη συνέχεια με απλά αφαιρετικά σχέδια μεταφέρω στον πίνακα την εικόνα που έχουν δημιουργήσει στο πάτωμα και συζητούμε.

Αμέσως μετά τους καλώ να δώσουν ένα αυτοκινητάκι σε κάθε κούκλα, ανακαλύπτουν ότι δυο αυτοκινητάκια έμειναν χωρίς κούκλα. Με αντιστοίχιση ένα προς ένα διαπιστώνουν ότι πράγματι οι κούκλες είναι πιο λίγες ή αλλιώς ότι τα αυτοκινητάκια είναι πιο πολλά. Τους προτρέπω να ψάξουν στο μπαουλάκι τους μήπως είναι κρυμμένες δυο παιχνιδιάρες κούκλες. Πράγματι με ενθουσιασμό ανακαλύπτουν ότι υπάρχουν δυο κούκλες καλά κρυμμένες μέσα στα διάφορα πανιά. Τώρα πια η κάθε κούκλα έχει το δικό της αυτοκινητάκι της. Με τη συζήτηση τους προβληματίζω αν μια μεγάλη κούκλα χωρά σε ένα μικρό αυτοκινητάκι. Πολλά από τα παιδιά δοκιμάζουν. Αρχίζουν πάλι την αντιστοίχιση και στην μικρή κούκλα δίνουν μικρό αυτοκίνητο και αντίστοιχα μεγάλη κούκλα στο μεγάλο. Τέλος τους καλώ να παρκάρουν τα αυτοκίνητα, όμως τοποθετώντας τα από το μικρότερο στο μεγαλύτερο(Διάταξη πραγμάτων). Για τη λίγη ώρα που μένει βγαίνουμε στην αυλή του σχολείου και με κιμωλίες χρωματιστές στο τσιμεντένιο δάπεδο της αυλής ζωγραφίζουμε ασκήσεις.

Μέσα λοιπόν από το παιχνίδι ουσιαστικά διδάχθηκαν οι ενότητες 7 έως 11. τις επόμενες ημέρες θα γίνουν ασκήσεις με γεωμετρικά σχήματα και στη συνέχεια θα είναι πολύ εύκολο να συμπληρωθούν από τα παιδιά οι ασκήσεις του βιβλίου.

Την τελευταία ώρα τα παιδιά πρέπει να τακτοποιήσουν τα αντικείμενα που βρίσκονται σε αταξία μέσα στην αίθουσα. Διαπιστώνεται ότι αντιμετωπίζουμε το σοβαρό πρόβλημα έλλειψης οργάνωσης. Τα ίδια τα παιδιά θυμούνται τις ομάδες εργασίας που είχαν και τα δυο προηγούμενα χρόνια στο νηπιαγωγείο και αποφασίζουν η κάθε φωλίτσα - ομάδα να αποτελεί και μια ομάδα εργασίας. Στην αρχή διαφωνούν για τις δουλειές που η *κάθε ομάδα θα αναλάβει, στη συνέχεια ζητούν τη βοήθεια μου και έτσι με συζήτηση κάνουμε το πρώτο πλάνο εργασίας μας. Η κάθε ομάδα αναλαμβάνει τα καθήκοντά της και τα εκτελεί. Στο τέλος ετοιμάζουμε και το παρουσιολόγιο μας. Θα πρέπει να σημειωθεί ότι το παρουσιολόγιο θα χρησιμοποιηθεί στη συνέχεια στη δόμηση της λογικομαθηματικής σκέψης. Είναι και αυτό ένα τέχνασμα.*

Η ημέρα μας τελειώνει με παιχνιδοτράγουδα, προερχόμενα από την ελληνική λαϊκή παράδοση ή από την ξένη, ύστερα από προσαρμογή τους ή ακόμη άλλα που έχουν φτιαχτεί από επώνυμους δημιουργούς. Η συνειδητή χρησιμοποίησή τους διευκολύνει την εκπλήρωση πολλών σημαντικών αναπτυξιακών στόχων, καθώς βοηθά παράλληλα τις διαπροσωπικές σχέσεις, τη δυναμική της ομάδας- τάξης.

Μερικές μέρες αργότερα...

Τα παιδιά έχουν οδηγηθεί αβίαστα και μέσα σε κλίμα χαράς, αλλά όχι αταξίας, στο στάδιο του βασικού μηχανισμού ανάγνωσης και γραφής. Η ενότητα διδασκαλίας με τα γεωμετρικά σχήματα έχει αφαιρεθεί, αλλά στα πλαίσια της διαθεματικής προσέγγισης θα γίνει επανάληψη των αποκτηθέντων γνώσεων τους από το νηπιαγωγείο.

Η ημέρα μας ξεκινά και πάλι με τους δυο καλούς μας φίλους τον Πέπο και τη Φρουφρού, στη γωνιά του κουκλοθέατρου. Η Φρουφρού κρατάει μια ομπρελίτσα και γίνεται μια συζήτηση μεταξύ τους για τη χθεσινή βροχούλα. Ο Πέπο δε κρατά ομπρέλα, αλλά ένα τσαμπί σταφύλι και της μιλά για το μάζεμα σταφυλιών που έκανε με τον παππού του το Σαββατοκύριακο στο χωριό. Της περιγράφει με ενθουσιασμό πως πάτησε τα σταφύλια στο πατητήρι, για τα τραγούδια και τα παιχνίδια που έκανε με τα' άλλα παιδιά. Αυθόρμητος διάλογος με τα παιδιά, βοηθά τα παιδιά να καταλάβουν την αλλαγή των εποχών και την είσοδό μας στην εποχή του Φθινοπώρου.

Η Φρουφρού συνεχίζει όμως να είναι χαρούμενη με την απόκτηση της όμορφης ομπρέλας της και ακόμη πιο χαρούμενη με την ηλιόλουστη ημέρα που είναι σήμερα. Έτσι λοιπόν καλεί τον Πέπο να παίζουν ένα αγαπημένο της παιχνίδι "ἀνέβα μήλο - κατέβα ρόδι." Αφού το παίζουν πρώτα μεταξύ τους, καλεί τα παιδιά να το παίζουν και αυτά. Τους ρωτά για το μήλο και το ρόδι που έχουν στο καλαθάκι τους. Την ίδια στιγμή ο Πέπο δυσανασχετεί και θέλει να παίξει με το τόπι του και καλεί τα παιδιά να αφήσουν τα ρόδια και να παίζουν η κάθε ομάδα μαζί του με το τόπι. Αρχίζει και αυτός να ζητά να βρουν τις διαφορές και τις ομοιότητες μεταξύ τους και τη χρησιμότητά τους. Ο Πέπο κρατά στα χέρια του το τόπι του και ζητά από τα παιδιά να επαναλάβουν τι κρατά. Την ίδια στιγμή μπαίνει η Φρουφρού με την καρτέλα που έχει τη λέξη "τόπι." Του μιλά στη συνέχεια για το φρούτο που θα φάει στο διάλειμμα και ο Πέπο γεμάτος περηφάνια βγάζει μια καρτέλα με τη λέξη "μήλο." Τα παιδιά παίζουν με τις δύο κούκλες το παιχνίδι "ἕνα μήλο, ένα τόπι μήλο και τόπι."

Ρωτάει στη συνέχεια ο Πέπο τι μπορούν να πουν τα παιδιά για να έρθει το μήλο από τα χέρια της Φρουφρού στα χέρια τους.

Έτσι αβίαστα βγαίνει από το στόμα των παιδιών η φράση ἤέτα το τόπι, πέτα το μήλο." Για επιβράβευση τους δίνουν τις δυο καρτέλες και αυτά τις παίρνουν και τις φορτώνουν στο αυτοκίνητο του Πέπο.

Σε χαρτόνι είναι γραμμένη ήδη η φράση που βγήκε από τα ίδια τα παιδιά. Δίπλα στη λέξη μήλο είναι ζωγραφισμένο ένα μήλο και αντίστοιχα στη λέξη τόπι. προσπαθούμε να το διαβάσουμε. Είναι εύκολο να διαβαστεί σχεδόν απ' όλους. Διαβάζουμε όλοι μαζί τη λέξη μήλο και στη συνέχεια ο καθένας χωριστά. Στη συνέχεια δείχνω την καρτέλα με τη λέξη μήλο χωρίς το αρχικό γράμμα και τους καλώ να τη συμπληρώσουν με το σωστό καρτελάκι. Διαβάζουμε λοιπόν τη λέξη μήλο αργά. Με παλαμάκια χωρίζουμε τη λέξη σε φωνούλες και χτυπώντας τα πόδια μας ρυθμικά προφέρουμε φθόγγους. Απομονώνουμε το φθόγγο Μμ, τον προφέρουμε, με το δάκτυλό μας τον σχεδιάζουμε στον αέρα και μετά βρίσκουμε λέξεις που αρχίζουν από Μ. Μια πραγματικά αγαπημένη τους άσκηση. Με τις κηρομπογιές και σε ομάδες γράφουμε το Μμ. Η ίδια διαδικασία γίνεται και για τη λέξη τόπι. Και στη συνέχεια γράφουμε τη λέξη τόπι και μήλο, ζωγραφίζουμε δίπλα και την εικόνα τους. Από το βιβλίο γίνονται οι ασκήσεις 1 και 4.

Στην αρχή της 3ης ώρας τους καλώ να ζωγραφίσουν με χονδρούς μαρκαδόρους πολλά στρογγυλά μήλα το ένα δίπλα στο άλλο. Μετά τα βάζουν σε καφάσια (ορθογώνια παραλληλόγραμμα) και στη συνέχεια όλο το χαρτί μετατρέπεται σε μανάβικο χρησιμοποιώντας σχήματα γεωμετρικά. Η εργασία εκτελείται σε επίπεδο ομάδας. Παράλληλα ακούγονται τραγούδια που μιλούν για τα γεωμετρικά σχήματα και τις ιδιότητές τους.

Την 4η ώρα κόβουν προσχεδιασμένα γεωμετρικά σχήματα και φτιάχνουν με τη τεχνική του κολάζ μια βαρκούλα σε μια θάλασσα με κυματάκια.

*Στο τέλος της ημέρας και αφού μαζί με τις αγαπημένες κού-
κλες ακούσουν το τραγούδι για το φθινόπωρο, βγαίνουν έναν
περίπατο για να παρατηρήσουν από κοντά τις αλλαγές της φύσης.
Συναντούν μια μητέρα που τους μιλά για τις δουλειές που έχει μια
νοικοκυρά στο σπίτι την εποχή του φθινοπώρου.*

Η "επίσκεψή" μας στην αίθουσα των είκοσι μικρών παιδιών
δεν έγινε για να δοθούν συνταγές διδακτικής, αλλά περισσό-
τερο για να γίνει αντιληπτό από τους εκπαιδευτικούς ότι με
αγάπη, φαντασία, διαρκή ενημέρωση και κατάρτιση, σωστό
προγραμματισμό και πώς μπορούν με τα "εργαλεία" που έχουν
στα χέρια τους να προσφέρουν στα παιδιά γνώση μέσα από το
παραμύθι, το παιχνίδι, την κίνηση, τη μουσική, ενεργοποιώντας
τα ενδιαφέροντα και τις κρυμμένες δυνάμεις τους. Οι στιγμές
μέσα στην αίθουσα διδασκαλίας δεν μπορούν να τυποποιη-
θούν. Ο ευέλικτος δάσκαλος είναι αυτός που θα αναλάβει να
ταξιδέψει τα παιδιά στα γεμάτα ενδιαφέροντα μονοπάτια της
γνώσης. Τα παιδιά χρησιμοποιώντας το μυαλό τους και ταυ-
τοχρόνως τα χέρια τους δε δέχονται μονομερή γνώση, αλλά
αναπτύσσουν αγόγγυστα και κτίζουν κλιμακωτά την ικανότητα
κρίσης, την ικανότητα αντίληψης και κατανόησης σύνθετων
εννοιών. Πολύτιμα εφόδια για την υπόλοιπη ζωής τους.

ΚΕΦΑΛΑΙΟ ΤΡΙΤΟ

"ΠΕΡΠΑΤΩΝΤΑΣ ΣΤΑ ΙΣΤΟΡΙΚΑ ΜΟΝΟΠΑΤΙΑ ΤΗΣ ΘΕΣΣΑΛΟΝΙΚΗΣ"

ΠΡΟΓΡΑΜΜΑ ΤΟΠΙΚΗΣ ΙΣΤΟΡΙΑΣ

Η διδασκαλία της τοπικής ιστορίας και η γνώση της, η "ανακάλυψη" και η ανασύνθεση της ιστορικής και πολιτιστικής ταυτότητας μιας περιοχής, προέρχεται κυρίως από πρωτοβουλία των ίδιων των εκπαιδευτικών περισσότερο και στο περιθώριο της διδασκαλίας της γενικής - εθνικής ιστορίας, η οποία είναι ενταγμένη κανονικά στο αναλυτικό πρόγραμμα.

Πριν ο κάθε μαθητής διδαχθεί και μάθει την ιστορία της Ελλάδας και πολύ περισσότερο την παγκόσμια ιστορία, θα πρέπει να διδαχθεί και να μάθει καλά την ιστορία του τόπου του. Αυτό θα τον βοηθήσει να προσανατολιστεί στο χρόνο και στον τόπο, να εμπεδώσει το αίσθημα της αγάπης προς την ιδιαίτερή του πατρίδα και σφυρηλατήσει τους δεσμούς φιλότητας με τον περίγυρο, ώστε να δημιουργήσει στάσεις και συμπεριφορές απέναντι στην πόλη του, πράγμα πρωταρχικό και αναγκαίο για να αγαπήσει και να εκτιμήσει τον πλούτο της. Ο μαθητής θα βρει έτσι το στίγμα του.

Το project τοπικής ιστορίας εκπονήθηκε κατά το κυρίως μέρος του το πρώτο δίμηνο της σχολικής χρονιάς, την περίοδο των "Δημητρίων" και σε μαθητές και μαθήτριες της τρίτης τάξης. Η ψυχολογία και το νοητικό επίπεδο των παιδιών αυτής της ηλικίας επιτρέπει την εικονική και παραστατική παρουσίαση της ιστορίας, αφού δεν έχουν κατακτήσει ακόμη την ικανότητα αφηρημένης σκέψης.

Το θέμα, μια γενική προσέγγιση στο ιστορικό τοπίο της πόλης, ταξιδεύοντας με το "αερόστατο του χρόνου", που βρήκε ο κούκλος Οδυσσέας στο μπαούλο του παππού του, περνοδιαβαίνοντας γνωστά και άγνωστα μονοπάτια της, αποτελεί μια ευρύτερη πρόταση συνδυασμού τοπικής ιστορίας και περιβαλλοντικής παιδείας.

Ο ιστορικός χρόνος, μια δύσκολη έννοια για την ηλικία αυτών των παιδιών, αφού αδυνατούν να συλλάβουν νοητικά τη χωροχρονική διάσταση των γεγονότων και να κατανοήσουν την εσωτερική αλληλουχία, χωρίστηκε με χρώματα και οδηγήθηκαν προς τα πίσω αβίαστα με την πολύτιμη συμβολή των δύο κούκλων του παραμυθιού.

Οι κούκλοι μας, ο Οδυσσέας και η Πηνελόπη έγιναν οι ξεναγοί μας, εγώ έφυγα από την "μακρινή" θέση της έδρας, πήγα κοντά στα παιδιά και άφησα τα παιδιά να μαγευτούν από το κουκλοθέατρο, το παιχνίδι και το παραμύθι. Οι κούκλες μάς ακολούθησαν και στις οργανωμένες ξεναγήσεις, στη βόλτα μας μέσα στα ιστορικά μονοπάτια της πόλης μας.

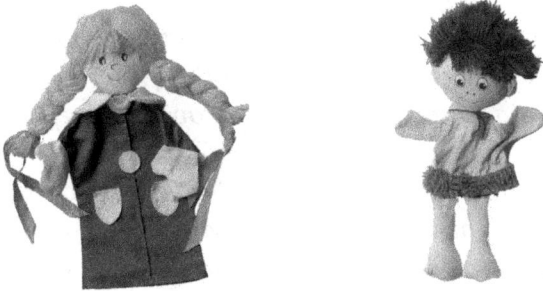

1η ημέρα

Βρισκόμαστε στο χώρο της σχολικής αίθουσας. Τα παιδιά, μακριά από τα θρανία, κάθονται στη μέση της αίθουσας, πάνω στη μοκέτα που έχει τοποθετηθεί, αναπαυτικά σαν μια μεγάλη παρέα. Ακούγεται το μουσικό κομμάτι " THALASSA" του Σταμάτη Σπανουδάκη. Το θέμα του μουσικού κομματιού δεν έχει επιλεχθεί τυχαία, αφού το κυρίαρχο στοιχείο που χαρακτηρίζει την πόλη μας είναι η θάλασσα. Ακούγεται σε απαγγελία το ποίημα του Θεοδ. Βουτσικάκη Θεσσαλονίκη."

Ακολουθεί προβολή slides με θέμα την πόλη μας χθες και σήμερα, με ταυτόχρονη μουσική υπόκρουση τραγουδιών γραμμένων για τη Θεσσαλονίκη. Θα πρέπει να σημειωθεί ότι τα slides δεν προβάλλονται με απόλυτη χρονολογική σειρά, μια που το υλικό θα χρησιμοποιηθεί και αργότερα στις δραστηριότητες των παιδιών. Τα παιδιά έχουν ενθουσιαστεί από τις εικόνες που προβάλλονται και τα μουσικά κομμάτια που ακούγονται και έχουν αρχίσει να αναρωτιούνται πόσο παλιά μπορεί να είναι η πόλη τους και πως άλλαξε τόσο πολύ στο πέρασμα του χρόνου.

Στη σκηνή του κουκλοθέατρου, το οποίο χρησιμοποιείται σε όλη τη διάρκεια της σχολικής χρονιάς στη διδασκαλία των περισσοτέρων μαθημάτων, εμφανίζονται τα γνωστά τους κουκλάκια ο Οδυσσέας και η Πηνελόπη, που αναλαμβάνουν την ξενάγησή τους στα μονοπάτια της πόλης τους. Αφού τους χαιρετούν, μαθαίνουν τις εντυπώσεις τους από την προβολή των διαφανειών, τα ακούσματα και συζητούν μαζί τους αν τους ενδιέφερε να μάθουν περισσότερα για την αγαπημένη τους πόλη.

Στο σημείο αυτό θα πρέπει να τονιστεί για ακόμη μια φορά ότι, με τη χρήση κουκλοθέατρου, πετυχαίνεται σε μέγιστο βαθμό η συγκέντρωση, η προσοχή και το ενδιαφέρον των μαθητών και σίγουρα σε μεγαλύτερο ποσοστό απ' ότι με την μετωπική διδασκαλία. Τα παιδιά ξεχνούν ότι συνομιλούν με τη δασκάλα τους και ελευθερώνονται"γιατί έχουν την εντύπωση ότι μιλούν με τους συνομήλικούς τους.

Ο Οδυσσέας θα διηγηθεί στην Πηνελόπη την ίδρυση της Θεσσαλονίκης. Και στη συνέχεια καλεί τα παιδιά να δραματοποιήσουν την ιστορία του. Δεν περνά πολύ ώρα και ο Κάσσανδρος βρίσκεται στο λόφο αγκαλιά με τη γυναίκα του και της μιλά για τα σχέδιά του και τη δημιουργία μιας καινούριας πόλης. Τα υπόλοιπα παιδιά γίνονται στρατιώτες και κάτοικοι των διάφορων οικισμών. Η ιστορία περνά μέσα από τους ρόλους τους και γίνεται μια δική τους ιστορία. Στο σημείο αυτό εγώ παίζω το ρόλο του αφηγητή, φορώντας την ανάλογη στολή.

Στο τέλος της ημέρας θα τους δοθεί ο φάκελος, ο οποίος προς το παρόν διαθέτει μόνο τις φωτογραφίες που ήδη έχουν δει τα παιδιά, ξυλομπογιές, μολύβι, χρώματα παστέλ, μαρκαδόρους και τέσσερα μπλοκάκια (αντίστοιχα με τις εποχές που θα μελετήσουμε). Τα μπλοκάκια θα έχουν χρώμα αντίστοιχο με ρο χρώμα της καρτέλας που θα φέρνει κάθε μέρα το αερόστατο του χρόνου." Ο ατομικός φάκελος στο τέλος της εργασίας μας, θα έχει εμπλουτιστεί με υλικό που θα παραχθεί κατά τη διάρκεια των δραστηριοτήτων.

2η ημέρα

Τα παιδιά βρίσκονται στην αίθουσα παρεούλα με τον αγαπημένο τους κούκλο Οδυσσέα. Ο Οδυσσέας σήμερα είναι χαρούμενος, γιατί στην αποθήκη του παππού του, ανακάλυψε το *θερόστατο του χρόνου,"μια μηχανή χρόνου* που μπορεί να τον γυρίσει πολλά χρόνια πίσω. Τους προσκαλεί να παίξουνε μαζί το καινούριο παιχνίδι του.

Εμφανίζεται η Πηνελόπη, όμως πολύ διαφορετικά ντυμένη. Φοράει έναν χιτώνα με χρωματιστή πόρπη και ένα ψάθινο καπέλο, την *καρσία"της*. Ο Οδυσσέας στην αρχή απορεί, αλλά σύντομα καταλαβαίνει ότι βρίσκεται σε μια μακρινή εποχή...

Γύρω του τα βλέπε όλα διαφορετικά. Βρίσκεται σε ένα σπίτι της αρχαίας Θεσσαλονίκης. Γύρω - γύρω το σπίτι έχει ένα μικρό κάστρο, από το δρόμο δε φαίνεται τίποτε, παρά μόνο μια πόρτα. Παρατηρεί με έκπληξη ότι οι άνδρες δε κάθονται στο ίδιο μέρος με τις γυναίκες του σπιτιού. Αυτοί κάθονται στο ισόγειο του σπιτιού, *στον άνδρώνα,"* όπως τον πληροφορεί η Πηνελόπη. Και δεύτερη έκπληξη είναι ότι δεν κάθονται σε καρέκλες όπως σήμερα, αλλά σε ανάκλιντρα, σχεδόν ξαπλωμένοι. Εκεί τρώνε, εκεί πίνουν, εκεί συζητούν με τους φίλους τους. Σηκώνει το κεφάλι του και βλέπει με έκπληξη από τον *'γυναικωνίτη,"* να φωνάζει την Πηνελόπη η μητέρα της. *Πηνελόπη, φόρεσε την καρσία σου."* Η Πηνελόπη του εξηγεί πως θα πρέπει να φορά πάντα το ψάθινο καπέλο της, για να μη μαυρίσει από τον ήλιο το πρόσωπό της και τη θεωρήσουν δούλα και φτωχή. Γιατί μονάχα οι φτωχές κοπέλες, που δουλεύουν όλη την ημέρα , είναι μαυρισμένες στο πρόσωπο. Ο Οδυσσέας αναρωτιέται πώς άλλαξαν τα πράγματα στην εποχή του, που το μαύρισμα από τον ήλιο θεωρείται μόδα.

Αφήνει την Πηνελόπη στην αυλή και ξεκινά τον περίπατό του. Καθώς περπατά αναρωτιέται πώς οι άνθρωποι αυτής της εποχής μαθαίνουν τα νέα και αναπολεί την τηλεόρασή του στο δωμάτιό του. Ξαφνικά ακούει μια δυνατή φωνή να λέει: Ε!! Εσείς...." Η φωνή ακούγεται από την αγορά που βρίσκεται στο κέντρο περίπου της πόλης. Από ένα ψηλό μπαλκόνι που βρίσκεται από τη μεριά της δύσης, τον δήμο, ακούνε όλοι τις επιτυχίες του βασιλιά στη μάχη.

Εμφανίζεται ξανά η Πηνελόπη, τώρα όμως με ρούχα της εποχής μας. Αναρωτιέται για το απορημένο ύφος του Οδυσσέα. Αυτός της εξηγεί για το "αερόστατο του χρόνου"και την προσκαλεί να περπατήσουν στους δρόμους της Θεσσαλονίκης και να επισκεφθούν το Αρχαιολογικό Μουσείο. Προσκαλεί και τα παιδιά. Εκεί τους περιμένει η γνωστή τους από άλλες δραστηριότητες ξεναγός και τους μιλά για την ίδρυση της Θεσσαλονίκης και τα αρχαιολογικά ευρήματα της εποχής του Αρχαίου Μακεδονικού Κράτους.

3η ημέρα

Τα παιδιά είναι σήμερα χωρισμένα σε ομάδες εργασίας και περιμένουν τις οδηγίες. Οι ομάδες είναι τέσσερις, οι δύο των τεσσάρων ατόμων και οι άλλες δύο των πέντε ατόμων. Τα μέλη της κάθε ομάδας συνεργάζονται, συνομιλούν, συγκρούονται σε σχέση με τις απόψεις και τέλος αποφασίζουν. Οι πέντε παλιννοστήσαντες μαθητές συμμετέχουν ενεργά στη διαδικασία μάθησης.

Δραστηριότητες ομάδων:

Ομάδα 1η "Αχιλλέας"

Τους δίνονται τα παρακάτω βιβλία: "Μακεδονία 4000 χρόνια Ελληνικής ιστορίας και πολιτισμού" Εκδοτική Αθηνών, "Αρχαία λιμάνια - Θερμαϊκός κόλπος"Αρχαιολογικό Μουσείο Θεσσαλονίκης 1988, "Μακεδονία" Ιωάννης Τουρατσόγλου Εκδοτική Αθηνών.

Τους δίνονται ταυτόχρονα και οι παρακάτω οδηγίες γραπτά: Να εντοπίσετε στο χάρτη της Ελλάδας και να χαρτογραφήσετε σε διαφάνεια την ευρύτερη περιοχή της Θεσσαλονίκης. Να χαρτογραφήσετε και να εξηγήσετε με απλά λόγια τις μεταβολές της ακτογραφίας στο μυχό του Θερμαϊκού κόλπου. Στη συνέχεια να κάνετε γραφική αναπαράσταση των αρχαίων οικισμών περιμετρικά στο Θερμαϊκό κόλπο. Τέλος, να αιτιολογήσετε, πάντα με απλά λόγια, γιατί λόγω γεωγραφικής θέσης του συγκεκριμένου τόπου αποφάσισε ο Κάσσανδρος να ιδρύσει την πόλη στη θέση αυτή."

Ομάδα 2η Θησέας"
Να μελετήσετε, με προσοχή το τμήμα του CD Μακεδονία - Θράκη, που σχετίζεται με την προσομοίωση της αρχιτεκτονικής ενός μακεδονικού σπιτιού της εποχής που αναφερόμαστε. Να μπορείτε να σχολιάσετε τμήματα αυτού. Μπορείτε να βοηθηθείτε και από βιβλία που υπάρχουν στη βιβλιοθήκη της τάξης."

Ομάδα 3η Ηρακλής"
Άπό το βιβλίο Μουσείο Θεσσαλονίκης - Οδηγός αρχαιολογικών θησαυρών, γραμμένο από τον Μανόλη Ανδρόνικο, Εκδοτική Αθηνών 1982, να περιγράψετε και να μας παρουσιάσετε με λίγα λόγια τις εντυπώσεις σας από τη χθεσινή επίσκεψη στο Αρχαιολογικό Μουσείο."

Ομάδα 4η Γιάσονας"
Να δημιουργήσετε, με βάση το φωτογραφικό υλικό που σας δίδεται, έναν πίνακα με τη τεχνοτροπία του κολλάζ, ο οποίος θα μας ανατρέχει στην μακρινή εποχή, που μελετούμε."

Ακολουθεί η παρουσίαση των εργασιών από τις ομάδες. Στο τέλος της ημέρας, ατομικά, θα συμπληρωθεί το ημερολόγιο, με σκοπό την επανάληψη.

221

4η ημέρα

Σήμερα, τα παιδιά θα επισκεφθούν τα Ρωμαϊκά ανάκτορα, τον Ιππόδρομο, την Αψίδα του Γαλερίου, τη Ροτόντα κα τέλος την ρωμαϊκή αγορά. Θα βαδίσουν και θα μελετήσουν το ρωμαϊκό γύρο της πόλης μας. Από την προηγούμενη έχουν ενημερωθεί και έχουν μαζί τους φωτογραφική μηχανή.

Βρισκόμαστε στην αίθουσά μας. Στη σκηνή του κουκλοθέατρου βλέπουμε τον Οδυσσέα να κοιμάται. Η Πηνελόπη εμφανίζεται και μας λέει να κάνουμε ησυχία, για να μη ξυπνήσει ο Οδυσσέας.

Η Πηνελόπη είναι χαρούμενη, γιατί στη βιβλιοθήκη της γιαγιάς της βρήκε ένα βιβλίο, που στο εξώφυλλό του είχε φωτογραφία ένα γνώριμο μέρος της Θεσσαλονίκης, την περιοχή του Ναυαρίνου. Εκεί πηγαίνουν με τη μητέρα της και ψωνίζουν και ύστερα η μαμά της πίνει καφέ. Καλεί τα παιδιά να διαβάσουν μαζί το βιβλίο.

Αρχίζει. Το βιβλίο τους μιλά με απλά λόγια για τη ρωμαϊκή εποχή και ειδικότερα για τη Θεσσαλονίκη αυτής της εποχής. Αφού τελειώνει η ιστορία, η Πηνελόπη προτρέπει τα παιδιά να ετοιμαστούν για να ξεκινήσουν το ρωμαϊκό γύρο. Ο Οδυσσέας έχει κρυμμένο το ἄεερόστατο του χρόνου"και έτσι αποφασίζουν τα παιδιά να τον αφήσουν πίσω τους.

Σταματούν με το λεωφορείο στην κεντρική οδό της Θεσσαλονίκης Τσιμισκή. Σε κάποιο σημείο μετά την οδό Εθνικής Αμύνης και μέσα σε ένα μικρό οικόπεδο, υπάρχουν τμήματα των τειχών της πόλης. Βρίσκουμε την ευκαιρία να μιλήσουμε για το ρόλο των τειχών, την κατασκευή τους και τα υλικά από τα οποία είναι κατασκευασμένα. Ανηφορίζοντας συναντούμε τα ρωμαϊκά ανάκτορα και τον ιππόδρομο, στις σημερινές πλατείες Ναυαρίνου και Ιπποδρομίου.

Με σύμβουλο το βιβλίο "Μνημεία της Θεσσαλονίκης," αναλαμβάνω τη ξενάγηση των μικρών μαθητών. Βοηθός η μικρή Πηνελόπη. Σύμφωνα με την καινούρια σχολή κουκλοθέατρου, ο παίχτης της κούκλας σταματά να είναι κρυμμένος πίσω από το παραβάν και εμφανίζεται μπροστά απ' αυτό. Τα παιδιά τον δέχονται ως μέρος του θεάτρου.

Φωτογραφίζουν και ζωγραφίζουν με οδηγό τη φαντασία τους και τις πληροφορίες που έχουν πάρει, σχολιάζουν και μελετούν.

Καθώς ανεβαίνουμε προς τα πάνω, φτάνουμε στην Εγνατία οδό. Φτάνουμε στην Αψίδα του Γαλερίου. Τη φωτογραφίζουμε, παρατηρούμε τις ανάγλυφες παραστάσεις και γυρίζουμε το βλέμμα μας προς τα βόρεια και βλέπουμε τη Ροτόντα. Την επισκεπτόμαστε, μελετούμε το σχήμα της, μιλούμε για τη χρήση της στο πέρασμα του χρόνου.

Τελευταίος τόπος επίσκεψής μας η Ρωμαϊκή αγορά. Τα παιδιά περνούν μέσα από τους δρόμους της και φτάνουν στο Ωδείο, όπου κάθονται και συζητούν για το συγκεκριμένο τόπο. Παρακολουθούν το εκπαιδευτικό πρόγραμμα που εκπονείται από ειδική ομάδα και έχει ιδιαίτερο ενδιαφέρον.

5η ημέρα

Ομαδική εργασία

"Αχιλλέας"
Με τις φωτογραφίες που κάνατε οι ίδιοι, ετοιμάστε έναν πίνακα, βάζοντας τίτλο σε κάθε φωτογραφία.

Θησέας"

Με τη βοήθεια των βιβλίων της βιβλιοθήκης της τάξης, ετοιμάστε μια διαφάνεια με το σχεδιάγραμμα του Γαλεριανού συγκροτήματος. Ζητείστε τις ζωγραφιές που έκαναν οι συμμαθητές και συμμαθήτριες και παρουσιάστε.

Ηρακλής"

Χρησιμοποιώντας για ακόμη μια φορά τον υπολογιστή, αναζητείστε στο CD την προσομοίωση της Αψίδας του Γαλερίου, σχολιάστε και παρουσιάστε.

Ιάσονας"

Με τα πανιά που έχουμε στο μπαούλο μας, ντυθείτε Ρωμαίοι πολίτες και αυτοσχεδιάστε. Πριν τον αυτοσχεδιασμό, μελετείστε με προσοχή για τη ζωή των ανθρώπων της εποχής στα βιβλία της βιβλιοθήκης που έχουν σχετικές με το θέμα σας πληροφορίες.

Αφού παρουσιαστούν οι εργασίες των παιδιών και γίνει η σύνθεσή τους, τα παιδιά θα γράψουν στο ημερολόγιο τις εντυπώσεις τους από την επίσκεψή μας σ' αυτήν την εποχή.

6η ημέρα

Σ' αυτή τη φάση θα γίνει αναφορά με απλά λόγια στη Βυζαντινή εποχή. Η διήγηση γίνεται από εμένα και ο Οδυσσέας κρατώντας το Ιερόστατο"με ακούει προσεκτικά, όπως και όλα τα παιδιά. Στο τέλος της διήγησης αρχίζει και μιλά και καταλαβαίνουμε όλοι ότι έχει μεταφερθεί σε μια μακρινή εποχή, σε μια διαφορετική γειτονιά από τη δική του. Τα σπίτια είναι κτισμένα το ένα δίπλα στο άλλο, έχουν μπαλκόνια με λίγα λουλούδια - ανάμνηση των δέντρων των αυλών- και περπατά σε ένα δρόμο που δεν έχει πεζοδρόμιο και είναι φτιαγμένος με κυβόλιθους, πελεκημένες πέτρες και στη μέση έχει ένα ρυάκι. Αυτό το ρυάκι του θυμίζει το αποχετευτικό σύστημα των Ρωμαίων.

Σε όλη τη διάρκεια της παραπάνω περιγραφής τα παιδιά συμμετέχουν ενεργά, συνομιλούν με τον Οδυσσέα και τον ενημερώνουν ότι βρίσκεται στη Βυζαντινή Θεσσαλονίκη.

Η πλατεία Καλλιθέα, είναι μπροστά του. Αναρωτιέται γιατί την ονόμασαν έτσι, αφού δεν έχει "καλή θέα," παρά μόνο σπίτια γύρω - γύρω. Γρήγορα το καταλαβαίνει. Βλέπει παιδιά που παίζουν βόλους, παιχνίδι παρόμοιο με το σημερινό. Ακούει τις φωνές της μητέρας και καταλαβαίνει ότι καθισμένη στο μπαλκόνι του σπιτιού της έχει καλή θέα, τα παιδιά της. Τα παιδιά δραματοποιούν τη σκηνή.

Η Πηνελόπη αναλαμβάνει να γυρίσει τον Οδυσσέα πίσω στην εποχή του, ο οποίος παραμιλάει και τον καλεί μαζί με τα παιδιά και τη ξεναγό να επισκεφθούν τα μνημεία της Βυζαντινής Θεσσαλονίκης.

Επισκέπτονται τα κάστρα, θα διαβάσουν και θα μεταφράσουν την επιγραφή του Ορμίσδα, θα μελετήσουν τα υλικά που χρησιμοποιήθηκαν για την κατασκευή τους και ιδιαίτερα το ρόλο στην αντισεισμική τους θωράκιση. Ο εκπαιδευτικός περίπατος θα συνεχιστεί με την επίσκεψή τους στην εκκλησία του Αγίου Νικολάου του Ορφανού, μετόχι της μονής Βλατάδων. Θα ανεβούνε στην ακρόπολη, θα δούνε τον Πύργο του Τριγωνίου, που είναι στρογγυλός, χτίστηκε τον 5ο αιώνα και πιστή μίμησή του ο Λευκός Πύργος που κτίστηκε 1000 χρόνια μετά. Θα φτάσουνε στην πύλη της Άννας Κομνηνής Παλαιολογίνας, θα διαβάσουν την επιγραφή και θα σχολιάσουν το γλυπτό του έλληνα γλύπτη Τάκη, αφιερωμένο στην επανάσταση των Ζηλωτών.

7η ημέρα

Με την προβολή των slides που παρουσιάστηκαν την πρώτη ημέρα, ξεκινά η έβδομη ημέρα. Σχολιάζουμε τις εικόνες και γίνεται ιδιαίτερη αναφορά στην καινούρια εποχή που μελετούμε, την εποχή της τουρκοκρατίας και των νεότερων χρόνων. Γίνεται ιδιαίτερη αναφορά στην καταστροφική πυρκαγιά και στο σχέδιο Εμπράρ, για την ανάπλαση του ιστορικού κέντρου της πόλης μας.

Επισκεπτόμαστε την πλατεία Αριστοτέλους, την αγορά της πόλης και γίνεται αφορμή η επίσκεψή μας να μελετήσουμε για την πολυπολιτισμική ταυτότητα της πόλης μας στο βάθος της ιστορίας της. Παρατηρώντας φωτογραφίες μελετούμε τη συμβίωση Χριστιανών, Τούρκων, εβραίων και αργότερα προσφύγων από τη Μ.Ασία και αναζητούμε μέσα σε βιβλία πληροφορίες για τα επαγγέλματα, το ντύσιμο, τις καθημερινές στιγμές αυτής της εποχής.

8η ημέρα

Τα παιδιά περπατώντας στη παραλία αποτυπώνουν πάνω στο φωτογραφικό χαρτί τη νέα και παλιά παραλία, το Λευκό Πύργο και το Λιμάνι. Επισκέπτονται το Λευκό Πύργο και το λιμάνι. Μας περιμένει στο πάρκο του Μ. Αλεξάνδρου εξωτερικός συνεργάτης αρχιτέκτονας, ο οποίος μας μιλά για τα σχέδια του Λευκού Πύργου και τις αλλαγές που δέχθηκε στο πέρασμα του χρόνου. Μας μιλά ακόμη και για το σχέδιο Εμπράρ με περισσότερες πληροφορίες. Το τέλος της ημέρας μας βρίσκει στην αίθουσά μας, να γράφουμε το ημερολόγιο και να ζωγραφίζουμε στιγμές της βόλτας μας.

9η ημέρα

Η βόλτα συνεχίζεται και αυτή την ημέρα. Περπατούμε την οδό Ανθέων και ακούγοντας την Πηνελόπη, προσπαθούμε να ζωγραφίσουμε στο μυαλό μας την οδό που εξαιτίας των ωραίων σπιτιών και των μεγάλων κήπων τους, ονομάστηκε έτσι. Φτάνουμε στο κτίριο που σήμερα χρησιμοποιεί η Νομαρχία της Θεσσαλονίκης, όπου μας ξεναγούν. Γυρίζοντας από τη Βασιλ.Όλγας επισκεπτόμαστε το κτίριο που φιλοξενείται η Πινακοθήκη, όπου ξεναγούμαστε.

Με τη βοήθεια των βιβλίων της βιβλιοθήκης μας στην αίθουσά μας με την επιστροφή, μελετούμε για τα κτίρια που επισκεφθήκαμε και παρακολουθούμε ταινία με θέμα ανάλογο.

10η ημέρα

Στην αρχή θα βάλουμε σε χρονολογική σειρά τις φωτογραφίες που περιείχε ο φάκελος μας από την πρώτη κιόλας ημέρας. Θα συμπληρωθεί η χρωματιστή ιστορική χρονογραμμή, γράφουμε τις ημερομηνίες και βρίσκουμε πόσο απέχει χρονολογικά από τη σημερινή εποχή η κάθε μακρινή εποχή.

Στη συνέχεια θα γίνει ανάλυση του ποιήματος που άκουσαν την πρώτη ημέρα. Σε άλλη περίπτωση η ανάλυση του ποιήματος θα ήταν δύσκολη. Όμως η ανάλυση θα γίνει αφορμή για μια επανάληψη όλων των γνώσεων που αποκτήθηκαν τις προηγούμενες ημέρες, ενώνοντας το χθες και το σήμερα της ιστορίας της πόλης μας.

Σχεδιάζουμε όλοι μαζί τέλος το ιστόγραμμα με κάθετο άξονα τα μνημεία και οριζόντιο τις χρονικές περιόδους.

Τελειώνουμε με τη γραφή του ημερολογίου μας και ανακοινώνουμε τις εντυπώσεις μας από το πρόγραμμα. Σχολιάζουμε, αν πετύχαμε τους στόχους που τέθηκαν στην αρχή του και γίνονται προτάσεις για το πώς μπορούμε αργότερα να συνεχίσουμε το ταξίδι μας στο ιστορικό παρελθόν της πόλης μας.

11η ημέρα

Ετοιμάζουμε την έκθεση φωτογραφίας και έργων ζωγραφικής, που θα μπορούν να επισκεφθούν τα παιδιά του σχολείου μας. Τα παιδιά θα μπορούν να παρακολουθήσουν και προβολή slide και ταυτόχρονη ξενάγηση στο ταξίδι του χθες. Μια άλλη ομάδα της τάξης μας έχει αναλάβει να γράψει ένα έργο για το κουκλοθέατρο, μια άλλη ομάδα να κάνει τις κούκλες και μια άλλη να παρουσιάσει το έργο στους μαθητές της πρώτης και δευτέρας τάξης.

Ζητούμε με επιστολή μας από το Διευθυντή του σχολείου την άδεια να παρουσιάσουμε την εργασία μας στα παιδιά του σχολείου μας.

Το πρόγραμμα τελειώνει με το αφιέρωμα που παρουσιάστηκε στα παιδιά του σχολείου μας.

ΚΕΦΑΛΑΙΟ ΤΕΤΑΡΤΟ

ΟΛΟΙ ΜΑΖΙ ΓΙΑ ΕΝΑ ΔΗΜΙΟΥΡΓΙΚΟ ΣΧΟΛΕΙΟ

Ένα σημερινό σχολείο "ευέλικτης ζώνης", για δύο ώρες κάθε Τετάρτη, στην πραγματικότητα μπορεί να μην είναι ταυτόχρονα και δημιουργικό σχολείο. Ο περιορισμός σε λίγες ώρες της εβδομάδας εφαρμογής ενός προγράμματος εργασίας - project, μέσα από διαθεματική προσέγγιση, δεν είναι αρκετός να δημιουργήσει ατμόσφαιρα και χαρακτήρα δημιουργικού σχολείου. Για δύο ώρες την εβδομάδα οι μαθητές καλούνται να ερευνήσουν, να σκεφτούν, να κρίνουν, να αποφασίσουν, να εκτελέσουν μια εργασία σε επίπεδο ομάδων εργασίας και τις υπόλοιπες ώρες το σχολείο μετατρέπεται ξανά σε ένα σχολείο που ανήκει περισσότερο στο παρελθόν, παρά στο παρόν και στο μέλλον. Οι δυο ώρες, οι τρεις ή και οι τέσσερις είναι απελπιστικά ανεπαρκείς και λίγες να αποδώσουν τους καρπούς ενός πραγματικού δημιουργικού σχολείου.

229

Το σχολείο δεν έχει φυσιογνωμία και ταυτότητα, δεν έχει την ιδιαιτερότητα της κυψέλης, δηλαδή της εκπαιδευτικής μονάδας με την έννοια του ζωντανού και υγιούς οργανισμού, που εξελίσσεται με την συνεχή και αδιάλειπτη προσπάθεια όλων και την κίνησή τους στην ίδια τροχιά. Το σχολείο δεν μπορεί να βάλει υψηλούς στόχους, γιατί δεν έχει κοινή στρατηγική.

Τα χαρακτηριστικά ενός τέτοιου σχολείου έχουν και τις συνέπειές τους. Η πιο σημαντική απ' αυτές είναι η διαμόρφωση και διαιώνιση μιας νοοτροπίας ατομικής και μαζικής, δασκάλων και μαθητών, που χαρακτηρίζεται από την αδιαφορία και την χαμηλού βαθμού επικοινωνία μεταξύ των μελών της σχολικής κοινότητας. Ο νέος και η νέα δεν αγαπούν το σχολείο τους όσο πρέπει, γιατί το αισθάνονται δεσποτικό, άκαμπτο και χωρίς συναίσθημα. Αισθάνονται ότι είναι ένα σχολείο που όλο ζητάει και ζητάει και δίνει λιγότερα απ' όσα απαιτεί. Η γνώση αποταμιεύεται, ως πληροφορία άκριτη και ανεπεξέργαστη και όχι ως προϊόν σκέψης, έρευνας και ανακάλυψης, γιατί έτσι απλά επιβάλλεται από το περιβάλλον του σχολείου και τον έξω από το σχολείο κοινωνικό εθισμό.

Το σχολείο που οραματίζεται ο σύγχρονος δημιουργικός δάσκαλος είναι τελείως διαφορετικό. Είναι μια καλοκουρδισμένη μηχανή, που το κάθε γρανάζι της κινεί το επόμενο και όλα μαζί κινούνται αρμονικά σε προκαθορισμένη λειτουργία. Αυτό μπορεί να επιτευχθεί θέτοντας στην αρχή της σχολικής χρονιάς κοινούς στόχους, κοινούς σκοπούς για όλα τα μέλη του, μέσα από την αρμονική συνεργασία των μελών του συλλόγου διδασκόντων, του διευθυντή της σχολικής μονάδας με δημοκρατικό προφίλ και του συλλόγου γονέων.

Με την έναρξη κάθε νέου εκπαιδευτικού έτους, σε κάθε σχολική μονάδα, προκύπτει το ζήτημα της υποδοχής των νέων εκπαιδευτικών, μεταξύ των οποίων μπορεί να είναι και νεοδιοριζόμενοι. Τονίζεται ο νεοδιοριζόμενος εκπαιδευτικός, γιατί είναι αυτός που πολύ σύντομα θα έρθει αντιμέτωπος από τη μια μεριά με την ιδεατή κατάσταση που διδάχθηκε στις πανεπιστημιακές αίθουσες και από την άλλη με αυτή της πραγματικότητας που θα αντιμετωπίσει μέσα στο σχολικό τοπίο. Οι διαδικασίες ενσω-μάτωσης που μπαίνουν σε λειτουργία από την πρώτη παρουσία τους στο σχολικό χώρο, αποσκοπούν στο να τους εντάξουν αβίαστα στο νέο σχολικό περιβάλλον. Η ενεργητική συμμετοχή του συλλόγου διδασκόντων, καθώς και ένας διευθυντής που πρέπει να γνωρίζει πώς να επικοινωνεί και πώς να παρακινεί το εκπαιδευτικό προσωπικό του σχολείου του, είναι οι απαραίτητες προϋποθέσεις για την υλοποίηση ενός προγράμματος ένταξης των νέων εκπαιδευτικών. Χωρίς τον σιωπηλό ανταγωνισμό που υπονομεύει τις συναδελφικές σχέσεις και σαν μια οικογένεια, όλοι μαζί θα είναι έτοιμοι να οδηγήσουν το πλοίο τους στο λιμάνι της γνώσης και της δημιουργίας.

Χρησιμοποιώντας στις πρώτες συναντήσεις το υλικό προη-γούμενων σχολικών χρόνων, το οποίο φυλάσσεται στη βιβλι-οθήκη του σχολείου, τους φακέλους που συνοδεύουν το κάθε τμήμα μαθητών και είναι σχετικοί με το μαθησιακό επίπεδο των παιδιών, καθώς και με τις δράσεις των προηγούμενων ετών, γίνεται η πρώτη προσπάθεια ενδοεπιμόρφωσης. Ίσως στις πρώ-τες αυτές συζητήσεις να ζητηθεί και η συμμετοχή εξωτερικών επιστημονικών συνεργατών, με στόχο την πληρέστερη επιστη-μονική κατάρτιση του προσωπικού, σύμφωνα πάντα με τους προβληματισμού του και τις αναζητήσεις νέων στόχων.

Στο γραφείο του συλλόγου διδασκόντων που είναι το στρα-τηγείο της οργανωμένης δράσης, εκτός από το χώρο της βιβλιο-θήκης, τον ηλεκτρονικό υπολογιστή και το ντουλάπι εποπτικών υλικών, είναι απαραίτητο να υπάρχει και ο μεγάλος λευκός πίνακας που θα βοηθήσει στην οργάνωση. Στον πίνακα αυτόν θα γραφούν οι γενικοί και επιμέρους στόχοι όλων, θα γίνεται

στις ημέρες αξιολόγησης έργου και η απαραίτητη επανατροφο-
δότηση και θα αποτελεί την αρχή κάθε νέας συζήτησης ανάμε-
σα στα μέλη του σχολείου. Πίνακας οργανόγραμμα στην τάξη,
αλλά και πίνακας οργανόγραμμα στο γραφείο διδασκόντων.
Ένα μεγάλο project, με πολλά μικρά επιμέρους. Σε τακτά δια-
στήματα μπορεί να γίνει παρουσίαση της εργασίας από μαθητές
μιας τάξης σε μαθητές μιας άλλης μικρότερης και όχι μόνον και
η παρουσίαση αυτή να αποτελέσει το κατάλληλο ερέθισμα για
την εργασία της δεύτερης. Έτσι οι τάξεις του σχολείου βοηθούν
η μία την άλλη, συνεργάζονται για ένα κοινό σκοπό και απο-
μακρύνεται ο κίνδυνος ανταγωνισμού μεταξύ τμημάτων της
ίδιας τάξης ή ακόμη και παιδιών άλλων τάξεων, που δυστυχώς
παρουσιάζεται στα σχολεία μας. Στο τέλος της σχολικής χρο-
νιάς η κοινή παρουσίαση θα τους ενώσει όλους, δασκάλους και
παιδιά.

Είναι πιθανόν, στην περίπτωση λειτουργίας μεμονωμένων
κατά τμήματα εκτέλεσης προγραμμάτων, να παρατηρηθεί η
"καταστροφή" των αποτελεσμάτων των προγραμμάτων αυτών.
Δηλαδή, αν ένα τμήμα εκτελεί πρόγραμμα περιβαλλοντικής
εκπαίδευσης που περιορίζεται στους τέσσερις τοίχους μιας
αίθουσας και είναι ξεκομμένο από το άμεσο περιβάλλον, τα
αποτελέσματα αυτού του προγράμματος δεν θα είναι η από-
κτηση νέων στάσεων και συμπεριφορών, αφού δε θα ανταπο-
κρίνονται στην πραγματικότητα. Τα παιδιά πετούν σκουπίδια
στην αυλή του σχολείου, λίγα λεπτά αφότου εκτέλεσαν ανάλογο
πρόγραμμα περιβαλλοντικής αγωγής.

Ακόμη και ένα πρόγραμμα αγωγής υγείας που έχει σχέση με
τη διατροφή, δε μπορεί να σταθεί σε ένα σχολικό περιβάλλον,
αν δε μετατρέπεται μέσα από το εκπαιδευτικό γίγνεσθαι σε
μέσον προαγωγής των υγιών διατροφικών συνηθειών.

Σκοπός αυτών των προγραμμάτων δεν είναι να γνωρίσει

το παιδί μέσα στο χώρο της αίθουσας, αλλά να εθισθεί και να εφαρμόσει όλα αυτά που έμαθε. Σε αντίθετη περίπτωση το πρόγραμμα γίνεται για το πρόγραμμα και για τίποτε άλλο.

Τα τελευταία χρόνια εκτελούνται project, με διεπιστημονική προσέγγιση των αντικειμένων που μελετούν και ύστερα από λεπτομερή προγραμματισμό, κυρίως από το δάσκαλο του τμήματος και σε συγκεκριμένες στιγμές της σχολικής ζωής. Σε πολλά σημεία της εκτέλεσής του ο προγραμματισμός αυτός δεν δέχεται αλλαγές και είναι άκαμπτος, αγκυλωμένος και καθόλου ευέλικτος. Αντίθετα, όταν το πνεύμα του προγράμματος διαπεράσει όλο το ημερήσιο και εβδομαδιαίο πρόγραμμα, τα παιδιά προβληματίζονται, εξάγουν αβίαστα συμπεράσματα, παίρνουν θέση μπροστά σε κοινωνικά, ιστορικά, επιστημονικά θέματα. Αυτός είναι ο λόγος που δεν ήρθε ακόμη δάσκαλος περιβαλλοντικής αγωγής να κάνει σε δίωρα το μάθημα, ή ένας γιατρός για να κάνει μάθημα αγωγής υγείας, ή ακόμη ένας δικηγόρος να παραδώσει αγωγή του πολίτη. Ούτε πρέπει να έρθουν.

Ένα σχέδιο - πλάνο εργασίας λοιπόν, σε όλη τη διάρκεια της σχολικής χρονιάς, εκτελείται την κάθε στιγμή μέσα από όλα τα μαθήματα. Πολλές φορές παιδιά ενός δασκάλου με φαντασία και δημιουργικό μυαλό πάνω στη διδακτική αναρωτιούνται αν σε μια δεδομένη στιγμή κάνουν μαθηματικά ή γεωγραφία, γλώσσα ή φυσική. Ο δάσκαλος έχει την ευκαιρία μέσα σε όλες τις ώρες διδασκαλίας του να "πλέξει" την ύλη του, έτσι ώστε να "υφάνει" τη γνώση και να την καταστήσει αγαθό μιας ζωής.

Την ώρα που μιλά για τους Σπαρτιάτες και τον τρόπο ζωής τους, είναι ευκαιρία να μιλήσει για το ρόλο της διατροφής και της άσκησης. Την ώρα που μελετούν την ιστορία του Λευκού Πύργου, μπορούν να κάνουν και γεωμετρία μελετώντας τον κύλινδρο, τα στερεά. Την ώρα που εργάζονται στο μάθημα της φυσικής, μπορούν από τη ενέργεια του ήλιου να οδηγηθούν αβίαστα στον τρόπο πρόσληψης της ενέργειας από τον άνθρωπο, μέσω της τροφικής αλυσίδας, τον έλεγχο με μαθηματικές πράξεις της ποσότητας ενέργειας που προσλαμβάνουμε, την αποθήκευσή της στο ανθρώπινο σώμα, τη μάστιγα της εποχής μας, την παχυσαρκία. Και την ώρα που μελετούν το ιστορικό γεγονός της "Ελληνικής επανάστασης του 1821", μπορούν μέσα από τα απομνημονεύματα του Μακρυγιάννη και ποιήματα σύγχρονων ποιητών, καθώς και τους στίχους του "Ύμνου εις την Ελευθερία", να μιλήσουν για τη δημοκρατία, για το ρόλο του "εμείς" στην εδραίωσή της, για το πρόβλημα της διχόνοιας, για τη διαφθορά, σύμπτωμα των καιρών μας, και τέλος για τις δημοκρατικές αρχές που διέπουν την λειτουργία μιας δημιουργικής τάξης.

"... Βασισμένη στην ελευθερία λόγου και απόψεων, η τάξη μου είναι δημοκρατική. Ομαδική δράση και επικοινωνία κάνουν σημαντικό βήμα προς τη δημιουργία." **Αστέρης**

"... Γιατί με τη βοήθεια και τη συνεργασία όλων, μπορούν να αντιμετωπιστούν τα προβλήματα και οι δυσκολίες που θα προκύψουν. Πράγματα τα οποία φαίνονται ακατόρθωτα για τον έναν, για τους πολλούς θα είναι πολύ εύκολα. **Στέφανος**

"... Στην τάξη μας ο ένας λέει τη γνώμη του στον άλλον ελεύθερα, χωρίς να ντρέπεται και χωρίς να φοβάται. **Κατερίνα**

"... μπορούμε να διαφωνήσουμε με την κυρία μας και να πούμε τη δική μας άποψη για το θέμα που μελετούμε. Η μαγική λέξη είναι η συζήτηση. **Σωτηρία**

"... υπάρχουν στιγμές που συνεργαζόμαστε. Εκείνες τις στιγμές είμαστε |*ικροί" δημοκράτες. ...είμαστε* |*κοινωνικοί" και αυτό οφείλεται στις ομαδικές εργασίες που κάνουμε."* **Δημήτρης**

"... Όταν δεν αρέσει στα παιδιά ένα μάθημα, γίνεται πιο ευχάριστο με το παιχνίδι και τη συζήτηση. Έτσι, όλοι περνάν ευχάριστα και μαθαίνουν πιο εύκολα. Οι πολλές και διαφορετικές γνώμες σε μια ομάδα δίνουν καλό αποτέλεσμα." **Κατερίνα**

"... Τα συγχαρητήρια έρχονται μόνο όταν δουλεύουμε ομαδικά. Τότε είναι δημιουργική μια τάξη." **Δημήτρης**

"... μαθαίνουν να ακούν και να συζητούν τις απόψεις των συμμαθητών τους, χωρίς να τους κοροϊδεύουν, γιατί έχουν μάθει να τους σέβονται. Μια δημιουργική τάξη σπρώχνει το μαθητή προς τα εμπρός." **Γιάννης**

"... Αν είχαμε ολιγαρχία στην τάξη, τότε θα υπήρχαν δυο - τρεις μαθητές, οι οποίοι θα αποφάσιζαν με τη δασκάλα μας που θα μιλούσε συνέχεια, θα διέταζε και γενικά οι μαθητές δεν θα συμμετείχαν καθόλου στο μάθημα." **Δήμητρα**

Ο Αστέρης, ο Γιάννης, η Κατερίνα, ο Δημήτρης, ο Στέφανος, η Δήμητρα και η Σωτηρία, είναι μερικά από τα παιδιά της τάξης μου, που βιώνουν καθημερινά τη μαγεία της διαθεματικότητας, βγαλμένης μέσα από τη φαντασία, την ευρηματικότητα πολλές φορές τις σκέψη μου, τον αυτοσχεδιασμό της στιγμής και φυσικά την εμπειρία μου. Πολλές φορές με οδηγούν οι σκέψεις αυτών των παιδιών σε μονοπάτια πρωτόγνωρα που τα ανακαλύπτω κι εγώ μαζί τους και το κουδούνι αντί να είναι αυτό που θα μας χαροποιήσει, αντίθετα είναι αυτό που θα διακόψει το όμορφο ταξίδι μας.

Τα ίδια αυτά παιδιά, μου εξέφρασαν την άποψη, ότι δεν μπορούμε να πετύχουμε τίποτε ουσιαστικό, αν όλο το σχολείο, δάσκαλοι, μαθητές και γονείς, δεν συνεργαστούμε για ένα κοινό σκοπό. Και μου έφεραν ως παράδειγμα τη στεναχώρια που αισθάνθηκαν, όταν τα άλλα παιδιά του σχολείου μας κατέστρεψαν τα φυτά που με τόσο μεράκι φύτεψαν. Τα άλλα παιδιά είχαν εκπονήσει πιθανώς προγράμματα περιβαλλοντικής εκπαίδευσης σε συγκεκριμένο χρόνο, με τη μορφή "Project", αλλά το μόνο που είχαν πετύχει με τα προγράμματα, ήταν η ρηχή γνώση του αντικειμένου και όχι η δημιουργία συμπεριφορών και στάσεων, χωρίς να αναπτύξουν δηλαδή τη δημόσια αρετή. Η διαθεματικότητα είναι ένα τεράστιο "project", που απαιτεί την ύπαρξη μιας πραγματικά δημιουργικής τάξης.

Η κάθε διδακτική ώρα, το κάθε διδακτικό λεπτό είναι η ώρα που ο δάσκαλος μπορεί να δημιουργήσει κλίμα έρευνας, ανακάλυψης και πάνω απ' όλα ένα κλίμα χαράς και απόκτησης γνώσης, χωρίς το στερεότυπο σχολικό πρόγραμμα.

Την τρίτη ώρα όλα τα σχολεία της Ελλάδας κάνουν μαθηματικά, το πρώτο δίωρο γλωσσικό μάθημα και τρεις ώρες εκτέλεση project την εβδομάδα. Δηλαδή γυρίζουμε το "διακόπτη" και καλούμε τους μαθητές μας να ανακαλύψουν την γνώση ξαφνικά, μια που μέχρι εκείνη τη στιγμή τους τη ρίχνουμε με ένα "χωνί", αλεσμένη και επεξεργασμένη, υποτίθεται έτοιμη για αφομοίωση, μα στην πραγματικότητα την αποβάλλουν χωρίς κάν να την απορροφήσουν.

Η είσοδος ακόμη ειδικευμένων επιστημόνων στα σχολεία μας τα τελευταία χρόνια, παρ' όλο που έφερε ένα μεγάλο αποταμίευμα γνώσεων ειδικών, δεν πέτυχε το αναμενόμενο αποτέλεσμα. Και τούτο διότι παρά το υποτιθέμενο υψηλό επίπεδο διδασκαλίας η έλλειψη σύνδεσης και συντονισμού μεταξύ των αντιστοίχων προγραμμάτων των ειδικοτήτων, οδηγεί σε κατακερματισμό της διδασκαλίας και σε γνώσεις χωρίς βασικό ιστό, δηλαδή πολλά υφάδια χωρίς στημόνι, περισσότερο χρήσιμες γνώσεις για την τάξη και λιγότερο για έξω απ' αυτήν. Ο κάθε ένας από αυτούς μεταδίδει στο μαθητή τον δικό του κόσμο. Η βαθμιαία αποδυνάμωση του κλασικού δασκάλου και η σταδιακή αντικατάσταση δραστηριοτήτων του από ειδικούς, έφερε μεν την πολυμέρεια των γνώσεων, αλλά παράλληλα έφερε τις γνώσεις για τις γνώσεις. Αναπτύχθηκε η εκπαίδευση σε βάρος της παιδείας. Ολοένα και αποδυναμώνεται η παιδεία, ολοένα και αυξάνεται η εκπαίδευση, ολοένα και αδειάζει η ψυχή. Δύστυχε μαθητή, πόσο άδικα χάνεις το πιο όμορφο κομμάτι της ζωής σου, τα ανεπανάληπτα παιδικά σου χρόνια και πόσο αυτή η απώλεια θα επηρεάσει την υπόλοιπη ζωή σου!

Τα πράγματα έχουν όμως έτσι στα ελληνικά σχολεία. Πώς μπορούμε να έχουμε το μέγιστο αποτέλεσμα μέσα σε αυτό το καθεστώς; Πώς μπορούν τα παιδιά όχι μονάχα να αποταμιεύουν γνώσεις, αλλά να τις αξιοποιούν και να μην αποτελούν σκέτο αποταμίευμα, που γρήγορα θα ξεχαστεί;

Η απάντηση μπορεί να δοθεί από τη λειτουργία του σχολείου "μηχανής" που έχει γρανάζια, με τις ειδικότητες ως ειδικά γρανάζια. Η κινητήριος δύναμη της λειτουργικής και παραγωγικής αυτής μηχανής είναι οι δάσκαλοι και οι μαθητές. Η συνύπαρξη συναδέλφων ειδικοτήτων από αρνητική μπορεί να μετατραπεί σε παρά πολύ θετική για το αποτέλεσμα, αν επιτευχθεί η σύνδεση και η επικοινωνία και στο σημείο αυτό θα πρέπει να θυμηθούμε τον πίνακα οργανόγραμμα στο γραφείο διδασκόντων, ενός δημιουργικού σχολείου. Πολλοί πετυχαίνουν περισσότερα από έναν. Όταν οι πολλοί συντονιστούν, συνεργαστούν και αλληλοσυμπληρωθούν, πράγμα που προϋποθέτει ευελιξία για τον καθένα εξ αυτών, τότε το αποτέλεσμα θα είναι το μέγιστο δυνατό.

Οι διδάσκοντες κάνοντας χρήση και εφαρμογή στην πράξη της ελευθερίας που τους παρέχει το ευέλικτο σχολείο, θα πρέπει να πηδήξουν έξω από τα γνωστά παραδοσιακά όρια. Να προγραμματίσουν τη δράση τους σε ετήσια βάση, τόσο για την τάξη που είναι υπεύθυνος ο καθένας χωριστά, όσο και για όλο το σχολείο σφαιρικά. Οι δάσκαλοι να έχουν καθημερινά επαφή, ζέση και κοινό στίγμα: Να αντιμετωπίζουν τους μαθητές τους ως κοινωνικά ίσους προς αυτούς.

Είναι βέβαιο ότι σ' ένα ευέλικτο και δημιουργικό σχολείο ο μαθητής γίνεται υπεύθυνος, ερευνητικός. Έχει ακόμη αξιοπρέπεια και αυτοεκτίμηση. Αναπτύσσει πνεύμα σχολικής ζωής και όχι μάζας. Κυρίως αποκτά αυτό που του στερεί το παραδοσιακό σχολείο: κρίση. Η κρίση προσφέρει στη μνήμη ένα φορτίο ιδεών προς διατήρηση.

Στο άμεσο μέλλον ίσως, το δημιουργικό σχολείο που όλοι μαζί οι διδάσκοντες και τα παιδιά συνεργάζονται, να είναι η μόνη οδός που θα πρέπει να ακολουθήσουμε. Ιδίως αν σκεφτούμε, ότι τα Ελληνόπουλα , ενώ εργάζονται πιο σκληρά από κάθε συνομήλικο τους Ευρωπαίο, είναι τελευταία στις αξιολογήσεις. Γιατί αλήθεια στις εξετάσεις εισαγωγής στη τριτοβάθμια εκπαίδευση αδυνατούν να απαντήσουν στην τέταρτη ερώτηση, που είναι ερώτηση κρίσης; Θα πρέπει ακόμη να αναρωτηθούμε τέλος, γιατί αυτά τα παιδιά δεν έχουν παιδική ζωή.

Με τις υπάρχουσες υποδομές, με τους ίδιους εκπαιδευτικούς που ήδη στο μεγαλύτερο ποσοστό τους εκπονούν προγράμματα, χωρίς όμως επαφή μεταξύ τους, αλλά και σε επίπεδο τάξεων, μπορεί να εφαρμοστεί η παραπάνω πρόταση, αρκεί να βρεθούν κοινά σημεία και μια συγκολλητική ουσία. Οι μαθητές ενός τέτοιου ευέλικτου σχολείου δεν θα γνωρίσουν ποτέ τον παραδοσιακό τρόπο διδασκαλίας και απόκτησης γνώσεων άκριτων και πολλές φορές πεπερασμένων, τον δάσκαλο αυθεντία, την καθ' έδρα διδασκαλία.

Αν και τα αποτελέσματα του παραδοσιακού σχολείου, γίνονται εύκολα και γρήγορα αντιληπτά, καθότι οι μαθητές καλούνται να περιγράψουν αυτά που απομνημόνευσαν, σαν όλα να ήταν αξιώματα, μη επιδεχόμενα ερμηνείας και βασάνου, στο ευέλικτο σχολείο τα αποτελέσματα θα φανούν σε στιγμές ανύποπτες, γιατί στο μυαλό των παιδιών οι γνώσεις δεν είναι αποταμιευμένες σε ένα λογαριασμό με προθεσμία. Μπορεί να δει κανείς τα παιδιά του ευέλικτου σχολείου να συγκροτούν με μεγάλη ευκολία μια ομάδα για να διοργανώσουν μια εκδήλωση, πιο συντονισμένα και πιο υπεύθυνα, απ' ότι αυτά του παραδοσιακού σχολείου. Μπορεί ακόμη να φανεί διαφορετική η συζήτηση των παιδιών αυτών, με έναν εξωτερικό συνεργάτη που θα επισκεφθεί το σχολείο για παράδειγμα ένα λογοτέχνη ή έναν αθλητή, αφού θα είναι πιο ζωντανή, με μεγαλύτερη ελευθερία στην έκφραση, αλλά και με σεβασμό προς τον άλλο και προς το σύνολο, έτσι που να επιτρέπει ένα διάλογο ουσιαστικό και ενεργητικό. Μέσα από σχολικές στιγμές λοιπόν, που φαινομενικά είναι ασύνδετες μεταξύ τους, φαίνεται η διαφορά αποτελεσμάτων ανάμεσα στους μαθητές των δύο τύπων σχολείου.

*Ένα από τα βασικά εργαλεία'το
κουκλοθέατρο*

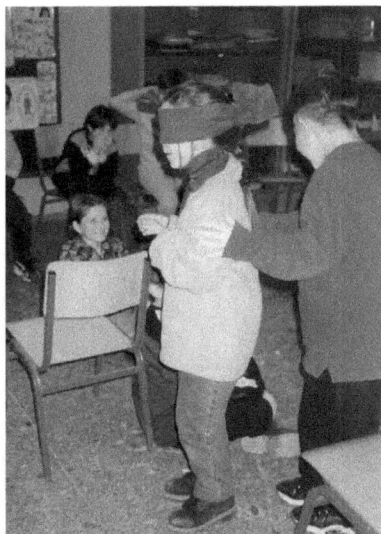

Παιχνίδι ἔμπιστοσύνης"

Παιχνίδι με γνωρίζει η ομάδα μου"

241

Εμψύχωση μάσκας

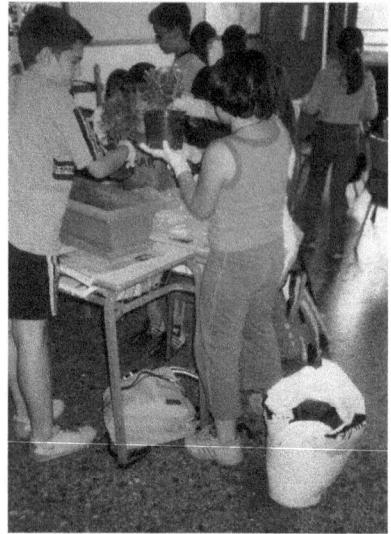

Περιβαλλοντικό πρόγραμμα

Πρόγραμμα 'Το βαλιτσάκι της αρκούδας"

Γράφουμε και ζωγραφίζουμε το παραμύθι μας...

Γεωγραφία Ελλάδας, ο χάρτης της ομάδας

243

Δραματοποίηση κειμένου

Ζωγραφίζουμε με καλαμάκι - εμπιστεύομαι το συμπαίκτη μου.

Γνωρίζουμε την Ελλάδα

Κατασκευή τετραγωνικού μέτρου

Δραματοποίηση κειμένου από το βιβλίο Ιστορίας.

Το παιχνίδι του συλλαβισμού

"Περπατώντας στα ιστορικά μονοπάτια της Θεσσαλονίκης"

Με ξεναγούς'μας την Πηνελόπη και τον Οδυσσέα.

Ομαδική εργασία - "δι μικροί ερευνητές."

Η πόλη μας με δρόμους, πλατείες, διαγραμμίσεις, διαβάσεις, σήματα και φανάρια. Συνδυασμός τοπικής ιστορίας και κυκλοφοριακής αγωγής.

Γιγαντοαφίσες, ομαδική εργασία στα μαθηματικά.

Αρχή σχολικής χρονιάς - γιορτή βιβλίου

Ομαδική εργασία μαθηματικά

Γράφουμε το ημερολόγιο.

Το καράβι και η φουρτουνιασμένη θάλασσα," παιχνίδι με πανί και μπαλάκι.

Κατασκευή μάσκας με γυψόγαζες.

Παρουσίαση ομαδικής εργασίας σε μαθητές της Β΄ τάξης.

Παρουσίαση του παραμυθιού της ομάδας στους γονείς μας, -γραφή παραμυθιού, κατασκευή κούκλας και γιγαντοκούκλας, κατασκευή αφίσας-

Ημέρα γονέων, οι γονείς μας κάνουν ό,τι κάνουμε.

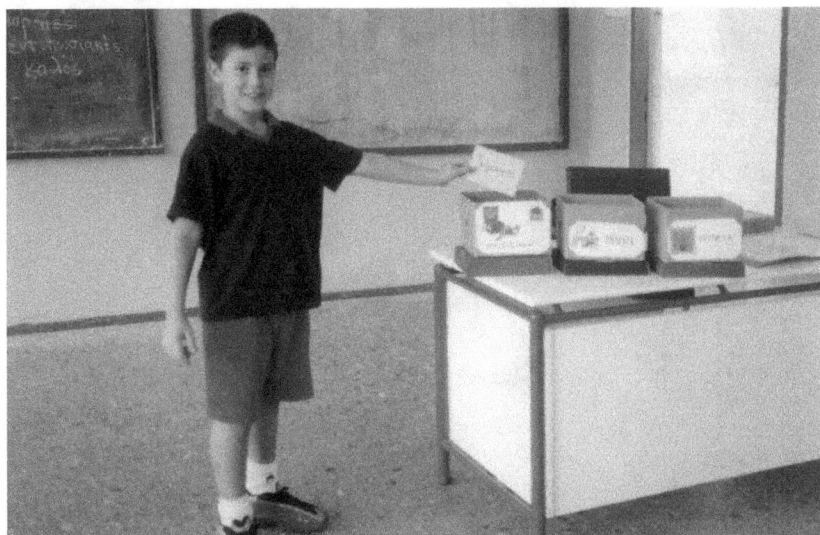

Το παιχνίδι με τα τρία κουτιά"- ουσιαστικά, ρήματα, επίθετα-

Ευτυχισμένοι γύρω από τη φωτιά που μόλις ανακάλυψαν,"Προϊστορικά χρόνια - αρχάνθρωποι.

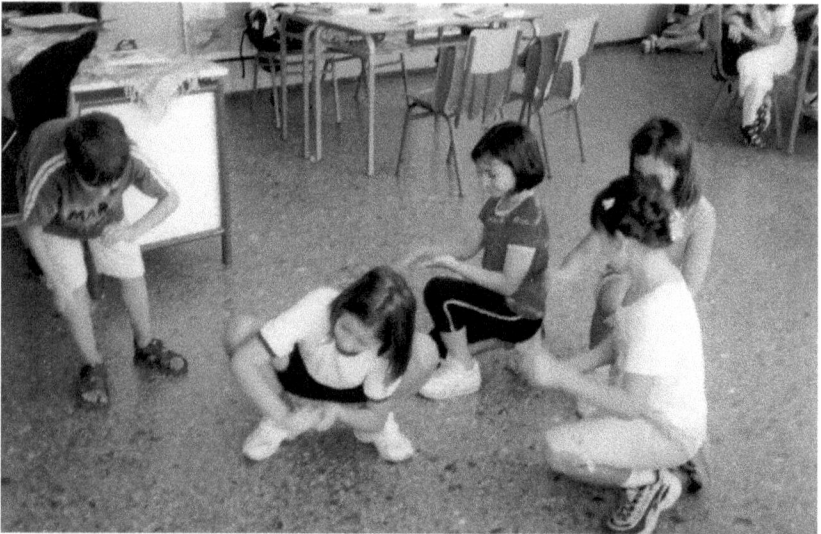

Τροφοσυλλέκτες"

Όλοι με τις οικογένειες τους κάθονται γύρω από τη φωτιά. Έχουν όλοι τους δουλειά. Το αγριογούρουνο ψήνεται στη φωτιά. Μερικοί διακοσμούν τη σπηλιά με βραχογραφίες."

Ακίνητη - σταθερή εικόνα."Γράφουμε λεζάντες.

Κυκλοφορούμε με τα αυτοκίνητά μας στην πόλη μας."Κυκλοφοριακή αγωγή.

Γνωρίζουμε τα φυτά."

Επίλογος

Αυτό που μένει σταθερό και αδιασάλευτο, είναι η ιστορική μας μνήμη. Για να ανεβεί η χώρα μας με αξιώσεις στο τρένο της ανάπτυξης, έχει ανάγκη επιστημόνων αιχμής σε κάθε τομέα. Ακόμη, χρειάζεται ειδικευμένους και επιδέξιους εργαζόμενους σε κάθε χώρο, τόσο βιομηχανικό, όσο και αγροτικό.

Η στενή συνεργασία έρευνας, ανάπτυξης και παραγωγής είναι επιβεβλημένη. Μέσα σε ένα εργασιακό τοπίο συνεχώς μεταβαλλόμενο, η "δια βίου" μάθηση, μαζί με την πολυγλωσσία, είναι απαραίτητη και αναγκαία.

Σήμερα και στο μέλλον περισσότερο τα εφόδια της επαγγελματικής επιβίωσης και ανόδου είναι οι πραγματικές γνώσεις, η ευελιξία, η ευστροφία και η πνευματική ευκινησία. Οι "εργαλειακές" γνώσεις, μολονότι απαραίτητες, δεν επαρκούν.

Η ευρύτερη λοιπόν παιδεία δεν είναι πολυτέλεια, είναι ανάγκη. Το σύγχρονο σχολείο είναι μια τράπεζα πληροφοριών, ενώ παράλληλα είναι και μια αστείρευτη πηγή γνώσης. Το μέλλον ανήκει σε όποιον έμαθε πώς να μαθαίνει, πώς να ανακαλύπτει, πώς να οραματίζεται. Μια κοινωνία, που προσπαθεί να λειτουργήσει αποκλειστικά και μόνο με βάση τους απομνημονευμένους της κανόνες, δεν θα μπορέσει ποτέ να αντιμετωπίσει τα προβλήματα που της θέτει η ίδια η ζωή.

Το ευέλικτο σχολείο είναι αυτό που θα προσφέρει όλα τα παραπάνω προσόντα, γιατί δεν είναι επίπεδο σχολείο, αλλά από τη φύση του διαθέτει πολυμορφία, πολυμέρεια και προσαρμοστικότητα, που εμβολιάζεται στους μαθητές του. Το σχολείο αυτό, κατανοεί τη ψυχή του παιδιού και τους νόμους που τη διέπουν, καλύτερα από όσο ένα παραδοσιακό σχολείο μπορεί να κάνει, και οι μέθοδοί του χρησιμοποιούν τους ίδιους κανόνες με το παιδικό παιχνίδι. Έτσι η δροσερή αύρα της παιδικής ηλικίας δεν διακόπτεται κατά τη διάρκεια της σχολικής ζωής, αντίθετα ενισχύεται και παίρνει την ευωδιά που της αξίζει.

Όσοι συνάδελφοι, έστω και για λίγο γεύτηκαν την ομαδοσυνεργατική διδασκαλία, μέσα από τη διαθεματικότητα, διαπίστωσαν πόσο αγαπητή είναι στα παιδιά και πόσο παραγωγική. Αυτοί οι συνάδελφοι μπορούν εύκολα λοιπόν να φανταστούν ένα σχολείο όπου όλες τις ώρες, όλες τις ημέρες, όλα τα χρόνια, θα είναι ευέλικτο, δημοκρατικό και δημιουργικό. Ένα σχολείο, που πέρα από τις γνώσεις, πέρα από τα απαραίτητα εφόδια για τη ζωή, προικίζει τους μαθητές του με συμπάθεια για τον συνάνθρωπο, που είναι η βάση πάνω στην οποία οικοδομήθηκε ο πολιτισμός μας.

Προσπάθησα να καταθέσω ολόψυχα την ταπεινή μου εμπειρία που αποκτήθηκε στις τάξεις που δίδαξα για είκοσι χρόνια, εφαρμόζοντας και εξελίσσοντας αυτό τον τρόπο διδασκαλίας. Δεν ισχυρίζομαι ότι δεν μπορεί να εξελιχθεί άλλο. Γι' αυτό το λόγο είμαι σίγουρη, ότι φωτισμένοι δάσκαλοι, αφοσιωμένοι στο καθήκον, θα οδηγήσουν ακόμη πιο πέρα, ακόμη πιο ψηλά, αυτό που προσπάθησα εγώ να κάνω. Και ακόμη πιο σίγουρη είμαι, ότι στον τόπο μας υπάρχουν πολλοί εκπαιδευτικοί που θέλουν να το κάνουν, γιατί αγαπούν τα παιδιά και γιατί οι ίδιοι βαθιά μέσα στην ψυχή τους παραμένουν ακόμη παιδιά.

G

ΒΙΒΛΙΟΓΡΑΦΙΑ

ΑΒΕΡΩΦ - ΙΩΑΝΝΟΥ ΤΑΤΙΑΝΑ, *Μαθαίνοντας τα παιδιά να συνεργάζονται -Ομαδικές Ασχολίες και Παιχνίδια για Παιδιά του Δημοτικού-,* Θυμάρι, Αθήνα 1983

ΑΝΔΡΕΟΥ ΑΠΟΣΤΟΛΗΣ, *Ζητήματα Διοίκησης της Εκπαίδευσης,* Βιβλιογονία, Αθήνα 1998

ΑΝΤΛΕΡ ΑΛΦΡΕΝΤ, *Η Αγωγή του Παιδιού,* Μτφρ. Λιάπτση Κατερίνα, Επίκουρος, Αθήνα 1978

ΒΑΪΝΑ ΜΑΡΙΑ, *Δραστηριότητες Τοπικής Ιστορίας, ένα εργαλείο εφαρμογής της μεθόδου Project στα σχολεία,* Τυπωθήτω, Αθήνα 2002

ΒΙΝΝΙΚΟΤ ΝΤ, *Το παιδί, το παιχνίδι και η πραγματικότητα,* Μτφρ. Κωστόπουλος Γιάννης, Καστανιώτη, Αθήνα 1980

BROWN SALLY, EARLAM CAROLYN, RACE PHIL, *500 Πρακτικές Συμβουλές για τους εκπαιδευτικούς,* Μτφρ. Κασαπίδου Ευαγγελία, Μεταίχμιο, Αθήνα 2000

CHARLOT BERNARD, *Η Σχέση με τη Γνώση - Στοιχεία για μία Θεωρία - ,* ΜΤΦΡ. Καραχάλιος Μ. - Καραχάλιου Λινάρδου Ε., Μεταίχμιο, Αθήνα 1999

CHATEAU JEAN, *Οι μεγάλοι Παιδαγωγοί,* Μτφρ. Κίτσου Ι. Κωνσταντίνος, Κένταυρος, Αθήνα 1958

CONSTANCE KAZUKO KAMII, GEORGIA DeCLARK, *Τα παιδιά Ξαναεφευρίσκουν την Αριθμητική,* Μτφρ. Ζακοπούλου Γεωργία, Επ. Επιμέλεια Καλαβάσης Φραγκίσκος, Πατάκη, Αθήνα 1995

COUSINET ROGER, *Η Νέα Αγωγή,* Μτφρ. Βασδέκης Α.Γ. Κένταυρος "Ε.Σ.Ε.Β", Αθήνα

FREY KARL, *Η Μέθοδος Project"Μια μορφή συλλογικής εργασίας στο σχολείο ως θεωρία και πράξη,* Μτφρ. Μάλλιου Κλεονίκη, Αφοι Κυριακίδη, Αθήνα 1998

ΓΡΙΒΑ ΑΓΓΕΛΙΚΗ, *Ελάτε να Παίξουμε, Παιδαγωγικά και Ψυχαγωγικά Παιχνίδια για Μικρούς και Μεγάλους,* Θυμάρι, Αθήνα 1998

ΔΕΡΒΙΣΗΣ Ν. ΣΤΕΡΓΙΟΣ, *Μεθοδολογία της Διδακτικής και Ειδική Μεθοδολογία της Διδασκαλίας - Μάθησης, Με σύγχρονα διδακτικά μοντέλα και δείγματα εφαρμογών,* Θεσσαλονίκη 1992

ΔΕΡΒΙΣΗΣ Ν. ΣΤΕΡΓΙΟΣ, *Σύγχρονη Γενική Διδακτική (Σύγχρονη Μεθοδολογία της Διδασκαλίας - Μάθησης)*, Θεσσαλονίκη 1982

DREIKURS R., *Το παιδί, μια νέα αντιμετώπιση*, Μτφρ. Ι. Καββαδά, Ερμής, Αθήνα 1973

DREIKURS R., *Δώσε στο παιδί κίνητρα για μάθηση*, Μτφρ. Παναγοπούλου Μ., Ερμής, Αθήνα 1975

DREIKURS R. CACCEL PEARL, *Πέτα μακριά το ραβδί σου, Πειθαρχία χωρίς δάκρυα*, Μτφρ. Μητά Λεία, Θυμάρι, Αθήνα 1979

ΖΩΓΡΑΦΟΥ - ΤΣΑΝΤΑΚΗ ΜΑΡΙΑ, *Νηπιαγωγείο Γλώσσα Σχέδια Εργασίας - Εφαρμοσμένες δραστηριότητες με έμφαση στη Γλώσσα μέσα από σχέδια Εργασίας*, Αθήνα 2003

ILLICH IVAN, *Κοινωνία Χωρίς Σχολεία*, Μτφρ. Αντωνόπουλος Β., Ποταμιάνος Δ.,Βέργος, Αθήνα 1976

[-] ΙΔΡΥΜΑ ΕΡΕΥΝΩΝ ΓΙΑ ΤΟ ΠΑΙΔΙ, Επιμ. ΚΛΕΙΩ ΓΚΟΥΓΚΟΥΛΗ - ΑΦΡΟΔΙΤΗ ΚΟΥΡΙΑ, *Παιδί και παιχνίδι στη νεοελληνική κοινωνία (19ος και 20ος αιώνας)*, Καστανιώτη, Αθήνα 2000

[-] ΚΑΛΛΙΤΕΧΝΙΚΗ ΠΑΙΔΑΓΩΓΙΚΗ ΟΜΑΔΑ "ΕΛΑΤΕ ΝΑ ΠΑΙΞΟΥΜΕ", *Το σχολείο - Εργαστήρι Τέχνης και Δημιουργίας*, Θεσσαλονίκη, 1998

ΚΑΨΑΛΗΣ Γ. ΑΧΙΛ., *Παιδαγωγική Ψυχολογία*, Αφοι Κυριακίδη, Θεσσαλονίκη 2000

ΘΕΟΦΙΛΙΔΗΣ ΧΡΗΣΤΟΣ, *Διαθεματική Προσέγγιση της Διδασκαλίας*, Γρηγόρη, Αθήνα 2002

ΚΑΤΣΙΟΥ - ΖΑΦΡΑΝΑ ΜΑΡΙΑ, *Εγκέφαλος και Εκπαίδευση*, Αφοι Κυριακίδη α.ε. Θεσσαλονίκη 2001

ΚΟΛΙΑΔΗΣ Α. ΕΜΜΑΝΟΥΗΛ, *Θεωρίες Μάθησης και Εκπαιδευτική Πράξη, τόμος Β΄ Κοινωνικογνωστικές Θεωρίες*, Αθήνα 1997

ΚΟΛΙΑΔΗΣ Α. ΕΜΜΑΝΟΥΗΛ, *Θεωρίες Μάθησης και Εκπαιδευτική Πράξη, τόμος Γ΄ Γνωστικές Θεωρίες*, Αθήνα 1997

ΚΟΛΙΑΔΗΣ Α. ΕΜΜΑΝΟΥΗΛ, *Θεωρίες Μάθησης και Εκπαιδευτική Πράξη, τόμος Δ΄ Συμπεριφοριστικές Θεωρίες*, Αθήνα 1996

ΚΟΥΤΡΑΣ Κ. ΣΠΥΡΙΔΩΝ, *Πειστικός Λόγος στην έκθεση ιδεών*, Σαββάλας, Αθήνα 1996

ΚΟΥΡΕΤΖΗΣ Λ. - ΑΛΚΗΣΤΙΣ, *Θεατρική Αγωγή 1 - βιβλίο για το δάσκαλο-* , ΟΕΔΒ, Αθήνα

ΜΑΤΣΑΓΓΟΥΡΑΣ Γ. ΗΛΙΑΣ, *Θεωρία και Πράξη της Διδασκαλίας, Η σχολική τάξη -Χώρος - Ομάδα - Πειθαρχία - Μέθοδος,* Γρηγόρη, Αθήνα 2004

ΜΑΡΑΓΚΟΥΔΑΚΗΣ Π. ΓΕΩΡΓΙΟΣ, *Ψυχολογική Θεμελίωση της Διδασκαλίας - Η τεχνική του προγραμματισμού της διδασκαλίας,* Δίπτυχο

MEYER ERNST, *Ομαδική Διδασκαλία, Θεμελίωση και Παραδείγματα,* Μτφρ. Κουτσούκης Λευτέρης, Αφοι Κυριακίδη, Θεσσαλονίκη 1987

MILLER BONNIE, *Χτίζοντας Καλύτερη Σχέση με τα Παιδιά στην Τάξη,* Μτφρ. Αποστόλου Φανή, 2002

ΜΙΣΕΑ ΖΑΝ ΚΛΩΝΤ, *Η Εκπαίδευση της Αμάθειας,* Μτφρ. Ελεφάντης Άγγελος, Βιβλιόραμα, Αθήνα 2002

ΜΟΝΤΕΣΣΟΡΙ ΜΑΡΙΑ, *Τι πρέπει να ξέρετε για το παιδί σας,* Μτφρ. Έλλη Έμκε, Γλάρος, Αθήνα 1981

ΜΟΝΤΕΣΣΟΡΙ ΜΑΡΙΑ, *Το μυστικό της παιδικής ηλικίας,* Μτφρ. Μιχαλοπούλου Μόσχα, Γλάρος, Αθήνα 1981

NEILL SUTHERLAND ALEXANDER, *Θεωρία και Πράξη της Αντιαυταρχικής Εκπαίδευσης - Σάμμερχιλ: το επαναστατικό παράδειγμα ενός ελεύθερου σχολείου,* Μτφρ. Λάμπου Κώστας, Μπουκουμάνη 1972

ΝΤΙΟΥΙ ΤΖΩΝ, *Το Σχολείο που μ' αρέσει,* Μτφρ. Μόσχα Μιχαλοπούλου, Γλάρος, Αθήνα 1982

ΝΤΡΑΪΚΩΡΣ ΡΟΥΝΤΟΛΦ, *Η Ψυχολογία στην Τάξη,* Μτφρ. Καββαδά Ιουλέτα, Κέδρος, Αθήνα 1980

ΝΤΡΑΪΚΩΡΣ ΡΟΥΝΤΟΛΦ, *Διατηρώντας την Ισορροπία στην Τάξη, η μετάβαση από το αυταρχικό στο δημοκρατικό σχολείο,* Μτφρ. Γραμμένος Μπάμπης, Κοντοσιάννος Ανδρέας, Θυμάρι, Αθήνα 1979

ΞΩΧΕΛΛΗΣ ΠΑΝΑΓΙΩΤΗΣ, *Θεμελιώδη προβλήματα της Παιδαγωγικής Επιστήμης, Εισαγωγή στην Παιδαγωγική,* Αφοι Κυριακίδη, Θεσσαλονίκη 1986

ΞΩΧΕΛΛΗΣ ΠΑΝΑΓΙΩΤΗΣ, ΠΑΠΑΝΑΟΥΜ ΖΩΗ, *Η Ενδοσχολική Επιμόρφωση των Εκπαιδευτικών, ελληνικές εμπειρίες 1997-2000,* Θεσσαλονίκη 2000

[-] ΟΜΑΔΑ ΕΡΕΥΝΑΣ ΓΙΑ ΤΗ ΔΙΔΑΣΚΑΛΙΑ ΤΗΣ ΛΟΓΟΤΕΧΝΙΑΣ, Επιμέλεια Β. ΑΠΟΣΤΟΛΙΔΟΥ - Β. ΚΑΠΛΑΝΗ - Ε. ΧΟΝΤΟΛΙΔΟΥ, *Διαβάζοντας λογοτεχνία στο σχολείο... Μια νέα πρόταση διδασκαλίας*, Τυπωθήτω Γιώργος Δαρδάνος, Αθήνα 2002

ΠΑΝΑΓΙΩΤΟΥ Δ. ΖΗΣΗ, *Θεώρηση του Φαινομένου της Μάθησης από ψυχολογική, παιδαγωγική και διδακτική άποψη*, Θεσσαλονίκη 1984

[-]14ο ΠΑΝΕΛΛΗΝΙΟ ΣΥΝΕΔΡΙΟ ΕΛΛΗΝΙΚΗΣ ΕΤΑΙΡΙΑΣ ΚΟΙΝΩΝΙΚΗΣ ΠΑΙΔΙΑΤΡΙΚΗΣ ΚΑΙ ΠΡΟΑΓΩΓΗΣ ΤΗΣ ΥΓΕΙΑΣ, *Ελεύθερος Χρόνος και Παιδί, τόμος περιλήψεων*, Θεσσαλονίκη 2002

ΠΑΠΑΝΟΥΤΣΟΣ Ε., *Φιλοσοφία και Παιδεία*, Ίκαρος, Αθήνα 1958

ΠΑΠΑΝΟΥΤΣΟΣ Ε., *Αγώνες και Αγωνία για την Παιδεία*, Ίκαρος, Αθήνα 1965

ΠΑΠΑΝΟΥΤΣΟΣ Ε., *Η παιδεία, το μεγάλο μας πρόβλημα*, Δωδώνη, Αθήνα 1976

ΠΑΡΑΣΚΕΥΟΠΟΥΛΟΣ Ν. ΙΩΑΝΝΗΣ, *Εξελικτική Ψυχολογία, Η ψυχική ζωή από τη σύλληψη ως την ενηλικίωση, τόμος 3ος - σχολική ηλικία-*, Αθήνα

ΠΕΛΑΓΙΔΗΣ ΣΤΑΘΗΣ, *Το μάθημα της Ιστορίας στην Τρίτη δημοτικού, εποπτική και βιωματική προσέγγιση*, Αφοι Κυριακίδη, Θεσσαλονίκη 2000

ΠΕΤΡΟΥΛΑΚΗΣ Β. ΝΙΚΟΛΑΟΣ, *Προγράμματα Εκπαιδευτικοί στόχοι Μεθοδολογία*, Φελέκη, Αθήνα 1981

ΠΙΑΖΕ ΖΑΝ, *Το μέλλον της Εκπαίδευσης*, Μτφρ. Κάντας Αριστοτέλης, Υποδομή, Αθήνα 1979

ΡΕΠΟΥΣΗ ΜΑΡΙΑ, *Ιστορία και Διδακτική της Ιστορίας (φάκελος υλικού)*, Α.Π.Θ. Παιδαγωγικό Τμήμα Δημοτικής Εκπαίδευσης Ε.Π.Ε.Α.Ε.Κ, Θεσσαλονίκη 2001

ΣΑΚΚΑ Ν. Δ., *Θεωρία και Πράξις της Μαθήσεως*, Αθήνα 1969

ΣΑΤΙΡ ΒΙΡΤΖΙΝΙΑ, *Πλάθοντας ανθρώπους*, Μτφρ. Στυλιανούδη Λίλη, ΚΕΔΡΟΣ, Αθήνα 1989

ΣΕΞΤΟΥ ΠΕΡΣΕΦΟΝΗ, *Δραματοποίηση, Το βιβλίο του παιδαγωγού - εμψυχωτή (Μέθοδος - Εφαρμογές - Ιδέες)*, Καστανιώτη, Αθήνα 1998

ΤΣΑΤΣΟΣ Κ., *Παιδεία και Γλώσσα*, Δοκίμιο, 1996

ΤΣΙΑΝΤΗΣ Γ.,*Ψυχική Υγεία του Παιδιού και της Οικογένειας,* τόμοι
α και β, Κασταντώτη, Αθήνα 1996,1997
ΦΡΑΓΚΟΥ Π. ΧΡΗΣΤΟΣ, *Επίκαιρα Θέματα Παιδείας,*
GUTENBERG, Αθήνα 1986
ΦΡΑΓΚΟΥΔΑΚΗ ΑΝΝΑ, *Κοινωνιολογία της Εκπαίδευσης -*
Θεωρίες για την κοινωνική ανισότητα στο σχολείο - Παπαζήση,
Αθήνα 1985
FEYNMAN P. RICHARD, *Έξι Εύκολα Κομμάτια,* Μτφρ.
Τσαγκογέωργα Αθηνά, Αθήνα 1998
ΦΟΥΝΤΑΣ Κ. ΑΘΑΝΑΣΙΟΣ, *Jean- Jacques Rousseau και τα*
μηνύματα του στην εποχή μας, Αθήνα 1981
ΦΡΑΓΚΟΥΛΗΣ ΕΥΑΓΓΕΛΟΣ, *Η πρώτη ανάγνωση και η γραφή με*
την ολική μέθοδο, Θεσσαλονίκη 1966
WEBER MAX, *Βασικές Έννοιες Κοινωνιολογίας,* Μτφρ. Κυπραίος
Γ. Μιχ., Κένταυρος, Αθήνα 1983
WOOLLAND BRIAN, *Η Διδασκαλία του Δράματος στο Δημοτικό*
Σχολείο, Μτφρ. Κανηρά Ελένη, Ελληνικά Γράμματα, Αθήνα 1999
ΧΑΡΑΛΑΜΠΟΠΟΥΛΟΣ Ι. ΒΑΣΙΛΗΣ, *Η Ανάπτυξη της*
Προσωπικότητας, Εφαρμογή επιστημονικών αρχών στην οικογενειακή
και σχολική ζωή, GUTENBERG, Αθήνα 1987
ΧΟΛΤ ΤΖΩΝ, *Το Σχολείο - Φυλακή κι η Ελεύθερη μάθηση,* Μτφρ.
Ξενάκη Στέλλα, Θ.Κασταντώτη, Αθήνα 1978
ΧΡΥΣΑΦΙΔΗΣ ΚΩΣΤΑΣ, *Βιωματική - Επικοινωνιακή Διδασκαλία,*
Η Εισαγωγή της Μεθόδου Project στο Σχολείο, GUTENBERG
Παιδαγωγική Σειρά, Αθήνα 2002

Αλαχιώτης Στ. *Πώς η παιδεία θα αποκτήσει σύστημα,* Το Βήμα, 8 Ιουνίου 2003

Ανδριόπουλος Κώστας, *Τα νέα αναλυτικά προγράμματα και βιβλία του δημοτικού σχολείου,* Επιστημονικό Βήμα του Δασκάλου, τεύχη 6-7, Αθήνα 1984,1985

[-] Αφιέρωμα Το παιδί και το παιχνίδι, *Σύγχρονη Εκπαίδευση,* τεύχος 38, Αθήνα 1988

[-] Αφιέρωμα, παρουσίαση βιβλίου, Επιμ. Μόρφος Χρήστος, *Η εκπαίδευση της Αμάθειας,* Ζαν Κλωντ Μισέα, Hellenic Nexus, τεύχος 6, Αθήνα 2005

Βαϊνά Μαρία, *Μέθοδος Project: Μια πρόκληση για το ελληνικό εκπαιδευτικό σύστημα,* Νέα Παιδεία, τεύχος 80, 1996

Βαλανίδου Χριστίνα, *Παγκοσμιοποίηση και εκπαίδευση,* Mathisis, ιστοσελίδα

Γκότοβος, Μάρκου, Φέριγκ, *Η σχολική επανένταξη των παλιννοστούντων μαθητών - Μια πρώτη προσέγγιση, 2ο μέρος,* Σύγχρονη Εκπαίδευση, τεύχος 36, Αθήνα 1987

Γουδέλη Ξένη, Υπερηφανίδου Κατερίνα, *Το παραμύθι, ο ρόλος στην εκπαίδευση,* Επιστημονικό Βήμα του Δασκάλου, τεύχος 5ο, Αθήνα 1984

Δάλκος Γιώργος, *Το μάθημα της Ιστορίας και η Διαθεματική προσέγγισή του στο Μουσείο,* Επιθεώρηση Εκπαιδευτικών Θεμάτων, Ειδικό Αφιέρωμα στη Διαθεματικότητα, Παιδαγωγικό Ινστιτούτο, Αθήνα 2002

Δήμος Η.Γ., *Προβλήματα και προοπτική ορθής εισαγωγής των μαθητών στο σχολείο,* Σύγχρονη Εκπαίδευση, τεύχος 12, Αθήνα 1983

Επισκοποπούλου Κωνσταντίνα, *Η συμβολή των διάφορων μαθημάτων σε προγράμματα Π.Ε.,* Σύγχρονη Εκπαίδευση, τεύχος 45, Αθήνα 1989

Ευσταθίου Μ., *Ένα θέμα περιβαλλοντικής παιδείας και τοπικής ιστορίας, Η παραλία της Θεσσαλονίκης, διαχρονικό σύμβολο ζωής της πόλης,"*Σύγχρονη Εκπαίδευση, τεύχος 75, Αθήνα 1994

[-] Ινστιτούτο Παιδαγωγικού Θεάτρου "Θεατρομάθεια", *Η δραματοποίηση ως μέσον διδασκαλίας. συμμετοχικό και παραστατικό θέατρο,* Πιλοτικό Πρόγραμμα

Ιορδανίδης Γ. *Διοίκηση και ηγεσία στην εκπαίδευση. Θεωρητική προσέγγιση,* Εισήγηση στο Πρόγραμμα Εξειδίκευσης Οργάνωση και διοίκηση σχολικών μονάδων" Πανεπιστήμιο Μακεδονία, Θεσσαλονίκη 2002

Καραμανιάν Αρετή, *Η γοητεία των παραμυθιών, Παράθυρο στην εκπαίδευση του παιδιού,* τεύχος 17, Αθήνα 2002

Κατσιμάνης Κ. *Απόψεις για την αξιολόγηση,* Σύγχρονη Εκπαίδευση, τεύχος 11, Αθήνα 1983

Κάτσιου - Ζαφρανά Μ. *Ανθρώπινος Εγκέφαλος και Μάθηση,* Σύγχρονη Εκπαίδευση, τεύχος 42, Αθήνα 1988

Κάτσιου - Ζαφρανά Μ., *Κληρονομικότητα ή περιβάλλον,* Ανοιχτοί Εκπαιδευτικοί Ορίζοντες, τεύχος 1, Αθήνα 2004

Καψάλης Αχιλλέας, *Χαρακτηριστικά του καλού σχολείου,* Εισήγηση στο Πρόγραμμα Εξειδίκευσης "Οργάνωση και διοίκηση σχολικών μονάδων", Πανεπιστήμιο Μακεδονίας, Θεσσαλονίκη 2002

Κυνηγού Μ., *Πώς βλέπουμε το έργο του Σχολικού Συμβούλου στην εκπαιδευτική πραγματικότητά μας,* Σύγχρονη Εκπαίδευση, τεύχος 12, Αθήνα 1983

Λακασάς Απόστολος, *Το ευρωπαϊκό σχολείο του 21ου αιώνα,* kathimerini. gr

Ματσαγγούρας Γ. Ηλίας, *Ίσες ευκαιρίες μάθησης στην τάξη: περιγραφική έρευνα και διδακτικές υποδείξεις,* Τα εκπαιδευτικά, τεύχος 9, Αθήνα 1987

Μαυρογιώργος Γ. *Σχολικό Πρόγραμμα και Παραπρόγραμμα,* Σύχρονη Εκπαίδευση, τεύχος 13, Αθήνα 1983

Μελετέα Ευγενία, *Το χάρισμα που γίνεται βάρος,'ταλαντούχα παιδιά,* Ε ιατρικά, τεύχος 145, Αθήνα 2004

Νίκα Δέσποινα, *Διαβάζοντας και παράγοντας κείμενα,* Γέφυρες, τεύχος 6, Αθήνα 2002

Νικολάου Άχλη, *Η παιδαγωγική της ειρήνης,"*Επιστημονικό Βήμα του Δασκάλου, τεύχος 3, Αθήνα 1984

Νικόλτσου Κατερίνα, *Η Ελευθερία και η Δημιουργικότητα στην Αισθητική αγωγή,* Σύγχρονη Εκπαίδευση, τεύχος 36, Αθήνα 1987

Ξηροτύρης Ιωαν., *Στην αδράνεια της σκέψης οφείλεται η έλλειψη της κριτικής ικανότητας*

Ξηροτύρης Ιωαν., *Βάση της εκπαιδευτικής αναβάθμισης η δημιουργική συμβολή του δασκάλου*

Ξωχέλλης Π. *Ο ρόλος του εκπαιδευτικού σήμερα, Εισήγηση στο Πρόγραμμα Εξειδίκευσης Οργάνωση και διοίκηση σχολικών μονάδων* Πανεπιστήμιο Μακεδονία, Θεσσαλονίκη 2002

Παναγάκος Ιωάννης, *Η σπουδαιότητα της Διαθεματικής Προσέγγισης της Γνώσης και η προοπτική της στο Δημοτικό Σχολείο,* Επιθεώρηση Εκπαιδευτικών Θεμάτων, Ειδικό Αφιέρωμα στη Διαθεματικότητα, Παιδαγωγικό Ινστιτούτο, Αθήνα 2002

Παππάς Ι. Δημήτριος, *Η κρίση του πνεύματος,* Ηπειρωτικές σελίδες, τεύχος 4ο , 1952

Παππάς Ι. Δημήτριος, *Η θέση του δασκάλου και το ελληνικό στοιχείο στην αγωγή του νέου ανθρώπου,* Νέα εποχή, Κατερίνη 1979

Παππάς Ι. Δημήτριος, *Ο δάσκαλος, ένα μεγάλο πρόβλημα της εποχής μας,* Ελληνικός Βορράς, Θεσσαλονίκη 1976

Πετρίδου Ευγενία, *Ο προγραμματισμός της δράσης της εκπαιδευτικής μονάδας ως βασικό στοιχείο της διοίκησης της ποιότητας στην εκπαίδευση,* Εισήγηση στο Πρόγραμμα Εξειδίκευσης Οργάνωση και διοίκηση σχολικών μονάδων" Πανεπιστήμιο Μακεδονία, Θεσσαλονίκη 2002

Τσαλίκη Ελισάβετ, *Σύντομη παρουσίαση προγραμμάτων Π.Ε.,* Σύγχρονη Εκπαίδευση, τεύχος 55, Αθήνα 1990

Τσιπλητάρης Θανάσης, *Αντιαυταρχική αγωγή: Αλλαγή της συμπεριφοράς του δασκάλου μέσα στην τάξη,* Επιστημονικό Βήμα του Δασκάλου, τεύχος 3, Αθήνα 1984

Φράγκος Π. Χρήστος, *Το διδακτικό - σχολικό βιβλίο,* Σύγχρονη Εκπαίδευση, τεύχος 12, Αθήνα 1983

Χαρίτος Χαράλαμπος, *Από την τοπική ιστορία στην αυτογνωσία,* Τα Εκπαιδευτικά, τεύχος 12, Αθήνα 1988

Χατζηπαναγιώτου Π. *Το σχολείο ως εκπαιδευτικός οργανισμός, Εισήγηση στο Πρόγραμμα Εξειδίκευσης Οργάνωση και διοίκηση σχολικών μονάδων* Πανεπιστήμιο Μακεδονία, Θεσσαλονίκη 2002

Χρυσαφίδης Κ., *Περιβαλλοντική εκπαίδευση στο νηπιαγωγείο, 2ο μέρος,* Σύγχρονη Εκπαίδευση, τεύχη 82-83, Αθήνα 1995

G

Η συγγραφέας:

Η Άννα Δ. Παππά γεννήθηκε στη Θεσσαλονίκη το 1963. Προέρχεται από οικογένεια διακεκριμένων δασκάλων.Είναι αριστούχος απόφοιτος τόσο της Παιδαγωγικής Ακαδημίας, όσο και του Παιδαγωγικού Τμήματος του Πανεπιστημίου Θεσσαλονίκης. Εξειδικεύτηκε στην «Οργάνωση και Διοίκηση Σχολικών Μονάδων» στο Πανεπιστήμιο Μακεδονίας.Από τα φοιτητικά της χρόνια ασχολήθηκε με τη λαογραφική έρευνα και δημοσίευσε σειρά άρθρων λαογραφικού, ηθογραφικού και παιδαγωγικού ενδιαφέροντος.Έκανε συνείδηση και πράξη τη «δια βίου μάθηση» και έλαβε αριθμό άλλων επιμορφώσεων σε θέματα παιδαγωγικά, πληροφορικής και διδακτικής. Μόνιμα εστιάζει το ενδιαφέρον της στο θεατρικό παιχνίδι, δραματοποίηση.Διετέλεσε επιμορφώτρια του Παιδαγωγικού Ινστιτούτου Αθηνών σε θέματα που σχετίζονται με τις συμμετοχικές δημιουργικές δραστηριότητες στην Ευέλικτη Ζώνη.Επί δύο και πλέον δεκαετίες διδάσκει όλα τα μαθήματα καθημερινά με ευέλικτο και διαθεματικό τρόπο.Είναι δραστήριο μέλος της Πανθεσσαλονίκειας Κίνησης Πολιτών «Η Αλκυόνη».Τέλος, είναι παντρεμένη και έχει δύο, αριστούχους, γιους.

Το Blog μου: pappanna.wordpress.com
Βρείτε με @ facebook: Άννα Παππά

Οι εκδόσεις:

FYLATOS PUBLISHING

ΕΙΣΑΙ ΣΥΓΓΡΑΦΕΑΣ; ΓΙΝΕ ΕΚΔΟΤΗΣ!

ΣΤΙΣ **ΕΚΔΟΣΕΙΣ ΦΥΛΑΤΟΣ**

ΠΗΓΑΙΝΕ στο www.fylatos.com και δες τα
μοναδικά πακέτα αυτοέκδοσης!